Christine Kolbe

Der *andere* Jesus

Neue Einblicke in das Christusgeschehen

Smaragd Verlag

Bitte fordern Sie unser kostenloses Verlagsverzeichnis an:

Smaragd Verlag e.K.
Brückenstraße 25
D-56269 Dierdorf
Tel.: 02689-92259-10
Fax: 02689-92259-20
E-Mail: info@smaragd-verlag.de
www.smaragd-verlag.de

Oder besuchen Sie uns im Internet unter der obigen Adresse und melden Sie sich für unseren Newsletter an.

© Smaragd Verlag, 56269 Dierdorf
Erste Auflage: Juni 2021
© Cover: PreData
© Fischezeichen: Werbedesign Kolbe
Umschlaggestaltung: preData
Satz: Gaby Heuchemer
Printed: CPI Books GmbH, Leck
ISBN 978-3-95531-205-3

Inhalt

Für Karim

Vorwort

Es war ein Winterabend im Jahr 1987, als ich meinen ersten Versuch unternahm, automatisch zu schreiben. Ich hatte davon gelesen und glaubte nicht ernsthaft, eine automatische Handschrift verfassen zu können. Zu meiner großen Überraschung begann meine Hand selbständig Linien und Kurven zu zeichnen, bevor die ersten Worte in einer mir untypischen Handschrift auftauchten. Der erste Satz lautete: „Am anderen Ufer ist alles anders." Es folgte ein kurzer Text über das „Leben" in einer anderen Dimension, und diese erste Durchgabe wurde von meiner Großmutter Elisabeth unterschrieben. Ich war beeindruckt. Diese, 1926 schon jung verstorbene Großmutter war in meinem Denken so gar nicht präsent. Sie starb, als mein Vater elf Jahre alt war, und es gibt so gut wie keine Details oder Erinnerungen aus ihrem Leben.

In der Folge schrieb meine Großmutter Elisabeth in fest vereinbarten Schreibsitzungen auf über 1500 dicht beschriebenen Seiten über das jenseitige Leben, aber auch über unser physisches und psychisches Sein, unser Unterbewusstsein, unsere Seele und Reinkarnation. Eine ihrer Kernaussagen lautet: „Nichts geschieht zufällig. Allem Geschehen liegt ein tieferer Sinn zugrunde, und wir Menschen sind ewige Wesen."

Ich betrachte es als meine persönliche spirituelle Ausbildung und oftmals griff sie meine aktuelle Lebenssituation auf, um mir ihre Sicht auf die Dinge zu vermitteln. Eine kostbare Quelle intensiver Informationen über unser zuweilen unübersichtliches physisches Leben.

Ende der Neunzigerjahre änderte sich diese Art der Durchgaben, und ich wurde mit der Frage konfrontiert, ob ich fortlaufende Texte zu einem bestimmten Thema verfassen möchte. Zum ersten Mal richteten sich die Durchgaben nicht mehr an mich persönlich, sondern begannen eine Geschichte zu erzählen, die thematisch und in ihrem zeitlichen Kontext mit meinem Leben gar nichts zu tun hatte. Es sollte eine Geschichte über Jesus, sein Leben, Wirken und seinen vermeintlichen Tod werden.

Meine Überraschung und meine Neugier waren groß, und ich begann, Schreibsitzungen für die Durchgabe dieser Geschichte abzuhalten. Zu diesem Zeitpunkt war ich nicht sehr vertraut mit dem Neuen Testament und dem Leben von Jesus von Nazareth, der in dieser Geschichte „Jeheshua" genannt wird. Angetrieben davon, den Fortgang der Geschichte zu erfahren, wuchs das Material, und mit jeder neuen Durchgabe wurde die Brisanz der Geschichte deutlich: Er starb nicht am Kreuz!

Vielleicht war genau das der Grund, warum das Material, das in Etappen über einen Zeitraum von zwölf Jahren entstand, nach seiner Fertigstellung in einer Schublade meines Schreibtisches verschwand.

Mir wurde offenbar, dass dieses Material in die Welt gebracht werden musste, aber genau davor schreckte ich zurück. Wie würde es aufgenommen werden, und was würde mit mir als Mittlerin geschehen? Wohl wissend, dass die Durchgaben eine wichtige Aufgabe bedeuteten, konnte ich mich nicht dazu durchringen, sie zu veröffentlichen. Sie lasteten auf mir wie ein unlösbares Problem.

Und beinahe hätte mich auch jetzt, nachdem ich mich endlich entschlossen hatte, sie der Öffentlichkeit zugänglich zu machen, mein ganzer Mut wieder verlassen, als sich beim Lektorat die Geschichte als teilweise unlogisch, unzusammenhängend und langatmig erwies.

In der Tat sind die Durchgaben an manchen Stellen widersprüchlich und unübersichtlich, und mir ist mein Unvermögen als Vermittlerin durchaus bewusst. Aber ich habe mich dennoch entschieden, die Texte nicht zu verändern und so authentisch wie möglich zu erhalten. Es wurden nur marginale Korrekturen vorgenommen, und es ist dem Leser anheimgestellt, sich selbst ein Urteil zu bilden. Es schien mir unzulässig, Texte zu verändern, deren Verfasserin ich nicht bin. Gleichwohl ist es in gewisser Weise mein Werk, denn ich musste das

Empfangene in Worte übersetzen, die in ihrer Sprache und in ihrem Ausdruck für mich altmodisch und ungewöhnlich waren. Gewiss ist es mir oft nicht gelungen, und ich vermute, dass die Ungereimtheiten und Entstellungen genau darauf zurückzuführen sind. Ganz besonders schwierig war es für mich, Namen von Personen und Orten zutreffend zu erfassen. Maria Magdalena wird zuweilen „Miriam" genannt. An anderer Stelle konnte ich gar nichts auffangen, und so befinden sich dort Leerstellen im Text, die durch eckige Klammern gekennzeichnet wurden.

Aber in ihrem Kern scheinen mir die Durchgaben gelungen zu sein und im Wesentlichen das zu erfassen, was gesagt werden sollte.

Und erst in diesem Jahr wurde mir bewusst, dass mit den Durchgaben ein wirklich wichtiger Auftrag verbunden war und ich die Texte nicht länger für mich behalten kann. Viele meiner Kunstwerke als Malerin haben etwas mit dieser Geschichte zu tun, auch wenn es mir lange Zeit so schien, als wäre das Thema weit entfernt von mir.

Zurückblickend erscheint es mir heute als Teil meiner Lebensaufgabe und zentraler Aspekt meiner kreativen Arbeit.

Christine Kolbe
Im Juni 2020

Einführung

Durchgabe vom 21.06.2005

Kein Ereignis der jüngeren Menschheitsgeschichte ist vieldeutiger, mysteriöser und umstrittener als das des Christusgeschehens. Alles, was von Geschichtsschreibern, Beobachtern und Aposteln überliefert ist, wurde über Jahrhunderte hinweg zensiert, entstellt, berichtigt und den allgemeinen Zwecken dienlich gemacht. Noch immer schlummern Manuskripte an verborgenen Orten, die Licht in die ungeklärten Lebensumstände des Mannes namens Jesus bringen könnten. Doch auch noch in diesen Tagen werden Materialfunde, die nicht in das allgemeine Bild passen, aussortiert, unter Verschluss gehalten oder als unzutreffend eingestuft.

Das vorliegende Buch erzählt die Geschichte der Ereignisse, wie sie noch niemals dokumentiert wurde, wie sie sich aber gleichwohl so zugetragen haben könnte. Vielen Skeptikern der althergebrachten überlieferten Version des Lebens und Wirkens Christi wird diese Geschichte Stoff zum Nachdenken geben, und jeder, der sich bisher über den allgemeinen Wissensstand hinaus noch niemals damit beschäftigt hat, wird eine spannende und überaus plausible Geschichte vorfinden, die durchaus den Rahmen dessen, was bisher geschrieben wurde, sprengen wird.

Seine magischen Werke, sein mysteriöser Tod, sein Verschwinden aus der Grabkammer und sein tatsächlicher Verbleib werden anschaulich und überaus glaubwürdig beschrieben. Könnte es nicht so gewesen sein? Niemand kann heute mit Bestimmtheit sagen, wie sich alles zugetragen hat. Sogar die physische Existenz Jeheshuas, so sein hebräischer Name, wird zuweilen angezweifelt.

Diese Geschichte entwirft ein lebendiges Bild Judäas im Jahre 33 n.Chr. im Schatten der römischen Besatzung und der spirituellen Strömungen jener Zeit. Es ist eine Geschichte für alle, die an der Thematik interessiert sind, und eine überraschende Beschreibung der Umstände seines vermeintlichen Todes und der Zeit danach, die bis heute im Dunkeln liegen und nun erstmalig erhellt werden.

Der Fisch ist ein geheimes Zeichen der Anhänger Jesu in Zeiten der Verfolgung.

Es wird berichtet, dass man einander erkannte, indem man einen Halbbogen in den Sand malte. Vollendete der andere das Zeichen zu einem ganzen Fisch, gehörte er zu ihnen.

An eine Hauswand gemalt sagte es den Anhängern: Hier wohnt einer von uns.

1. Passahfest

Das große Tor wurde zur Nacht geschlossen. Mit lautem Getöse fiel es zu, und die Wächter verriegelten es mit dicken Eisenketten. Der Wachtposten auf der Mauer saß gähnend auf seinem Schemel. Blinzelnd blickte er nach Westen, wo die Sonne wie ein glühender Ball ihre letzten rot gefärbten Strahlen über das Land schickte.

Die kleine Karawane kam aus den Bergen des Sinai hinab in die Ebene.

Wenn die Stadttore verschlossen waren, wurde das Gelände unterhalb der Mauern lebendig. Die Verstoßenen, Aussätzigen und Bettler führten hier ihr grausames Regiment. Wer seine Beute oder erbettelte Habe nicht mit den anderen teilte, wurde verdroschen und wüst misshandelt. Deshalb brachten alle, soweit es sich nicht verbergen ließ, ihre ergaunerten Schätze wie Münzen, Brot, Käse, Weinschläuche und Früchte hierher auf den staubigen Platz unterhalb der Mauer, wo der Bettlerfürst streng und unnachgiebig regierte.

An diesem Tag saß ein Zwerg unter ihnen, den sie in der Gemeinschaft den Buckligen nannten. Er war eher gefürchtet als geachtet. Dennoch brachte man ihm Respekt entgegen, wenngleich sein Äußeres abstoßend war und seine fauligen Zähne einen üblen Geruch verbreiteten. Man sagte ihm nach, er stünde mit den Geistern im Bunde, und so manches Mal war es geschehen, dass er sich in Krämpfen am Boden wand und wirres Zeug von sich gab. Mal waren es unartikulierte Laute, mal Stimmen, die in fremden Sprachen schrill und unverständlich klangen.

Meistens war es jedoch die Sprache, die sie alle verstanden, und die Worte, die gurgelnd aus seiner Kehle quollen, jagten allen Schrecken und Angst ein. Es waren Worte des Zorns und der Zerstörungswut. Worte, die den Untergang von allem ankündigten und so lebendig beschrieben, dass die Umstehenden vor Angst das Weite suchten.

Manchmal sprach die wortgewandte Stimme Einzelne mit fremdem Namen an, wusste um ihre Geheimnisse und sorgte so für Tumult und Unfrieden. Man fürchtete diese Schrecken verbreitenden Anfälle, die den armen Buckligen so plötzlich überfielen, dass man sich nicht darauf vorbereiten konnte.

An diesem Abend, als das Bettelvolk beim Feuer unterhalb des großen Mauervorsprungs beisammen saß, um die heutige Ausbeute zu inspizieren, blickten alle nervös auf den Zwerg, der ahnungslos auf ein paar trockenen Datteln herumkaute.

Heute war Vollmond, und das war stets der Fall, wenn er in diesen gefürchteten Zustand fiel. Oftmals hatte er die kleinen und großen Vergehen, wie zur Seite gebrachte Diebesbeute oder Ähnliches, das unter dem Bettelvolk streng geahndet wurde, zur Sprache gebracht. Und hätte der Bettelfürst nicht ein so waches Auge auf den Zwerg gehabt, wäre er längst hinterrücks ermordet worden, um den gefürchteten und abscheulichen Darbietungen für immer ein Ende zu machen.

Auch heute beäugten ihn die Umstehenden mit dem ängstlichen Seitenblick der Verschwörer, die doch wieder ein paar Schekel zur Seite gebracht hatten, schon um sich auf der anderen Seite der Stadt eine Frau zu kaufen oder andere Geschäfte zu tätigen, von denen niemand etwas wissen sollte. Jeder, der gegen die Abmachung verstieß, wurde bestraft und aus der Gemeinschaft ausgestoßen, es sei denn, er gelobte, noch größere Beute beizubringen, um den Bettelfürst milde zu stimmen und die Gruppe zu besänftigen, damit sie ihn nicht gleich totschlugen.

Der Zwerg genoss diese gefürchtete Position. Er wusste nachher nicht, was mit ihm geschehen war, aber dass es etwas Besonderes gewesen sein musste, sah er in ihren Gesichtern. Niemals erfuhr er Genaues darüber, und er wollte es auch nicht wissen, solange er in der Gunst des Oberhauptes stand und täglich seine Ration an Wein, Brot und Münzen bekam, die unter allen verteilt wurde.

Die Gruppe hatte sich auf den staubigen Steinen rund um das Feuer niedergelassen und begann, ihre verteilte Habe zu verzehren und einige der Weinschläuche kreisen zu lassen, bevor sie sich zur Nacht auf den Mauervorsprüngen einrichteten, den Kopf auf ein Bündel Lumpen gebettet und mit ein paar Fellen notdürftig zugedeckt.

Mittlerweile war es dunkel geworden. Der helle Vollmond spendete so viel Licht, dass die kleine Karawane weiter auf die Stadt zuschritt, gemächlich, mit schwer beladenen Eseln und einem Tross von Fußvolk, das sich kein Gefährt erlauben konnte. In ihrer Mitte war ein Mann mittleren Alters, den sie den Magier nannten. Er trug einen roten Turban und um die Hüften einen braunen Ledergürtel, der mit seltsamen Zeichen reich verziert war. Seine Sprache war Arabisch, aber er verstand auch den Dialekt dieser Gegend, obwohl er ihn nur gebrochen sprach. Sein Ziel war die Stadt, die zur Sonnenwende ein großes Fest feierte und wo er als Wahrsager und Heiler sein Geld verdiente. Sein größter Erfolg war es, den Frauen, die nicht gebären konnten, zu der ersehnten Schwangerschaft zu verhelfen.

Heute wollten sie die Stadt erreichen, um dann am frühen Morgen durch das Stadttor zu ziehen und ihre Waren auf den Marktplätzen feilzubieten.

Abdul Ben Massa hatte ein kurzes Schwert unter dem langen, braunen Wollumhang verborgen. Man wusste, dass sich das Gesindel an der Stadtmauer niederließ, und er wollte vor Überraschungen sicher sein. Sein Kaftan wehte im Wind und eine frische Brise kam vom Meer herüber.

Sein Pferd, ein ausgemergelter Gaul, war darauf trainiert, auf die kleinste Berührung zu reagieren und konnte, wenn nötig, in einen schnellen Sprint fallen, um eventuellen Angreifern zu entkommen.

Sie ließen sich unter den Palmen nieder, die unweit der Stadt einen kleinen Hain bildeten. Wachen wurden postiert, und eine Gruppe jüngerer Frauen begann damit, Feuer zu machen, um noch vor der Nacht ein Essen zu bereiten. Abdul hielt sich abseits von der Gruppe. Er liebte es nicht, von den anderen umringt zu sein. Eine eigentümliche Unruhe hatte ihn ergriffen und so blickte er sich um, ohne genau zu wissen, was er eigentlich suchte.

Die Bettler hatten die Karawane kommen sehen, wagten aber nicht, mit Knüppeln und Steinen gegen die gut bewaffneten Posten vorzugehen. Sie würden am Morgen auf dem Marktplatz zu stehlen und zu betteln versuchen. Stets boten sie bereitwillig ihre Dienste an. Sie halfen beim Abladen der Waren, schleppten Wasserkrüge oder gaben vor, betuchte Käufer anlocken zu können. Aber sie taten all dies nur, um in einem unbemerkten Augenblick etwas zu stehlen und verschwinden zu lassen.

Oft wurden sie deshalb verjagt, bevor sie in die Nähe der Waren kommen konnten. Aber oft genug bestachen sie die Wachtposten, die dann zufällig wegblickten, wenn in dem allgemeinen Tumult auf dem Marktplatz ein Schlauch Wein verschwand oder eine Ziege plötzlich fortlief und unter lautem Protest in den Gassen abhandenkam.

Als der Morgen graute, sprengten einige Reiter in langen weißen Kaftanen heran. Es waren Herolde des Königs, die dem Statthalter neue Nachrichten zu überbringen hatten. Unter lautem Rufen öffneten die Wachen die schweren Stadttore. Das Quietschen der eisernen Angeln wurde nur noch von den Rufen der Esel übertönt, die lauthals nach Wasser verlangten.

Die Reiter verschwanden schnell in den Gassen der Stadt, um sich zum Palast des Statthalters zu begeben, der bereits auf ihr Eintreffen wartete. Die Meute Hunde, die den Reitern den Weg versperrten, um im Unrat der Gassen zu stöbern, stob nach allen Seiten auseinander.

Einer, der durch seinen schwarzen Gürtel mit silbernen Emblemen augenscheinlich der Anführer war, zog eine große Umhängetasche unter seinem Sattel hervor. Seine Begleiter flankierten ihn, wie um ihn vor etwaigen Angreifern zu beschützen. Im Schein einer Fackel, die wie gewohnt die ganze Nacht über an dem Portal brannte, trat er auf den kleinen Einlass zu, der sich an der seitlichen Einfassung befand. Ein Murmeln, gefolgt von Schlüsselklappern, war zu hören, als die kleine Pforte sich öffnete und die Reiter, bis auf einen Wacht-pos-ten, in dem umfriedeten Gelände verschwanden.

Schon beim ersten Morgengrauen war er erwacht, schweißgebadet von einem verwirrenden und bedrückenden Traum. Wieder war er ihm im Traum begegnet, der, auf den die Juden warteten und der nun bald erscheinen sollte. Sein Bettzeug war vom Schweiß getränkt und sein Atem ging schnell und unregelmäßig. Es war nun schon das siebte Mal, dass er diesen Traum träumte, in dem er ihn, den sie den Messias nannten, zum Tode verurteilte und in dem eine innere Stimme ihm sagte, dass dies ewige Verdammnis bedeuten würde.

Beim Geräusch des nahenden Dieners schreckte er hoch und bedeckte sich mit einem weiten Mantel, damit sein Leibwächter seine Verfassung nicht erkennen konnte. Seit Wochen fühlte er diese Bedrohung, diese Angst, in etwas hineingezogen zu werden, das fürchterlich und grauenvoll war. Aber war es nur das, oder rührte die Angst noch aus einem anderen Grund, den zu erkennen er nicht wagte?

Der Diener stellte wortlos Brot und Früchte bereit und verließ das Gemach, das an diesem Morgen stickig und schwül war. In den Gassen der Stadt tummelten sich schon zu Hunderten die Händler, die in der ganzen kommenden Woche die Stadt in einen einzigen Basar verwandeln würden. Es gab buchstäblich nichts, was hier nicht angeboten wurde. Brot, Früchte, Wein, süße Kuchen mit Rosinen, Töpfe, Kupfergeschirr, irdene Gefäße, Krüge, Schuhe, Lederwaren, lebende Tiere, Leinen und golddurchwirkte Brokatstoffe, Wolle, Farben zum Färben und natürlich all die Mixturen der Quacksalber, die die ominösesten Salben und Pulver verkauften, allesamt angeblich hochwirksam und heilkräftig bei jedem Gebrechen, das man sich denken konnte.

Die Kräuterweiber blieben unter sich. Auf dem Marktplatz bildeten sie einen Reigen von aufgetürmten Bündeln getrockneter Kräuter, die in keinem Haus fehlen durften.

In der hintersten Ecke des Marktes hatte Miriam einen kleinen Tisch mit den kostbaren Salbölen ihres Vaters aufgebaut. Duftende Blütenessenzen und seltene Balsamöle, die aus der Rinde bestimmter Bäume mühsam gewonnen wurden und die für das einfache Volk unbezahlbar waren.

Sie selbst hatte ihr Haar mit Orangenblüten geschmückt, und einige Locken ihres rötlichen Haares waren ihr in die Stirn gefallen. Ihr Bruder half ihr beim Aufbauen der Waren. Kleine Tonkrüge, mit Wachs verschlossen, und große Schalen, mit Blüten und Kräutern gefüllt, die noch frisch den Ölen beigemengt wurden. Eine kleine Schale kostbaren Salböls war auch dabei, die sie seit Kindertagen mit sich trug und die sie niemals verkauft hätte. Sie hatte das Gefühl, dass dieses Öl für einen besonderen Anlass bestimmt war, der irgendwann in ferner Zukunft eintreten würde. Sie rückte die letzten Tonkrüge zurecht, als eilig dahinreitende Männer in weißen Umhängen Richtung Stadttor davonpreschten. Sie blickte ihnen nachdenklich nach. Was mochte sie so zur Eile antreiben?

Wenig später standen die ersten Käufer vor den Auslagen, beäugten die Waren, fühlten, probierten und feilschten, so, wie es immer war.

Der Lärm unzähliger Stimmen erfüllte die Gassen und drang in das Arbeitszimmer des Statthalters, der über die Schriften des Königs gebeugt saß. Sorgenfalten machten sich auf seiner Stirn breit. Er fächelte sich Kühle zu und las den letzten Abschnitt nun schon zum dritten Mal. Immer wieder stiegen Bilder aus dem Traum der vergangenen Nacht auf und schoben sich vor die Schriftstücke, die ausge breitet vor ihm lagen. Er war Statthalter und in seiner Funktion auch oberster Richter, von dem unmissverständlich ein grausames Urteil gefordert wurde.

Er ließ sich schwer auf seinen Sessel fallen, um die Diener zu rufen, ihm ein Bad zu bereiten. Es war ihm, als könne er damit alle Sorgen von sich abwaschen.

Das leise Klirren von Glas ließ ihn aufschrecken. In dem wohlig warmen Wasser war er beinahe eingenickt. Der Diener reichte ihm einen Kelch mit frischem Most und eine Rebe mit reifen roten Trauben. Er verspürte keinen Appetit und ließ alles unberührt, um sich für die tägliche Audienzstunde anzukleiden. Seine Toga aus rotem Samt lag schwer auf seinen Schultern. Die goldene Kette zerrte an seinem Hals, wie sein Amt an seinen Nerven. Die Gedanken kreisten um die Schriftstücke und die Konsequenzen, die sich daraus für ihn ergaben. Heute sollte er eine Ansprache auf dem Balkon des Palais halten, um den Basar offiziell zu eröffnen. Dabei machte sich niemand die Mühe, auf diesen Auftritt zu warten. Man hatte bereits begonnen, die Waren feilzubieten, und niemand achtete mehr auf ihn, wie er schwankend dastand, die Augen zum Himmel gerichtet, so, als ob von dort Hilfe zu erwarten sei.

Er mochte eine Weile so dagestanden haben, als seine Gemahlin neben ihn trat –, die jubelnde Menge unter ihnen, die sich auf die kommenden Festtage freute. Sachte legte sie ihre Hand auf seinen Arm und blickte ihn fragend an.

Das Volk drängte sich in den Gassen, die von Staub und Hitze erfüllt waren. Überall türmten sich Warenberge, Ziegen und Esel, Hühner und anderes Getier liefen zwischen Körben mit Gemüse und Obst umher. Das kommende Fest wurde von jedermann sorgfältig vorbereitet. Den rituellen Reinigungen in den Badehäusern folgten strenge Fastentage, die mit Gebeten und Exerzitien ausgefüllt waren.

Nun war es an der Zeit, die Vorratskammern für das bevorstehende Fest zu füllen. In jedem Haus gab es die traditionellen Kuchen und Speisen, die nur zu diesem Anlass gebacken und zubereitet wurden. Alles fieberte dem Passahfest entgegen, und mit bunten Wimpeln wurden die Häuser gekennzeichnet, in denen in diesem Jahr ein Kind zur Welt gekommen war. Bei dem großen Gottesdienst wurden alle neugeborenen Kinder mit einem besonderen Segen versehen und damit in die jüdische Glaubensgemeinschaft aufgenommen.

Die Frauen trugen große Körbe mit den benötigten Lebensmitteln nach Hause. Alles wurde nach strengen Regeln in eigens dafür vorgesehenem Geschirr und Töpfen zubereitet. Die Zeit der faden Fastenspeisen war damit vorbei, und alle freuten sich auf das Beisammensein mit der Familie und dem ausgiebigen Speisen, das dem Besuch der Synagoge folgte.

Heute schien eine besondere Anspannung in der Luft zu liegen. Die Händler fuhren unwirsch ihre Zöglinge an, die Frauen kreischten und gerieten in Streit, das Vieh blökte unruhig, und einige Adler kreisten über der Stadt. Ein Zeichen, dass etwas Besonderes in der Luft lag.

Sollte es etwa wieder ein Erdbeben geben?, so fragte sich Miriam. Sie hatte feste Stammkundschaft, die für verschiedenste Zwecke regelmäßig das Öl bei ihr kaufte. Mal waren es Salbungen, die rituell bei Hochzeiten stattfanden, ebenso wie spezielle Öle, mit denen Neugeborene eingerieben wurden. Die Salböle zum Reinigen der Verstorbenen bewahrte sie extra in einem Korb unter dem schlichten Holztisch auf. Sie wollte das Auge der Käufer nicht darauf lenken.

An diesem Morgen hatte sie schon eine Vielzahl von Käufern bedient und gönnte sich nun einen Schluck aus dem tönernen Wasserkrug und ein Stück Käse mit Brot, das sie in ihrer Tasche bei sich trug. Zu gern wäre sie selbst über den Markt gezogen, um all die Auslagen zu bewundern. Besonders die Goldschmiede erregten ihre Aufmerksamkeit. Der Schmuck, der in kleinen Holzkästchen angeboten wurde, war nach arabischer Art reich mit filigranen Mustern und Emblemen verziert.

Miriam wusste, dass sich heute Abend viele Gäste im Haus ihres Onkels versammeln würden. Ihr Bruder hatte ihr von der geheimen

Zusammenkunft erzählt, die sich im Kreis einer besonderen Bruderschaft abspielte und zu der nur Mitglieder zugegen waren. Sie wusste, dass ihr Onkel seit Jahren Führer dieser Bruderschaft war, doch war ihr niemals zu Ohren gekommen, worum sich ihre regelmäßigen Versammlungen eigentlich drehten. Sie hatte sich niemals Gedanken darüber gemacht, bis eines Tages ein besonderer Gast erwartet wurde, der bei Anbruch der Dunkelheit ungesehen ins Haus geführt wurde und ebenso unbemerkt wieder verschwand. Dieser fremde Gast musste von besonderer Bedeutung sein, und Miriam war neugierig, ob sie ihn wohl heute zu Gesicht bekam. Sie war dazu eingeteilt, beim Austeilen der Speisen zu helfen, und somit würde sie die Versammelten in Augenschein nehmen können.

„Miriam, träumst du?", rief die Bäuerin, die neben ihr einen Stand mit wohlriechenden Kräutern aufgebaut hatte. Einige Käuferinnen standen vor ihren Tonkrügen, um über ihren Inhalt zu beratschlagen. Doch Miriam hatte nur in Gedanken versunken vor sich hingestarrt. Nun fuhr sie auf, um die Käuferinnen zu beraten. Verwirrt zog sie ihr Kleid glatt und begann die verschiedenen Öle zu beschreiben.

Im Amtszimmer des Statthalters hatte sich eine Gruppe hoher Vertreter des jüdischen Rates versammelt. Sie waren abgesandt, um die Feierlichkeiten der kommenden Tage mit dem Statthalter zu besprechen und seine Soldaten um Rücksicht auf ihre religiösen Stätten zu bitten. Immer wieder verletzten römische Soldaten die Verbotszone am großen Platz vor der Synagoge und betraten heiligen Boden, der nur den jüdischen Priestern und Gläubigen vorbehalten war. Dieses Sakrileg wurde von der Gemeinde sehr beklagt, und so war auch heute die Gesandtschaft der Priester hier erschienen, um ihn zu bitten, seinen Soldaten Zurückhaltung aufzuerlegen.

In diesen Tagen kamen viele Menschen aus weit entfernten Regionen in die Stadt, um das große Fest zu feiern. Doch gab es immer auch allerlei Unruhen und Tumulte, wenn die hitzigen Diskussionen um religiöse Auslegungen und die allgemeinen Anfeindungen zwischen verschiedenen Bevölkerungsgruppen zu hohe Wellen schlugen. In diesem Fall war es den jüdischen Aufsichtsbeamten verwehrt, einzuschreiten, und römische Soldaten griffen oft allzu brutal ein, um die Streitenden zur Ruhe zu bringen. Daher waren in diesen Tagen die Gefängnisse überfüllt, und die bekanntermaßen immer wieder aufgegriffenen Streithähne wurden erst nach dem Fest wieder freigelassen. Der Statthalter hörte sich die Klagen und Bitten der Priester ruhig an. Er war es leid, immer wieder schlichtend einzugreifen, aber wenn entscheidende Urteile gefällt werden sollten, wurde er gezwungen, in der einen oder anderen Weise zu entscheiden. Er fühlte sich wie ein Spielball zwischen rivalisierenden Gruppierungen, die ihn nach Belieben hinzuzogen oder ausschlossen. Und all dies tat er nur, um Ruhe in der Region zu bewahren, deren historische und traditionelle Feindseligkeiten für ihn nie genau zu durchblicken waren.

Auch heute wieder sollte er Soldaten dort postieren, wo die Priesterschaft es wollte, nicht jedoch da, wo ihre eigenen Wachtposten aufgestellt wurden. Manchmal wurde es ihm zuviel mit all den Regeln und den Sondergenehmigungen, die sie von ihm forderten.

Er kehrte in Gedanken in seine Heimat zurück, wo die religiösen Bräuche so viel einfacher und klarer waren. Es gab die einzelnen Feste, die den Göttern geweiht waren, und alle Welt konnte daran teilnehmen oder fortbleiben, ohne dass dies Züchtigungen und Sanktionen nach sich gezogen hätte. Er sehnte sich nach der Ruhe und Klarheit im Palast seines Vaters, wo alle Zeit das Leben nach eindeutigen Regeln ablief und alles seinen Platz hatte. Er verglich die Stadt hier mit einem Hexenkessel, einem Schlangennest im Vergleich mit seinem eigenen Zuhause.

Die Delegation verabschiedete sich, und er notierte einige Besonderheiten für den Dienstplan seiner Soldaten, die oftmals nur unwillig ihren Dienst versahen und von aller Welt nur verachtet und gehasst wurden. Das war kein Wunder nach der langen Belagerungszeit, die es jedoch niemals geschafft hatte, Ruhe und Ordnung in dieser Stadt zu schaffen. Was mochte das Passahfest dieses Mal wieder bringen? Schweiß rann ihm von der Stirn.

Der nächste Besucher war einer der wenigen Freunde, die er unter den Juden hatte. Er hatte ihn einst als Schlichter in den Auseinandersetzungen mit der Priesterschaft kennengelernt. Er war ein weiser und besonnener Mann, der immer wieder weitblickend und klug zu raten verstand. An diesem Morgen begrüßte er ihn besonders herzlich, war ihm dieser Gast doch immer willkommen.

Josef von Arimathäa war ein stattlicher Mann. Er überragte den Statthalter um Haupteslänge. Ein dichter dunkler Bart rahmte sein Gesicht ein, und seine hellen Augen blickten freundlich und weise in diese Welt.

Nach der Begrüßung setzten sie sich an den großen Tisch in der Mitte des Raumes. Ein Diener brachte kühle Getränke, und der Freund erkannte gleich, in welcher Gemütsverfassung sich der Prokurator[1] befand. Sorgenvoll blickte er auf die Papiere, die die Oberfläche des Tisches bedeckten. Es waren unzählige Seiten, dicht beschrieben mit einer Vielzahl von Anweisungen und Erläuterungen, die er noch nicht annähernd durchgearbeitet hatte. Er wollte dies nicht seinem Sekretär Claudius überlassen, sondern selbst alles zuvor lesen, bevor er entschied, wie das eine oder andere von ihm umgesetzt wurde. Erneut hatte es in einem Viertel der Stadt Streitigkeiten darüber gegeben, wer die Treppe zuerst benutzen dürfe und welche Waren dort zu transportieren erlaubt waren, und welche nicht.

Solche ermüdenden Streitigkeiten kamen allenthalben auf seinen Tisch und wurden dann an untergebene Mitarbeiter weitergegeben. Die sorgenvolle Miene bezog sich nun nicht auf derartige Nichtigkeiten, sondern auf ein Dokument, in dem ein bevorstehender Prozess bereits in seinem Ausgang vorweggenommen wurde. Eine Vielzahl solcher Prozesse und Verurteilungen hatte er schon vorgenommen, doch dieses Mal, das spürte er deutlich, überschritt er seine Befugnisse.

---

1 Römischer Titel des obersten Herrschers einer Provinz

Josef hatte still und mit ernstem Gesicht zugehört, als der Prokurator ihm seine Sorge mitgeteilt hatte. Er wusste, er würde ihm vertrauen können. Oft schon hatte er weitblickend Rat gewusst, besonders in Angelegenheiten, die religiöser Natur waren.

Josef fuhr sich mit der Hand über die Augen. Er hatte befürchtet, dass man das Passahfest dazu benutzen würde, um seiner habhaft zu werden und vor aller Welt ein Exempel zu statuieren.

Die ganzen letzten Monate hatte er diese latente Bedrohung gespürt, unwirklich und doch real. Viele Male hatten sie im engsten Kreis darüber diskutiert, welchen Ausweg es geben könnte. Nach monatelangen Diskussionen waren sie übereingekommen, einen Ausweg zu wählen. Dies war der Anlass seines Besuches gewesen. Dass nun der Prokurator selbst auf diesen Prozess zu sprechen kam, überraschte ihn. Er hatte nicht geglaubt, dass es so schnell gehen würde und der Hohe Rat die Verurteilung würde fordern können. Eine Weile saßen sie schweigend da.

„Nun, mein Freund, was wirst du mir raten in dieser schweren Stunde? Schon zum siebten Mal ist er mir im Traum erschienen, gottgleich mit strahlendem Gesicht. Sag mir, bist du ihm je begegnet, und stimmt es, was sie über ihn sagen?"

Josef antwortete nicht gleich. Er war sich darüber im Klaren, dass, wenn er die ganze Wahrheit zur Sprache brächte, er vielleicht das Vertrauen des Freundes verlöre. Er wollte ihn aber auch nicht hintergehen oder Unwahres antworten.

„Nun", sprach er, „ich bin ihm begegnet. Und ich bin von seiner Lehre und von seinen Reden auf das Tiefste beeindruckt. Wenn er spricht, verwandelt sich die Welt, und es kehrt eine solche Stille und Ehrfurcht ein, dass niemand auch nur wagt, ihn zu stören oder das Wort zu erheben. Ich bin viele Male Zeuge dieser Kundgebungen geworden, bevor er im Geheimen zu lehren begann, und ich versichere dir, er ist der, auf den wir gewartet haben."

Der Statthalter hatte mit weit aufgerissenen Augen zugehört. Er war zutiefst überrascht, aus dem Munde eines so besonnenen Mannes solche Worte zu hören.

„Ist es wahr, Josef, dass auch du dazugehörst?"

„Ja, es ist wahr, und ich werde dir auch erklären, wie es dazu kam.

Ich war im Hause eines Freundes in Kapernaum. Er war sterbenskrank und die Familie hatte schon die Totenwache holen lassen. Alle waren davon überzeugt, dass der Mann in wenigen Minuten versterben würde. Mein Freund rief ihn zur Hilfe und wenig später sah ich ihn zum ersten Mal. Als er den Raum betrat, ging ein Raunen durch die Reihen. Eine Ruhe und ein Glanz umgaben ihn, wie ich es noch nicht einmal bei den hohen Feiertagen in der Synagoge erlebt habe. Er murmelte nur wenige Silben, währenddessen hielt er die Augen geschlossen, und eine Hand erhob er über die Bettstatt des Sterbenden. Wir alle waren auf die Knie niedergefallen. Es geschah etwas Heiliges, überaus Wesentliches. Wir achteten nicht mehr auf den Grund seines Kommens, so gebannt waren wir von seiner Person und seiner Aura.

Wenig später schlug der Sterbende die Augen auf, sein Gesicht leuchtete und er sprach unverständliche Worte. Der Fremde nickte und ging schweigend davon. Das war das erste Mal, dass ich ihm begegnete. Später habe ich seinen Belehrungen zugehört, habe die wahre Lehre erkannt, die er spricht, und bin ihm viele Male begegnet, wo immer es möglich war. Mal hat er geheilt, mal Streit geschlichtet oder einmal sogar Hunderte von Anhängern gespeist, indem er wundersam die wenigen Lebensmittel vermehrte. Er kommt von Gott zu den Menschen, und es liegt eine große Gnade darin, ihm zu begegnen."

Der Statthalter hatte staunend zugehört. „Dann stimmt es also, was sie über ihn sagen, er sei von den Göttern gesandt und mit besonderen Gaben ausgestattet?" Josef nickte.

Der Wunsch, ihm ebenfalls zu begegnen, stieg in ihm auf. Warum nur, so dachte er bei sich, war der Unglückselige mit dem Hohen Rat so streng verfahren, hatte sie Heuchler und Brudermörder genannt? Warum war er für sie gefährlich, so bedrohlich, dass sie seinen Tod forderten? Er bedauerte es in diesem Moment, ihm nicht selbst begegnet zu sein, um ihn zu fragen, warum er all dies auf sich zöge, wenn er weiter in der Öffentlichkeit auftrat mit seinen aufrührerischen Ideen.

„Josef", so sprach er nun, „ist es möglich, dass auch ich ihm begegne, ohne dass jemand etwas davon erfährt, ohne in Amt und Würden zu sein? Sag, ist es möglich? Es liegt mir sehr viel daran, mir selbst ein Bild von ihm zu machen, bevor ich ihm den Prozess machen muss. Sag, ist es möglich?"

Eindringlich klang seine Stimme und Josef nickte nur still.

„Komm heute Abend zu meinem Haus. Komm allein, ohne deine Leibgarde. Ich werde dir meine Söhne schicken, dich zu begleiten. Nimm einen einfachen Umhang und sorge dafür, dass niemand dir folgt."

Mit diesen Worten erhoben sie sich, umarmten sich kurz und Josef verließ das Palais mit schnellen Schritten.

Es war kein Laut zu hören, als er unbemerkt das Haus verließ. Josefs Söhne warteten bereits. Sein dunkler Umhang verbarg auch sein Gesicht und das schlichte Gewand, das er an diesem Abend trug. Er hatte all seinen Schmuck abgelegt und sorgsam darauf geachtet, mit einfachen Sandalen und einem schlichten Stock zur vereinbarten Zeit an der hinteren Pforte zu warten.

Jetzt, wo es bereits dämmerte, wurde es stiller in den Gassen. Er war überrascht, wie schmutzig und schwül es hier war. Noch nie war er zu Fuß in diesen Teil der Stadt gekommen, wo sich nach Anbruch der Dunkelheit seltsames Volk in die Mauernischen drückte. Es war ihm, als würde er beobachtet, doch seine Begleiter eilten in schnellem Schritt voran, sodass er kaum Zeit hatte, sich umzusehen.

Als sie in den unteren Teil der Stadt gelangten, war das letzte Licht erloschen und die wenigen Fackeln erleuchteten nur spärlich den Weg. Er war es nicht gewohnt, so lange Strecken zu Fuß zu gehen und sein Atem ging schnell. Schweiß rann ihm von der Stirn. Jedermann, dem sie begegneten, musste den Römer in ihm erkennen mit seinem sorgfältig rasiertem Gesicht.

Sie erreichten einen kleinen, von Zedern umstandenen Platz. Hier befand sich das Essener-Tor, wo der Weg hinaus aus der Stadt führte, und hier lag das Haus Josefs, das eingerahmt von hohen Mauern direkt an die Stadtmauer angrenzte. Hinter der Mauer lag ein prächtiger Garten, ebenfalls von hohen ausladenden Bäumen überragt. Ein kleiner Weg führte zum Haus, wo schwaches Licht aus den Fensteröffnungen den Vorplatz beleuchtete. Es war in jeder Hinsicht ein bemerkenswertes Haus, ganz schlicht konstruiert, doch mit einer Vielzahl von Besonderheiten ausgestattet. Ein großer ausladender Steintisch flankierte eine prächtige Rosenhecke, die über und über blühte. Duftende Kräuter und breite Rabatten von Lavendel säumten den Weg, der aus kleinen Steinen in einem Muster aus Rauten und Kreisen kunstvoll gestaltet war. Das Haus selbst war von Wein bewachsen, der ein dichtes Blattwerk bildete. Die obere Etage war mit einer Aussparung zu einer Terrasse gestaltet, wo Josef zuweilen Sternenkunde betrieb und den Himmel beobachtete.

Beim Eintreten bemerkte der Prokurator eine große Versammlung in dem ersten Raum, an dem er vorbeigeführt wurde. Er hatte nicht damit gerechnet, dass so viele Menschen zugegen sein würden. Er schlug die Kapuze seines Umhangs zurück und ließ sich dankbar auf einen Stuhl fallen, der am Eingang des zweiten Raumes stand. Er sah eine Vielzahl von Personen, die hin- und hergingen, und eine spürbare Unruhe breitete sich aus. Er beobachtete all die Menschen, die ihm völlig fremd waren und die er noch nie zuvor zu Gesicht bekommen hatte.

Seine Hand glitt zu einem Beutel, der gut versteckt unter seinem Gewand an einem Gürtel befestigt war. Er hatte einige Silbermünzen bei sich, die er den Söhnen zum Dank für ihre Führung zu übergeben gedachte. Gerade als er sich erheben wollte, hörte er laute Stimmen, die vom Eingang her zu ihm drangen.

Er sah seinen Freund Josef, wie er gerade einen groß gewachsenen Mann begrüßte. Er trug ein staubiges Gewand und einen dichten dunklen Bart. Er hatte sein Gesicht noch nicht erkennen können, doch beim Nähertreten war er sich sicher, dass er es sein musste.

Viele begrüßten ihn, indem sie ihn umarmten. Viele verneigten sich nur scheu vor ihm, bevor er ganz den Raum betreten konnte. Josef steuerte direkt auf den Prokurator zu, der still die Situation beobachtet hatte. Mit dem ersten Blick, den der Fremde auf ihn richtete, ging etwas wie eine Woge von Energie durch seinen Körper. Er bemerkte, wie seine Knie zitterten und sein Herz pochte. Der Blick des Mannes war genauso, wie er es geträumt hatte. Tief und eindringlich, als ob für diesen Blick nichts verborgen bleiben könnte.

Im nächsten Moment stand Josef vor ihm, um ihm den Fremden vorzustellen. Er verbeugte sich tief und ein Gefühl großer Freude durchwogte ihn. Der Fremde hatte nur kurz seine Hand erhoben, wie, um ihn zu segnen, als es plötzlich still in dem Raum wurde.

Ein Sessel wurde herbeigeholt, und er ließ sich dort nieder, wo alle Versammelten ihn sehen und hören konnten. Er lächelte still und führte einen Becher zum Mund, den man ihm reichte. Er segnete alle Anwesenden, das Haus und den Gastgeber und begann dann in aramäischer Sprache, die dem Prokurator nicht geläufig war, zu sprechen. Seine Stimme war tief und wohlklingend und alle hingen gebannt an seinen Lippen. Er schien ein Gebet zu singen, in das alle von Zeit zu Zeit einfielen, um einen Refrain mit zu intonieren.

Ein kleines Mädchen schmiegte sich fest an ihn, um ganz in seiner Nähe zu sein. Josef hatte eine Schale mit Räucherwerk entzündet, der Duft von Kräutern und Sandelholz durchzog den Raum. Der Fremde hatte sein langes lockiges Haar, das tief über seine Schultern fiel, zum Vorschein kommen lassen, als er seinen Umhang ablegte. Er lächelte unentwegt, und Freude und Glückseligkeit machten sich im Raum breit.

Die Kleine war nun auf seinen Schoß geklettert. Sie hielt ihren linken Fuß hoch, der, es war nun deutlich zu sehen, verkrüppelt war. Er stand schief und verkrümmt ab, sodass sie nur einen Strumpf trug statt einer Sandale. Sie strahlte und herzte den Mann, der nun sanft und leise mit ihr zu sprechen begann. Die Kleine lachte und hörte andächtig zu, als er ihr etwas zu erklären schien. Sie hob abermals den verkrüppelten Fuß und der Fremde umschloss ihn vorsichtig mit seinen Händen. Er sprach währenddessen leise mit dem Kind und strich mit einer Hand sachte über den Fuß. Die Kleine hatte den Blick gesenkt und betrachtete ebenfalls den Fuß, der sich eigentümlich zu strecken begann. Er zuckte und zappelte mit einem Mal, so, als hätte sich eine fremde Kraft seiner bemächtigt.

Die Kleine stieß einen Schrei hervor, aber es war nicht der Schrei eines Schmerzes, den ihr der Fuß bereitete, sondern den des überraschten Erstaunens. Sie hob und drehte den Fuß und sprang dann auf die Füße, vollführte Freudensprünge und tanzte in der Mitte des Raumes herum. Alle waren verstummt und blickten gebannt auf die Kleine, die Freudentränen weinte und allen stolz ihren geheilten Fuß entgegenstreckte.

Die Eltern nahmen sie ebenfalls weinend in den Arm. Die Mutter kniete nieder, um dem Meister zu danken, der nur still dasaß und lächelte. Er hielt nun die Hand des Mädchens, das ihn überschwänglich herzte und umarmte. Er segnete die Familie und sagte den Eltern, dass ihre Tochter noch Großes vollbringen werde. Man solle sie in allem unterstützen, was die Kleine zu erlernen beabsichtigte.

Die Versammelten begannen nun wild zu gestikulieren und ein Stimmengewirr erhob sich, sodass der Prokurator nicht erkennen konnte, was nun vor sich ging. Viele umstanden den Fremden, und als sich der Tumult lichtete, war er verschwunden.

Die Menschen drängten nach draußen. Der Vater trug stolz die Tochter auf dem Arm, die unablässig auf ihren gesunden Fuß starrte. Alles strömte dorthin, wo ein Tisch mit Speisen angerichtet war. Sie bedeckten den ganzen Tisch. Oliven, Brot, Früchte und ein Gericht aus Linsen und Bohnen, das nur zur Fastenzeit zubereitet wurde. Alle füllten ihre Schalen, nachdem er sie gesegnet hatte. Sie redeten aufgeregt durcheinander und der Fremde stand da, hielt seine Schüssel in den Händen und antwortete auf Fragen, die die Umstehenden an ihn richteten.

Nach dem Mahl wandte der Fremde, den alle Meister nannten, den Kopf und blickte den Prokurator mit ernster Miene an.

„Nun, habt Ihr genug gesehen, um Euch ein Bild machen zu können?"

Pilatus blieb der letzte Bissen beinahe im Halse stecken. Woher kannte er seine Beweggründe und was bezweckte er?

„Ja", antwortete er. „Ich habe genug gesehen, um zu bemerken, welche außerordentlichen Fähigkeiten Ihr beherrscht. Könnt Ihr mir ebenfalls helfen, meinen Gesundheitszustand zu verbessern?" Er verneigte dabei leicht seinen Oberkörper, um seiner Hochachtung Ausdruck zu verleihen.

Der Fremde antwortete: „Würde dann Euer Urteil milder ausfallen?"

Der Prokurator schwankte. Röte schoss ihm ins Gesicht. Er weiß alles, fuhr es ihm durch den Kopf.

„Nun, da Ihr zu wissen scheint, in welcher Lage ich mich befinde, was ratet Ihr mir?", antwortete er mit bebender Stimme.

Der Fremde lächelte jedoch nur: „Ich werde Euch Eure Arbeit nicht abnehmen."

Damit wandte er sich ab, ohne eine Erwiderung abzuwarten.

Alle Umstehenden wandten sich ebenfalls zur Tür, um den Aufbruch des Meisters zu begleiten. Mit einem Mal wurde es still in dem Raum, wo der Fremde gerade seinen braunen Umhang umgelegt hatte. Ein seltsames Leuchten erfüllte den Raum. Das Gesicht des Meisters schien von innen her zu strahlen.

Miriam hatte sich tief vor ihm verbeugt. Sie war auf die Knie gesunken und hatte das Fläschchen mit dem kostbaren Salböl hervorgezogen. Ein Raunen ging durch die Menschen, die den Meister dicht umringten. Dem Prokurator gelang es, einen Blick auf das Geschehen zu werfen. Die junge Frau war niedergekniet, hatte die Füße des Meisters geküsst und dann mit dem Salböl übergossen. Sie rieb den Fuß damit ein, benetzte auch den anderen Fuß und begann, während ihr Tränen über das Gesicht rannen, mit ihrem Haar die Füße des Meisters zu trocknen. Sie schluchzte laut, den Kopf tief gebeugt.

Der Fremde hatte seine Hand auf ihren Kopf gelegt. Sein Blick ruhte auf der jungen Frau, die ihr Gesicht unter dem üppigen Haar verbarg. Der Meister murmelte einige unverständliche Worte. Leise und sanft klang seine Stimme. Dann nahm er die Hand der jungen Frau, richtete sie auf, und legte eine Hand auf ihre linke Schulter: „Komm mit und folge mir!", waren die wenigen Worte, die der Prokurator vernahm.

Die Menge der Menschen murmelte und raunte und der Meister verließ das Haus, im Gefolge seine Begleiter und die junge Frau, deren Gesicht nun leuchtete und strahlte, so wie das Gesicht des Meisters, der vor ihr den Weg entlangschritt.

Die Gruppe verlor sich in der Dunkelheit, so, wie auch die anderen, die an der Versammlung teilgenommen hatten, sich in alle Richtungen zerstreuten.

Der Prokurator blieb nachdenklich zurück. Seine Knie gaben nach und er ließ sich auf den nächstbesten Stuhl fallen. Was war mit ihm geschehen? All sein Denken kreiste um diesen charismatischen Fremden, dem nichts verborgen blieb und der jeden Gedanken des anderen kannte. Was für ein Gott hatte sich da inkarniert? Wussten die Juden überhaupt, in welcher Gunst sie standen, dass er in ihrem Volk geboren war, so schoss es ihm durch den Kopf. Am liebsten wäre er aufgesprungen, um dem Fremden zu folgen. Doch etwas hielt ihn zurück und band ihn bleiern an den Stuhl, auf dem er saß.

Was hatte er damit gemeint, ob er sich ein Bild gemacht habe? War es überhaupt möglich, sich ein schlüssiges Bild zu machen, bevor er die Person überhaupt näher kannte, und wessen hatte er sich schuldig gemacht? Es war kein Vergehen, zu heilen oder zu segnen. Jeder Rabbiner durfte das. Was war es also, das ihn für die Pharisäer so gefährlich machte? Was war an dem sanften, freundlichen Mann so aufrührerisch?, so fragte er sich.

Sanft berührte ihn eine Hand an der Schulter, und er fuhr erschreckt zusammen. Josef stand neben ihm.

„Es ist Zeit, mein Freund. Eine Sänfte wartet und wird dich zurück zu deinem Palast bringen. Ich werde dich morgen zur Audienzstunde aufsuchen, um dir meine Pläne zu unterbreiten. Ich denke, du hast genug gesehen, um dir ein Bild zu machen."

Schweigend umarmten sie einander, und er wurde zu einer Sänfte geleitet, die für ihn bereit stand. Erschöpft fiel er in den Sitz und schloss die Vorhänge, um unerkannt zu bleiben.

Wenig später, er hatte jedes Zeitgefühl verloren, erreichten sie den Palast des Prokurators. An der hinteren Pforte war die Tür unverschlossen und er konnte ungesehen in seine Gemächer gelangen. Ein einzelnes Öllicht brannte in seinem Schlafgemach, und er eilte in sein Ankleidezimmer, um sich auszukleiden und zu reinigen. Zu seinem Erstaunen hatte seine Gemahlin auf dem Bett Platz genommen. Sie schien ihn zu erwarten. Ernst blickte sie ihn an. Er wich ihrem forschenden Blick aus und legte seine Gewänder ab, ehe er in das Bassin mit warmem Wasser stieg. Er ließ sich hinabgleiten und schloss die Augen. Die Bilder des eben Erlebten stiegen in ihm auf. Konnte er ihr davon berichten, sie einweihen?, so fragte er sich. Sie war eine gläubige Frau. Jeden Tag wurden die Hausaltäre mit frischen Blumen geschmückt.

Sie hatte sich auf den Rand des Bassins gekniet und begann seine Schultern zu massieren. Niemand konnte das so wie sie. Ihre Hände waren so erfahren, genau die Muskeln zu bearbeiten, die es so dringend brauchten.

Ihre Stimme durchschnitt die Stille: „Und, hast du ihn gesehen?"

Er schnellte herum. Nervös blickte er zu ihr auf. Sein Herz pochte.

Zitternd umklammerte er ihre Hände. Ungläubig blickte er auf: „Auch du?," flüsterte er. Sein Atem ging stoßweise vor Aufregung. „Dann weißt du um ihn?"

Sie nickte nur stumm: „Ich wusste, dass auch du eines Tages auf ihn stoßen würdest. Jeder findet ihn auf seine Weise. Es war meine Dienerin, die mir zuerst von ihm erzählte. Sie war zugegen, als er am See Genezareth eine Weile Menschen unterrichtete. Es ging die Kunde um, ein bedeutender Rabbiner sei gekommen, um die Lehre der Juden neu auszulegen und zu reformieren. Sarah ist gläubige Jüdin und hat seinen Belehrungen beigewohnt. Seitdem spricht sie von nichts anderem mehr. Jeden Tag erzählt sie mir von ihm. Sie sprach sogar davon, dass er Wasser in Wein verwandelt habe, als er Gast bei einer Hochzeit in Kanaan war. Ich hielt all dies für ausgemachten Unsinn. Ich dachte, sie sind ja in ihrem Wunderglauben noch schlimmer als die Römer.

Als er eines Tages aus dem Galil[2] kam und hier in Jerusalem eine befreundete Familie besuchte, bat sie mich, sie zu begleiten. Sie glaubte, wenn ich es nur erst mit eigenen Augen gesehen hätte, würde ich ihr glauben. Das war vor über einem Jahr.

Seitdem bin ich viele Male zugegen gewesen, wenn er in die Stadt kam. Immer geschah etwas Unglaubliches. Ich sah, wie er eine blinde Bettlerin heilte und ein tot geborenes Kind zum Leben erweckte. Ich habe dir nie von all dem erzählt, weil ich glaubte, es würde dich beleidigen, wenn ich zu dem wundersamen Juden ginge. Jedes Mal nahm ich mir vor, dich zu bitten, mich zu begleiten. Doch meine Freunde, die ich unter der Anhängerschaft des Meisters fand, rieten mir davon ab. Sie sagten, wenn es so sein soll, wird sich dein Weg mit dem Seinen kreuzen. Und so ist es jetzt gekommen.

Sarah berichtete mir, dass sie dich unter den Anwesenden im Hause Josefs gesehen habe. Ich war zutiefst überrascht, aber auch

---

2 Hebräische Bezeichnung für Galiläa, Gebiet im Norden des heutigen Israels. Zur Zeit von Jesus lagen Nazareth und der See von Genezareth als Orte des Schaffens von Jesus in Galiläa.

sehr erleichtert. Ich kann nun offen zu dir sprechen. Aber erzähl mir, was hast du gesehen? Hat er wieder geheilt?"

Nach einigem Zögern begann er die Geschehnisse zu schildern. Sie fuhr erschreckt auf, als sie hörte, was der König und der Hohe Rat von ihm forderten. Bestürzt sprang sie auf. Ihre Augen füllten sich mit Tränen.

„Was wirst du tun?", schluchzte sie, „du kannst ihn unmöglich dem Sanhedrin³ ausliefern!"

Er war in sich zusammengesunken. Tränen, die schon lange darauf gewartet hatten zu fließen, rannen nun an seinem Gesicht hinab. Schützend umklammerte er seine Gemahlin.

An ihrem Ohr flüsterte er: „Ich werde es nicht tun, das verspreche ich dir. Ich werde nicht tun, was sie von mir fordern. Ich bin der Prokurator Judäas, und sie haben mir nichts zu befehlen." Lange lagen sie sich in den Armen.

Am kommenden Morgen erwachte er gestärkt und erfrischt. Trotz der Erfahrung des vergangenen Abends war er beruhigt und zuversichtlich, eine Lösung zu finden. Er wartete nervös auf das Eintreffen seines Freundes, der sein Kommen ja angekündigt hatte.

Er bearbeitete einige Schriftstücke, nahm ein kleines Frühstück zu sich und beäugte jeden seiner Bediensteten so genau, dass sie nervös aufblickten. Jedes Mal fragte er sich, ob auch sie den seltsamen Meister kannten, womöglich dazugehörten? War es bereits eine geheime Gemeinschaft, die sich im Verborgenen gebildet hatte? Das konnte der Grund sein, warum man ihn weg haben wollte, so gingen ihm seine Gedanken durch den Kopf.

Am späten Vormittag klopfte es leise an die Tür. Ein Diener brachte ein Schreiben, das an ihn persönlich adressiert war. Er brach das Siegel und entrollte die Handschrift. Es war die Schrift Josefs, die er gut genug kannte. Mit zitternden Händen begann er zu lesen. Die

---

3 Oberste jüdische, religiöse und politische Instanz und gleichzeitig oberstes Gericht.

Buchstaben waren augenscheinlich in aller Eile aufgezeichnet worden. Manches konnte er kaum entziffern. Den wenigen Zeilen konnte er entnehmen, dass Jeheshua, so hieß der Meister, verhaftet worden war.

Er war vor dem heiligen Bezirk von der Tempelpolizei festgenommen worden, als er dort sein Morgengebet verrichten wollte. Die Anklage lautete offenbar auf Verletzung heiliger Gebote, der Gesetze der Thora und Aufrührertum. Er hatte vor einer großen Menschenmenge Gebete angestimmt, und dies sei unzulässig und allein den Priestern vorbehalten. Er war im Kerker des Herodes inhaftiert worden.

Bestürzt legte er das Schriftstück nieder. Nun war das geschehen, was er um jeden Preis hatte verhindern wollen.

Wenn es um religiöse Verstöße ging, konnte der Hohe Rat selbst Inhaftierungen und Verurteilungen vornehmen. Er musste bei schweren Strafen jedoch seine Zustimmung geben und das Urteil bestätigen. Bisher hatte er erst einmal diese Bestätigung verweigert, weil er das Urteil als unbotmäßig hoch empfand. Daraufhin wurde mit einem Aufstand gedroht, der ihn seinen Posten hätte kosten können. Man wusste, dass er um jeden Preis eine Eskalation würde vermeiden müssen, denn die römischen Soldaten würden nicht lange einer aufständischen Bevölkerung standhalten.

In diesem Fall war er nun machtlos. Er konnte in solchen Angelegenheiten nicht allein entscheiden, ihm waren die Hände gebunden. Eilig warf er einige Zeilen auf einen Bogen Papier, worin er Josef bat, so schnell wie möglich bei ihm vorstellig zu werden. Ein Bote sollte das Papier sofort zum Hause Josefs bringen und es ihm persönlich übergeben. Josef war Mitglied des Hohen Rates. Er musste einen Ausweg finden.

Abdul Ben Massa hatte gute Geschäfte gemacht. Jemand hatte ihm angeboten, in seinem Haus zu wohnen. Seine kleine Tochter, gerade zehn Monate alt, litt an gefährlichem Durchfall. Das Kind war schon so geschwächt, dass es kaum reagierte. Der Mann hatte Abdul gebeten zu helfen. Dafür sollte er eine Unterkunft und Verpflegung von ihm erhalten. Er hatte dankend abgelehnt, da es ihm nicht behagte, so dicht mit fremden Menschen zusammenzuleben. Doch das üppige Mittagsmahl hatte er gern angenommen.

Der Tisch war mit Tonschüsseln und länglichen Tontellern gedeckt, auf denen verschiedene Speisen angerichtet waren wie gekochtes Gemüse, geschmortes Fleisch, Joghurt und ein Krug Wein.

Abdul hatte dem Mädchen etwas von einer Kräutertinktur eingegeben, die er schon oft bei Erkrankungen dieser Art erfolgreich eingesetzt hatte. Er gab der Mutter noch ein Fläschchen davon, bevor er sich nach dem Mahl von seinen Gastgebern verabschiedete.

Er überquerte den großen Platz und steuerte auf eine kleine Taverne zu, als er laute Stimmen und Pferdegetrappel hörte. Instinktiv bog er in eine der kleineren Gassen ab, denn nur römische Soldaten patrouillierten zu Pferde in der Stadt. Über einige Umwege erreichte er die Herberge, wo er sich auf der von Wein überrankten Terrasse an einem der einfachen Holztische niederließ.

Wieder spürte er diese Anspannung, diese Nervosität, die ihm schon am Abend zuvor aufgefallen war. Es herrschte eine Atmosphäre der Aggressivität. So stark hatte er sie noch niemals wahrgenommen. Immer da, wo viele Menschen beieinander leben, kam es zu solchen geballten Energien. Doch dieses Mal, das spürte er ganz deutlich, lag etwas anderes in der Luft. Eine Atmosphäre, die etwas ankündigte, wie etwa ein schweres Gewitter oder ein Erdbeben. Aber auch das spürte er ganz deutlich, es war keines von beidem. Er schloss die Augen, um sich stärker auf die Empfindung zu konzentrieren. Ja, es lag etwas in der Luft. Ein Ereignis von großer Bedeutung, eher bedrückend als erfreulich.

Er griff nach seinem Becher, den der Wirt der Herberge ihm bereitgestellt hatte. Der Tonkrug war mit frischem, kühlem Wasser gefüllt, das ihm in der schwülen Wärme, die in den Gassen stand, guttat.

Ein Fremder betrat die Terrasse. Von seinem Gewand her ein Mann aus dem Norden, wo man diese grob gewebten Wollgewänder trug. Sein geschnitzter Stab war der eines Hirten, doch sein Gebaren deutete eher darauf hin, dass er mit seinen Händen arbeitete. Abdul betrachtete eher abwesend den Fremden, der ebenfalls gierig seinen Becher leerte. Sein Gesicht sah sorgenvoll und angespannt aus. Was mochte den Mann bedrücken?, so fragte er sich.

Er nickte ihm freundlich zu, und der Fremde maß ihn mit einem forschenden Blick, in dem eher Misstrauen als Freundlichkeit lag. In diesen Zeiten, in denen so viele Menschen die Stadt bevölkerten, mochten auch viele Gauner unter ihnen sein, und ein gewisses Maß an Misstrauen war wohl angebracht.

Dieser Mann jedoch strahlte Angst und Sorge aus. Eine Weile beobachteten sie einander, dann erhob sich der Fremde und stellte sich vor. Er war Fischer aus dem Galil. Sein Dorf lag direkt am See Genezareth und er war mit Freunden in die Stadt gekommen. Einer von ihnen sei jedoch am Morgen unter völlig fragwürdigen Umständen verhaftet worden. Sorge und Trauer lagen in seiner Miene. Es tat ihm gut, mit jemandem zu sprechen. Abdul legte seine Hand auf seinen Arm, um ihm ein wenig Zuspruch zu leisten.

„Vielleicht ist er morgen schon wieder frei. An Tagen wie diesen wird schnell in den Kerker geworfen, um Ruhe in der Stadt zu bewahren."

Doch der Fischer schüttelte nur stumm den Kopf. „Sie haben ihn mitgenommen."

Mit einer Woge der Trauer erzählte der Fischer von dem Meister und von seinen Bedenken, er könne womöglich für immer von ihnen genommen werden. Er schluchzte in die aufgestützten Hände.

Abdul Ben Massa begriff, dass dieser Meister etwas Besonderes sein musste. Er versuchte den Mann zu beruhigen, und als der Abend heraufkam, hatte der Fischer ihm so viel von seinem Meister erzählt, dass er beschloss, ihm zu helfen.

Im Schutz der Dunkelheit machten sie sich auf den Weg zum Kerker des Herodes, der von dicken Mauern umgeben in dem nördlichen Teil der Stadt lag. Der Fischer wusste nicht genau, ob sie ihn dorthin gebracht hatten. Er hatte nur Stimmen gehört, die von diesem Kerker sprachen, und darum vermutete er, dass der Meister sich hier befinden müsse. Abdul Ben Massa schloss die Augen und vertiefte sich einen Moment. Er tastete in Gedanken das Gebäude ab, das schwer und drohend vor ihnen lag. Er spürte Leid, Schmerzen und Schmach. Der stechende Geruch von fauligem Fleisch und Exkrementen schlug ihm entgegen. Doch schon bald konnte er eine helle Lichtquelle wahrnehmen, stark, rein und liebevoll. Ja, das musste der Meister des Fremden sein, so, wie er ihn geschildert hatte.

Abdul hatte den starken Wunsch, diesen Meister kennen zu lernen. Er holte einige Münzen aus seinem Beutel und trat zu der Wache, die ein gewaltiges Tor bewachte. Er sprach leise mit dem Mann und erfuhr für eine kleine Gegenleistung, dass man heute einen Verrückten eingesperrt habe, von dem alle behaupteten, er sei der Messias.

Ein zahnloses Grinsen begleitete seine Ausführungen. „Sie werden ihm wohl den Garaus machen, ihr werdet schon sehen. So, wie sie ihn behandelt haben, wird nicht viel von ihm übrig bleiben."

Abscheu stieg in Abdul auf. Er wandte sich ab, um dem Fischer zu berichten, was er erfahren hatte. Simon, so hieß der Fischer, hatte Vertrauen zu Abdul gefasst.

„Komm mit heute Abend zu einer der Versammlungen, wo wir uns treffen", zischte er leise.

Eine heftige Windböe wirbelte den Staub auf, der sich auf dem Platz angesammelt hatte. Die Fensterläden waren dicht verschlossen, und im Inneren des Hauses hatte sich eine kleine Gruppe von Menschen versammelt, die zum engsten Kreis des Meisters gehörten. Judas, Karim, Nikodemus, Sarah, Maria Magdalena und Simon Petrus, der den Fremden mitgebracht hatte.

Bedrücktes Schweigen herrschte in dem Augenblick, in dem sie sich zusammengefunden hatten. Mit ernsten, tief besorgten Gesichtern saßen sie da, um Brot und Wein miteinander zu teilen, so, wie es der Meister stets tat. Nach den Gebeten hatten sie sich an den Händen gehalten, um gedanklich zu ihrem Meister zu reisen, der an diesem Abend nicht bei ihnen sein konnte.

Nikodemus hatte ein Schriftstück entrollt, das er am Nachmittag mit Hilfe von Josef von Arimathäa verfasst hatte. Man bat darum, den Inhaftierten bis zur Verhandlung freizulassen und ihm zu erlauben, sich innerhalb der Stadt zu bewegen.

Die Bedrückung steigerte sich noch weiter, als Josef von Arimathäa eintraf und nur schweigend den Kopf schüttelte. Sie hatten ihn der Ämter, die er im Hohen Rat bekleidete, enthoben und damit alle Befugnisse genommen. So konnte er den Versammlungen nicht mehr beiwohnen und die Debatten und Entscheidungen dort nicht mitverfolgen. Sie spürten, dass Jeheshua noch am Leben war, aber sie spürten auch Zorn und Wut auf den Hohen Rat und die Pharisäer, die mit allen Mitteln versuchten, ihn zu verurteilen.

Das Öllicht flackerte, wenn eine neue Windböe durch die Gassen fegte. Sie stimmten erneut ein Gebet an, indem sie sich an den Händen hielten und den Worten des Simon lauschten.

Abdul Ben Massa hatte etwas abseits in einer Ecke des kleinen Raumes Platz genommen. Er hatte alle Anwesenden nur still beobachtet und den Gebeten gelauscht. Jetzt blickte Josef freundlich zu ihm herüber: „Komm doch näher, Fremder, und erzähl uns, wer du bist und was dich zu uns geführt hat."

Zögernd verbeugte er sich leicht und stellte sich vor.

Alle Anwesenden richteten ihre Aufmerksamkeit auf den Fremden, der ihnen trotz allem irgendwie vertraut erschien.

Abdul Ben Massa begann zu erzählen: „Ich stamme aus einem fernen Land, weit von hier. Ihr würdet es Gallien nennen. Meine Eltern sind vor vielen Jahren dorthin verschleppt worden, und ich bin in diesem Land geboren, dessen Sprache ich auch beherrsche, denn bis zu meinem sechsten Lebensjahr habe ich dort gelebt.

Dann gelang uns auf mysteriöse Weise die Flucht, denn meine Eltern dienten dort als Sklaven bei einem reichen Kaufmann. Ich selbst musste schon früh den Herrschaften zu Diensten sein und habe bereits als kleines Kind Wasserkrüge geschleppt und im Garten geholfen. Meine Mutter wurde plötzlich sehr krank, und wir alle befürchteten, dass sie sterben würde. Doch die Heilkunst eines Magiers aus einem benachbarten Land ließ sie sehr schnell wieder genesen. In diesem Moment war für mich entschieden, was ich einmal aus meinem Leben machen wollte, und der Mann, der meine Mutter geheilt hatte, eine große, aufrecht stehende Persönlichkeit mit ausdrucksvollem Gesicht, lächelte mich nur an, als verstünde er meine Gedanken zu lesen.

Er war es auch, der uns zur Flucht verhalf, denn meine Eltern wollten unbedingt noch einmal ihr Heimatland sehen, bevor meine Mutter sterben würde, denn der Fremde sagte uns, dass sie zwar zunächst geheilt sei, aber die Krankheit wiederkommen werde. Ich fragte mich damals, unwissend, wie ich war, wie er das wissen konnte? Heute ist es für mich selbstverständlich, in den Geist eines Menschen einzutauchen und sowohl seine Vergangenheit als auch seine Zukunft zu lesen."

„Welche Zukunft hat unser Meister?", wurde Abdul von Miriam unterbrochen.

„Ich sehe einen Mann, der ans Kreuz geschlagen wird. Aber er wird die Kreuzigung überleben!"

Alle starrten Abdul mit weit aufgerissenen Augen und völlig fassungslos an. Maria Magdalena begann leise zu weinen und Simon Petrus wurde wütend. Er begann zu schimpfen und die Römer zu verfluchen.

„Was, was können wir tun?", stammelte Josef, der als erster die Fassung wieder zu erlangen schien.

„Wir können ihm den Schmerz nehmen, indem ihr ihm eine Tinktur verabreicht, die ich eigens für diesen Zweck herstellen kann."

„Was ist das für eine Tinktur?", wollte Judas wissen, der bisher ziemlich teilnahmslos in der Ecke gestanden hatte und still in sich versunken war.

„Es ist eine besondere Rezeptur, die mir mein Meister anvertraut hat. Sie wirkt sehr schnell und lässt den Einnehmenden in eine Art Rausch fallen, der ihn zwar noch seine Umwelt wahrnehmen lässt, der aber auch dazu führt, dass der körperliche Schmerz größtenteils ausgeschaltet wird."

„Wie sollen wir ihm diese Mixtur verabreichen?", fragte Josef, der keinen Augenblick an den Aussagen des Fremden zweifelte, der über ein so großes Wissen zu verfügen schien.

„Ich werde es tun!", meldete sich Karim zu Wort. Er war Gewürzhändler seines Zeichens, hatte aber einige Jahre bei den Essenern verbracht, einem geheimnisumwitterten Orden in der Wüste, der zu vielen Spekulationen anregte. Für die einen handelte es sich um Verrückte, die auf den Weltuntergang warteten, für die anderen galt dieser Orden als Stätte großen Wissens und tiefer, besonderer Kenntnisse, in die auch der Meister eingeweiht worden war.

Nun schaute Josef Karim an. „Wie willst du das bewerkstelligen?"

„Lass das nur meine Sorge sein. Ich habe da so meine eigene Vorstellung."

Niemand zweifelte daran, denn Karim war dafür bekannt, über besondere Beziehungen zu verfügen, die ihm Wege in die höchsten Kreise ebneten. Er galt als Chamäleon, weil er es verstand, sich stets den Umständen entsprechend zu verwandeln. Mal als Bettler, mal als kluger und erfolgreicher Geschäftsmann, mal als Eingeweihter, der den engsten Schülern Jeheshuas Meditations- und Übungsanleitungen gab. Er stand dem Meister besonders nah, hatte er doch einige Jahre mit ihm gemeinsam bei den Essenern verbracht und war seit seinem öffentlichen Wirken nicht mehr von seiner Seite gewichen.

Eile war geboten, denn das Passahfest nahte und Pontius Pilatus war bereits, das hatte man aus geheimen Quellen erfahren, dazu aufgefordert worden, das Urteil des Hohen Rates zu bestätigen, das ohne eine Verhandlung wohl schon verhängt worden war, so erzählte Josef weiter. Er verheimlichte jedoch einige Details, weil er wusste, dass diese die Anwesenden zu sehr bestürzen würden.

Jeheshua lag auf dem kalten Steinboden. Blut rann aus vielen Wunden, die ihm seine Peiniger zugefügt hatten. Er war, nachdem man ihn in den Kerker geworfen hatte, aufs Übelste misshandelt worden. Die Wärter hatten sich einen Spaß daraus gemacht, ihm seine Kleider vom Leib zu reißen, um ihn übel zu beschimpfen und zu bespucken und mit ihren Peitschen zu traktieren. Sie hatten von oberster Stelle die Erlaubnis dazu erhalten, nachdem ein Zwiegespräch zwischen Herodes und dem Gepeinigten ergebnislos verlaufen war.

Herodes hatte ihn gefragt: „Bist du der König der Juden? Bist du der neue König der Juden?"

Doch dieser hatte nur geantwortet: „Mein Reich ist nicht von dieser Welt."

Der als cholerisch bekannte und deswegen gefürchtete Herodes ohrfeigte ihn daraufhin und ließ ihn erneut auspeitschen. Doch auch nach dieser unmenschlichen Behandlung hatte er keine andere Antwort erhalten.

Er muss weg – dachte er bei sich –, er muss von der Bildfläche verschwinden. Er hatte die Wachen angewiesen, sich seiner anzunehmen, und die Umstehenden wussten nur zu gut, was das bedeutete. Die meisten überlebten diese Qualen und Folterungen nicht. Aber dieser Mann schien von außerordentlicher körperlicher Widerstandskraft zu sein.

Jeheshua lag auf der Seite, denn die tiefen Wunden auf seinem Rücken, die die Peitschenhiebe verursacht hatten, erlaubten es ihm nicht, auf dem Rücken zu liegen. Er wandte sich an einen Mitgefangenen und bat ihn um einen Schluck Wasser. Dieser ging zu dem Wachtposten und fragte nach einem Schluck. Doch dieser lehnte lächelnd ab.

„Soll euer selbsternannter König doch einen seiner Bediensteten schicken!", antwortete er sarkastisch und lachte dabei lauthals.

Der Mithäftling, ein stadtbekannter Dieb von großer Statur und nicht das erste Mal in Haft, neigte sich zu dem Gepeinigten und wollte ein paar tröstende Worte sprechen. Doch dieser war schon wieder in eine tiefe Ohnmacht gefallen. Zu stark waren die Schmerzen und der Verlust von Blut, das an seinem ganzen Körper klebte und immer noch in kleinen Bächen aus den tiefen Wunden rann.

Die Anhänger hatten bis tief in die Nacht zusammengesessen. Sie vertrauten dem Fremden und glaubten seinen Worten. Der Sturm rüttelte an den Pforten, und es war menschenleer in den Gassen. Als die Öllampen heruntergebrannt waren, verließen sie das Haus Karims, wo sie sich getroffen hatten. Zuvor verabredeten sie sich, am kommenden Abend in Josefs Haus zusammenzutreffen.

Abdul Ben Massa kehrte in seine Herberge zurück. Er spürte die Bedrohung, die auf dem Meister lag, aber er vermochte nicht zu sagen, wie man sie würde abwenden können.

Am kommenden Morgen sollte Josef beim Prokurator vorstellig werden. Er fand dessen Nachricht vor, als er in sein Haus zurückkehrte.

Der kommende Tag war grau verhangen. Der Sturm, der den Wüstensand mit sich in die Stadt trug, ließ die Menschen in den Häusern verharren.

Josef machte sich frühzeitig auf, um mit Pontius Pilatus zu sprechen. Er hatte einige Paragraphen und Gebote ausfindig gemacht, die bestimmten, was den Verurteilten zustand, und ihnen ein zu langes Leiden ersparen konnten. Er wollte seinen Freund bitten, diese Regelungen dem Sanhedrin vorzutragen. So war es möglich, nach Sonnenuntergang den Leichnam vom Kreuz zu nehmen und zu bestatten. Er wollte von diesem Recht Gebrauch machen, wenn es so weit kommen sollte.

Von Sorgen gebeugt und in tiefer Trauer erreichte er das Palais des Prokurators, der ihn bereits ungeduldig erwartete. Ein Augenblick lang lagen die Männer einander schweigend in den Armen, bevor sie sich im Audienzzimmer niederließen.

Pontius Pilatus hatte einige Schriftstücke verfasst, worin er den Sanhedrin bat, den Gefangenen den römischen Gerichten auszuliefern. Immerhin konnten Aufrührertum und unerlaubtes öffentliches Auftreten auch vor dem Prokurator und der römischen Aufsichtsbehörde verhandelt werden. Er glaubte nicht recht daran, dass dies möglich wäre, aber es war einen Versuch wert.

Josef hatte still und mit ernstem Gesicht den Ausführungen des Freundes gelauscht: „Was, wenn sie es nicht tun?", antwortete er. Sein Kopf war auf seine Arme gestützt, so, als wäre dieser zu schwer für ihn geworden.

Pontius Pilatus schüttelte zögernd den Kopf: „Nun, ich weiß es nicht, Josef. Wenn sie mich nicht eingreifen lassen, wird er schon bald verurteilt. Was das bedeutet, weißt du. Noch nie haben wir jemanden davor retten können, selbst wenn der Anlass zur Verurteilung noch so nichtig war. Sie werden ein großes Spektakel daraus machen, um ihre Macht zu demonstrieren. Ich werde als letzte Instanz in dem Prozess zugegen sein. Bitte die Götter, dass sie mir mehr Handlungsspielraum einräumen und ihn meinem Gefängnis überstellen. Ich werde noch heute das Schriftstück überbringen lassen. Wenn ich erst allein Verfügungsgewalt habe, können wir den Prozess nach unseren Wünschen lenken."

Josef schüttelte ungläubig den Kopf. „Ich kann nicht glauben, dass sie dem zustimmen. Wir müssen einen anderen Weg finden, um ihn zu retten."

Mit wenigen Worten schilderte er die Ausführungen des fremden Magiers, der am vergangenen Abend seine Hilfe erboten hatte.

Er erwähnte die Tinktur, die, richtig angewandt, den Körper schmerzfrei machen konnte.

Pontius Pilatus dachte einen Augenblick lang nach. Wie sollte das vonstattengehen? Wer konnte gefahrlos die Gefängnismauern betreten? Er wusste, es war nur in Ausnahmefällen erlaubt, Angehörigen den Weg in die Zellen zu öffnen, und das auch nur, wenn die Gefahr bestand, dass der Inhaftierte zu sterben drohte.

Sie redeten noch einige Stunden, bis ein Plan herangereift war, der gelingen konnte.

Noch am Nachmittag desselben Tages machte sich die Gemahlin des Prokurators in Begleitung ihrer Dienerin und zweier Soldaten auf den Weg zum Gefängnis. Sie trugen Körbe mit Wein, Brot und Früchten bei sich, ferner etwas Öl, um heilende Verbände anzulegen. Man wusste, dass die Inhaftierten oftmals bis zur Bewusstlosigkeit gepeinigt wurden.

Sie betraten durch das Hauptportal den Palast und wurden zum Hauptquartier der Wächter geführt. Procula[4] gab vor, anlässlich des bevorstehenden Festes den Gefangenen Brot und Wein zu bringen.

Die Anordnung des Prokurators, seiner Gemahlin Einlass zu gewähren, sollte befolgt werden, und so stand sie einige Zeit später in den dunklen Gängen, die zu den Zellen führten. Der Gestank, der ihr hier entgegenschlug, war betäubend. Sie drückte ihren Schleier fest vor das Gesicht.

In einigen Zellen konnte sie im Halbdunkel zerlumpte Gestalten erkennen. Sie lagen oder hockten auf dem von Unrat übersäten Steinboden. Sie reichte in die Zellen, die sie passierten, einige Brotlaibe, die mit gierigen Händen ergriffen wurden. Tränen rannen über ihr Gesicht. Die Soldaten, die sie begleiteten, mussten erst den Gang von Unrat und Schmutz befreien, bevor sie ihren Weg fortsetzen konnte.

Jedes Mal war es dasselbe Bild. Die Zellen waren vollgestopft mit Menschen, die an Händen oder Füßen Ketten trugen. Nach einiger

4 Procula, Claudia (nach der Legende die Tochter des römischen Kaisers Tiberius), Ehefrau des Pontius Pilatus..

Zeit hatten sich ihre Augen an die Dunkelheit gewöhnt. Sie stiegen in tiefere Gefängniskeller, die über enge Treppen, mit Schmutz bedeckt, zu erreichen waren.

Beinahe wollte sie aufgeben, die Zelle des Meisters zu finden, als ein alter, zahnloser Mann sie heranwinkte. Die vor Schmutz starrenden Hände wiesen auf den am Boden liegenden Gefangenen. Sie erkannte sofort den Meister. Er war bewusstlos oder in tiefem Schlaf. Jedenfalls bewegte er sich nicht. Sein Körper war über und über mit Wundmalen bedeckt.

Übelkeit stieg in ihr hoch. Sie wies den Wärter an, die Gittertür zu öffnen, was dieser widerwillig befolgte. Sie gab den Mitgefangenen Brotlaibe und Früchte.

Sarah hob vorsichtig das Haupt des Meisters. Sein Blick war gebrochen, seine Lider flackerten. Sie entrollten einige Tücher, legten ihn vorsichtig darauf und begannen seine Wunden mit Öl zu reinigen. Nur einmal blickte er kurz auf, stöhnend hob er die Hand, ehe er wieder bewusstlos wurde.

Sie flößten ihm einige Schlucke Wasser ein und bedeckten ihn mit Tüchern, bevor sie die Zelle wieder verließen.

Tränenüberströmt eilten sie durch die engen Gänge, in denen der Gestank ihnen fast die Sinne raubte.

„Er lebt noch!", flüsterte sie, wie um sich selbst zu beruhigen.

Der Wachmann schloss hinter ihnen die Pforte, in die nur eine kleine Öffnung eingelassen war. Krachend fiel die Tür hinter ihnen zu.

Auf dem Vorplatz waren nur wenige Menschen, vollkommen verhüllt, um die staubige Luft nicht einatmen zu müssen. Eilig kehrte sie in den Palast zurück, um ihrem Gemahl alles zu berichten. Ihre Knie zitterten und Schwäche befiel sie, als sie das Palais erreichten. Der Anblick des Gefängnisses war zu viel für sie gewesen.

Dunkle Wolken hingen tief am Himmel, als die Gemeinschaft sich an diesem Abend zusammenfand. Die kleine Halle im Hause Josefs war hell erleuchtet. Alle hatten um den großen Tisch Platz gefunden, an dem der Meister noch vor kurzem die Speisen gesegnet hatte.

Sarah hatte vor Aufregung glänzende Augen. Sie wolle den Versammelten von dem Besuch im Gefängnis berichten. Schon am Nachmittag hatte sie Josef aufgesucht, um ihn ins Bild zu setzen. Nun, da sie den anderen davon berichten sollte, war ihre Kehle wie zugeschnürt. Die Bilder und Eindrücke des im Gefängnis Erlebten ließen Tränen aufsteigen. Mit ganzer Kraft rief sie sich zur Ordnung, um mit zitternder tränenerstickter Stimme ihren Besuch mit ihrer Herrin im Gefängnis zu schildern.

Nachdem sie geendet hatte, stand Simon Petrus abrupt auf. Er schleuderte seinen Stuhl zur Seite, mit dem Gesicht zur Wand hämmerte er mit den Fäusten auf die rohen Steine. Seine Verbitterung und Wut waren grenzenlos.

Josef stand nun hinter ihm. Er legte beschwichtigend seine Hand auf Simons Schulter:

„Bedenke, was der Meister dir in diesem Moment sagen würde", flüsterte er.

Stumm ließ Simon sich zurück an den Tisch führen. Er war bereit, sich ebenfalls einkerkern zu lassen, nur um dem Meister nahe zu sein. Alle Versammelten waren starr vor Schreck. Was sollte es nutzen, wenn noch einer von ihnen den Folterern zum Opfer fiel? Was konnte er im Gefängnis ausrichten? War es nicht viel besser, auf dem gleichen Weg, den Sarah gegangen war, erneut ins Gefängnis zu gelangen? Alle versuchten, Fluchtmöglichkeiten zu entwickeln, als der Fremde, der auch heute der Versammlung beiwohnte, sich zu Wort meldete.

Mit unbewegter Miene bat er um Ruhe: „Ich habe eine starke Energie wahrgenommen, die sich hier im Raum befindet."

Er hatte seine Augen geschlossen und konzentrierte seine inneren Sinne auf eine helle Gestalt, die mitten unter ihnen wahrzunehmen war. Es war der Meister in seinem Geistkörper. Starke Schmerzen ließen seine Züge verschwimmen, aber seine Präsenz war so stark, dass nun auch Maria Magdalena ihn wahrnehmen konnte.

„Er ist da!", schrie sie. „Seht doch, er steht hier mitten unter uns!" Alle wirbelten herum, um an die Stelle zu blicken, auf die sie mit ihrer Hand deutete.

Der Meister hatte einen hellen Lichtschein im Raum entstehen lassen. Besonders um sein Haupt schien er sichtlich stärker zu leuchten. Simon fiel auf die Knie: „Meister", schluchzte er, „wie können wir dir helfen?"

Der Meister legte segnend die Hand auf sein Haupt: „Simon", flüsterte er, „ich möchte, dass du die Gruppe anführst. Du sollst die Unterweisungen fortführen. Ich werde nicht mehr lange unter euch sein."

Mit diesen Worten verschwand die Lichtgestalt ebenso plötzlich, wie sie gekommen war. Maria Magdalena schluchzte laut auf. Was bedeutete es, wenn er sagte, er sei nicht mehr lange unter ihnen? Sie wollte das eben Gehörte nicht begreifen. Er durfte sie nicht verlassen. Es war undenkbar, ohne ihn zu sein. Sie war weinend in sich zusammengesunken.

Auch Josef rannen Tränen in den dichten Bart. Sie waren alle Augenzeugen seines Erscheinens gewesen, doch niemand wollte glauben, was alle soeben gehört hatten. Sollte er sie zurücklassen? War er womöglich schon im Gefängnis gestorben?

Der Fremde meldete sich zu Wort: „Der Meister lebt. Er hat sich seines Geistkörpers bedient. Das tun viele hohe Eingeweihte."

Er war noch immer tief beeindruckt von der Strahlkraft, die die Lichtgestalt ausgesandt hatte. Schützend hatte er die Hand vor die Augen gehalten, so geblendet war er.

Die Gruppe hatte sich um Maria Magdalena geschart, um sie zu trösten. Doch waren alle in ihrem Innersten tief betrübt. Sollte ihre gemeinsame Zeit mit ihrem Meister schon beendet sein? Sollte er niemals zu ihnen zurückkehren? Sie wollten und konnten dies nicht glauben.

Pontius Pilatus hatte lange seiner Gemahlin gelauscht, als sie, nachdem sie einen stärkenden Trunk zu sich genommen hatte, alles berichtete. Vor Abscheu hatte sie die Hände vor die Augen gelegt, während sie detailgetreu alles berichtete. Jetzt, wo sie wieder in ihrem prächtigen Gemach war, war sie selbst verwundert, wie sie die Kraft hatte aufbringen können, diesen schrecklichen Ort aufzusuchen. Sie war stolz auf sich. Und sie war entschlossen, auch erneut um einen Besuch zu bitten, wenn dies ihrer Sache dienlich war.

Der Prokurator hatte die Hände auf ihre Schultern gelegt. Er war von ihrer Stärke und ihrem Mut stark beeindruckt. Niemand würde freiwillig in diesen Teil des Palastes des Herodes eindringen. Er war stolz auf seine Frau, die fest entschlossen auch ein zweites Mal diesen Weg gehen würde.

Er hatte wieder Mut gefasst, denn sollte sein Plan gelingen, so würde es ihm möglich sein, ihn zu retten. Noch war allerdings alles in Unwägbarkeiten gehüllt. Der Meister lebte, und das war das Wichtigste.

Der Morgen dämmerte bereits, als die Gemeinschaft sich trennte. Sie hatten die ganze Nacht hindurch gebetet, um dem Meister Kraft und Unterstützung zukommen zu lassen. Alle waren am Morgen erschöpft in ihre Häuser oder Herbergen zurückgekehrt. Josef hatte, nachdem der letzte Besucher das Haus verlassen hatte, noch eine Weile niedergekniet. Er war tief in seinem Inneren davon überzeugt, dass ihr Plan gelingen konnte. Den Fremden hatte der Himmel geschickt, damit er ihnen zu Hilfe kommen konnte. Wenn alles glückte, würde der Meister die Kreuzigung überleben.

Abdul Ben Massa hatte die Zusammenkunft mit den anderen verlassen. Er spürte eine seltsame Zuneigung zu Simon, der ihm irgendwie vertraut vorkam. Er beschloss, am kommenden Morgen allein einen Versuch zu unternehmen, mental mit dem Meister in Kontakt zu kommen. Dazu würde er sich ebenfalls seines Geistkörpers bedienen und versuchen, in das Gefängnis zu gelangen. Vielleicht konnte er helfen, die Absichten des Inhaftierten zu ergründen. Er hatte am Abend das Gefühl, der Meister sei gekommen, um sich zu verabschieden. Aber er spürte auch, dass er nicht durch die drohende Verurteilung sterben würde.

Pontius Pilatus hatte an seinem, von Schriftstücken übersäten Schreibtisch Platz genommen. Noch in der Nacht hatte er ein Schriftstück verfasst, welches allen Dieben und Hausierern, die vor dem Passahfest in die Stadt gekommen waren, eine Generalamnesie gewährte.

Er wollte damit ein Zeichen setzen, dass er das heilige Fest der Juden achtete und die besondere Zeit dieser Tage dazu nutzen wollte, Milde walten zu lassen. Vielleicht würde der Hohe Rat diesem Beispiel folgen, schon um nicht hinter den verhassten Römern in der Gunst des Volkes zurückzustehen. Alle leichten Vergehen sollten ungestraft bleiben, wenn die Betroffenen sofort die Stadt verließen.

Er hatte für den späten Nachmittag eine öffentliche Kundgebung dieses Beschlusses angekündigt und den römischen Rat zur festgesetzten Stunde in das Palais gebeten. Die öffentlichen Ausrufer amtlicher Mitteilungen würden dann im Anschluss die Nachricht unter das Volk bringen. Er wusste in diesem Moment nicht, ob diese Maßnahme die Wirkung, die er wünschte, zeitigen würde. Aber es war gewiss ein kluger Schachzug, die Öffentlichkeit auf diese Haltung zu lenken.

Gerade hatte er ein Schriftstück begutachtet, als es leise an der Tür zu seinem Amtszimmer klopfte. Ein Diener trat herein und meldete einen fremden Gast, der um eine Unterredung mit dem Prokurator bat. Es sei eine sehr fragwürdige Person, fügte der Diener mit gesenktem Blick hinzu.

Der Prokurator empfing niemals ohne Vorankündigung und zuvor geprüfter Gründe einen Besucher persönlich, sondern verwies alle Bittsteller an seine persönlichen Sekretäre. In diesem Fall jedoch war es ein innerer Impuls, dem er folgte, und er gewährte dem Besucher einzutreten.

Mit hochgezogenen Augenbrauen öffnete der Diener die große Tür, um den Fremden hereinzubitten. Überrascht über die kuriose Erscheinung, erhob sich Pontius Pilatus.

Ein Zwerg, kaum größer als ein zehnjähriges Kind, aber mit dem Gesicht eines alten Mannes, stand vor ihm. Ein wenig stieg Zorn in ihm auf. Wie konnte ein solcher Wicht in schmutzigen Kleidern es wagen, in sein Amtszimmer zu kommen?

Doch bevor er seinem Zorn Ausdruck geben konnte, verbeugte sich der Zwerg und sprach mit lauter fester Stimme: „Ich habe den Auftrag, Euch eine Botschaft zu überbringen. Es ist sehr wichtig."

Der Prokurator ließ sich sprachlos auf seinen Sessel zurücksinken. Die Sprache und Wahl der Worte hatten ihn überrascht. Niemals hätte er dieser kuriosen, zerlumpten Person eine solche vornehme Ausdrucksweise zugetraut. Ein leises Lächeln glitt über das Gesicht des Zwerges.

Er begann in kurzen klaren Sätzen über seine besondere Gabe zu berichten und erwähnte auch die allmonatlichen Umstände seiner Anfälle.

„Doch dieses Mal, hoher Herr, war alles anders. Ich bin umgefallen und wand mich am Boden, Schaum auf den Lippen. Doch nicht das gewohnte zornige Wirrwarr von Worten und Beschuldigungen folgte, sondern eine zarte Stimme, die zu mir sprach, quoll aus mir heraus. Ich sage Euch, es war ein Engel, der durch mich sprach. Seitdem bin ich wie verwandelt. Ich will nicht mehr länger unter dem Bettelvolk leben. Aber der wahre Grund meines Kommens ist, dass ich angewiesen wurde, Euch eine Nachricht zu überbringen. Ich soll Euch sagen, dass es Eure Aufgabe sei, das Leben des Auserwählten zu retten. Nur diesen einen Satz, und mir wurde eindringlich versichert, hoher Herr, dass dies sehr wichtig für Euch sei und für alle Menschen in der Stadt."

Der Zwerg hatte den Kopf gesenkt, so, als würde er mit Ängsten der Reaktion des Prokurators entgegensehen. Doch dieser, ganz zur Überraschung des Zwerges, wollte nun mehr und Genaues über seine Anfälle wissen und ob er ein Seher sei.

Er war näher an den Zwerg herangetreten und dieser begann von seinem Leben unter den Bettlern zu erzählen und dass er jedes Vergehen der anderen während seiner sonderbaren Anfälle zur Sprache brachte, so, als ob ein innerer Richter sich Gehör verschaffte. Neugierig hörte der Prokurator zu. Der Zwerg schien Wahres zu sprechen. Er kannte solche Orakelmedien aus Rom, die dort sehr geachtet und angesehen waren.

Er wies seinen Diener an, den Zwerg neu einzukleiden. Er wolle ihn in seine Dienste nehmen. Vor Überraschung sperrte der Kleine den Mund auf. Er hatte damit gerechnet, gewaltsam vor die Tür gesetzt zu werden. Jetzt sollte er sogar in der Nähe dieses hohen Herrn leben und für ihn arbeiten. Er traute seinen Ohren nicht.

Die Gesandtschaft des römischen Rates hatte im Amtszimmer des Prokurators Platz genommen. Die hohen Herren saßen mit geradem Rücken und besorgter Miene dem Prokurator gegenüber. Ihr Sprecher begann eine Zusammenfassung des Rates zu verlesen, worin dieser seine Bedenken und Vorbehalte ausdrückte, die die bevorstehende Amnestie betrafen.

Pontius Pilatus hatte mit solchen Einwänden gerechnet. Er erläuterte seine näheren Beweggründe.

Diese Maßnahme sei dazu gedacht, den Unruhestiftern den Wind aus den Segeln zu nehmen. Denn seine jüdischen Informanten hätten von geplanten Krawallen berichtet, die sich auf die strenge und willkürliche Verhaftung von gläubigen Juden bezogen, die angeblich völlig unbescholten in römischen Gefängnissen gelandet seien. Er wolle einem Aufstand zuvorkommen, um die Ruhe in der Stadt zu gewährleisten. Gleichzeitig kündigte er an, die Patrouillen zu verstärken und somit eine größere Präsenz von Soldaten in der Stadt anzuordnen.

Die Ratsmitglieder nickten zustimmend. „Ja, das ist eine weise Entscheidung", entgegnete ihr Sprecher. Noch am selben Tage wurden die öffentlichen Ausrufer ausgeschickt und die ersten Inhaftierten in die Freiheit entlassen.

Die Versammlung fand wie immer im Geheimen statt. Man brach Brot und trank den Wein so, wie er es sie gelehrt hatte. Maria Magdalena hatte Speisen zubereitet, so, wie es zur Passahzeit üblich. war. Der Fremde war auch zugegen. Er hatte seinen roten Turban abgelegt und trug nun wie sie das braune Wollgewand der Galiläer. Er wollte zu ihnen gehören, seine Lehre erfahren und daran mitwirken, sie zu verbreiten.

Er hatte in der Nacht den Meister aufgesucht und ihm seine heilende Kraft gebracht. Der Meister hatte ihn gesegnet und seinen Geistkörper mit seiner Kraft gespeist. Mit bewegter Stimme schilderte er seine Erfahrung und dass der Meister sich ein wenig erholt habe.

„Seine Peiniger haben ihn nicht mehr geschunden, damit er zur Verhandlung ohne fremde Hilfe erscheinen kann. Er hat sogar etwas wässrige Suppe und Brot bekommen."

Abdul Ben Massa schilderte all dies so, als wäre er tatsächlich in der Zelle des Meisters gewesen. Alle hatten seine Ausführungen gebannt verfolgt. Es war ihm ohne Zweifel möglich, allein mit seinem Geistkörper solche Besuche abzustatten.

Simon lehnte sich stolz zurück. Er hatte den besonderen Fremden mitgebracht, und ein wenig war es auch sein Verdienst, dass die Gruppe in den Genuss dieser besonderen Fähigkeiten kam.

Stephanus hatte die Abendgebete gesprochen, als sich plötzlich eine seltsame Stimmung im Raum bemerkbar machte. Abdul Ben Massa hielt inne.

„Er ist da", rief er aufgeregt. „Ich spüre ihn." Alle verstummten. Mit aller Kraft versuchten sie, ihre Sinne darauf zu konzentrieren, ihn wahrzunehmen. Doch anders als beim ersten Mal war es keine Lichtgestalt, sondern seine Stimme, die zu ihnen sprach.

„Fürchtet euch nicht. Ich bin es, euer Meister", sprach er.

Die Anwesenden fielen auf die Knie. Eine starke Kraft durchströmte sie, so, als würden sie mit besonderen Gaben ausgestattet. Simon Petrus fiel zu Boden. Sein Blick war ins Leere gerichtet und seine Arme zuckten. Vor Schreck fuhr Maria Magdalena auf. Sie stand starr vor ihm und hatte die Augen geschlossen. Wie ein Blitz durchfuhr es sie. Sie, die dem Meister so nahe gestanden hatte, musste auch jetzt auf besondere Weise mit ihm in Kontakt getreten sein. Sie ließ die Arme sinken und begann leise zu flüstern, was der Meister ihr eingab.

„Nehmt meinen Leib und nehmt auch mein Blut als mein Geschenk an euch, damit ihr wirkt wie ich und lehrt, wie ich es tat."

Damit verschwand die Kraft so plötzlich, wie sie gekommen war. Alle hielten sich bei den Händen, wie um einander zu stützen und ihre Verbundenheit auszudrücken. Simon erhob sich zögernd vom Boden. Er strich sein Gewand glatt und setzte sich still auf seinen Stuhl. Tränen rannen über sein Gesicht.

„Warum nur?", murmelte er. „Warum dieses Opfer?"

Er vergrub sein Gesicht in den Händen. Maria Magdalena hatte sich umgewandt und blickte die Versammelten geradewegs an.

„Er ist bereit, den bitteren Weg zu Ende gehen, aber es wird nicht das Ende sein. Glaubt mir, meine Freunde, ich spüre es ganz stark. Er will die Prophezeiung vollenden, aber er tut es auf seine Weise. Wir müssen ihm helfen. Wir sind es, die den entscheidenden Teil dazu beitragen müssen. Glaubt mir, meine Brüder, es ist an uns, die Wege zu ebnen und dies möglich zu machen."

Weinend brach sie zusammen. Sie hatte die kommenden Ereignisse im Voraus erschaut und war darüber zusammengebrochen. Aber sie hatte auch gesehen, dass es ganz anders kommen würde, als alle es bisher angenommen hatten. „Fürchtet euch nicht", murmelte sie, wie um sich selbst zu beruhigen. „Er wird sein Werk vollbringen und wir werden daran teilhaben."

Abdul Ben Massa erhob sich. Zögernd blickte er sich um, ob er sich als fremder Gast würde zu Wort melden dürfen. Doch in seinem Inneren wirbelten die erfahrenen Eindrücke, die er nicht für sich behalten konnte.

„Ich habe ihn gesehen", stammelte er. „Er hatte die Wundmale des Gekreuzigten, aber er lebte. Er wird es überleben", stieß er hervor. Er war sich so sicher, dass Freude in ihm aufkeimte.

„Er wird es überleben. Er ist der Meister über Leben und Tod und es obliegt ihm, darüber zu entscheiden."

Jetzt waren alle wie elektrisiert aufgesprungen. Sie spürten, dass Hoffnung in ihnen aufkeimte. Sie mussten nur fest genug daran glauben, so, wie er es sie gelehrt hatte. Dann würden auch genau diese Ereignisse eintreten. Sie hielten einander an den Händen, um ihren Glauben daran zu verstärken und mit aller Macht in die physische Welt zu holen. Die Hoffnung gab ihnen Kraft und sie wussten, dass es möglich war.

Die Wächter hockten am Boden und würfelten. Jeder von ihnen hatte einige Münzen vor sich liegen. Der Weinschlauch kreiste und sie nahmen einen Schluck, bevor sie sich wieder dem Spiel widmeten.

Der Älteste von ihnen war schon seit Jahrzehnten Wärter im Gefängnis des Herodes. Er hatte schon dem vorigen König gedient, und sein Leben spielte sich beinahe völlig in den Gefängniskatakomben ab, wo er täglich seinen Dienst versah. Es gab nichts, was ihn schockierte, kein Leid, das ihn rührte. Er war meist im Rotweinrausch und auch den beißenden Gestank nahm er kaum wahr. Wenn er nicht in den Gängen patrouillierte oder dafür zu sorgen hatte, dass neue Inhaftierte in die Zellen geworfen wurden, vertrieb er sich die Zeit damit, kleine Holzfiguren zu schnitzen. Meist hatten sie grässliche Fratzen und sahen kleinen Dämonen ähnlich. Er hatte Freude an den schauerlichen Figuren.

Heute hatte er Gesellschaft, denn die Riege der Wachtposten war verstärkt worden. Dies kam nur selten vor, denn wer sollte sich schon aus Ketten und verschlossenen Zellen befreien können? Vielleicht, so schoss es ihm durch den Kopf, hatte es mit dem Passahfest zu tun. Die Zellen waren mehr als überfüllt, auch jetzt noch, wo die ersten Prozesse stattfanden und stündlich Gefangene abgeholt wurden, um vor dem Tribunal ihre Strafe zu erfahren.

Das Volk johlte auf dem Vorplatz. Es war eine beliebte Sensation, den öffentlichen Auspeitschungen und Folterungen zuzusehen. Der Platz für die Steinigungen lag weiter draußen, und auch dort hatte sich, wie jedes Mal, viel Volk versammelt. Er hörte von fern, die Mauern waren dick und ließen nur wenige Geräusche von draußen durch, wie das Volk grölte, wenn wieder einer der Sträflinge strauchelte und zusammenbrach.

Quintus war einer der neuen Wächter. Er hatte schon an anderer Stelle für Herodes gedient. Obwohl er Römer war, ließ er sich für Geld anheuern und erfüllte auch die schmutzigsten Dienste, wenn nur genug dafür gezahlt wurde.

Er bohrte mit den Fingern in seinen Zähnen. Er hatte alles Zivilisierte, das die Römer ausmachte, aufgegeben. Sein Bart war lang und verkrustet und sein Haar, hellbraun und gelockt, fiel strähnig an seinem Kopf herab. Er hatte stets ein Würfelspiel bei sich, um sich die Zeit zu vertreiben. Sein Dienstherr hatte ihn den Wachen des Kerkers zur Seite gestellt, weil man befürchtete, dass der verrückte Gefangene womöglich gewaltsam befreit werden könnte. Er hatte dies nur am Rande vernommen, als sein Dienstherr sich mit dem Kommandanten des Gefängnisses unterhielt.

Alle waren gespannt, wann man ihm den Prozess machen würde. Es ging die Kunde um, er könne sich unsichtbar machen und durch Wände gehen. Man würde für den Prozess besondere Sicherheitsvorkehrungen treffen, denn die Anhängerschaft war beträchtlich und man wollte sichergehen, dass keine Unruhen ausbrachen.

Quintus hatte zum fünften Mal gewonnen, was seine Mitspieler sehr verdross. Sie murrten und nannten ihn einen Gauner, der das

Spiel zu seinen Gunsten zu lenken vermochte. Er hatte schon zuviel des Weines und war dadurch streitlustig geworden. Er packte einen der anderen Wächter am Hals und bohrte ihm seinen Daumen in die Kehle. Der Arme schrie vor Schmerz laut auf und raffte seine verbliebenen Münzen zusammen, nachdem er von ihm abließ.

Der Schrei hatte die Gefangenen aufgeweckt. Ein Kettenrasseln, gefolgt von lauten Rufen nach Wasser und Brot, brach aus. Eine unnötige Störung, wo sie doch gerade erst angefangen hatten zu würfeln. Die nächste Runde sollte entscheiden, wer den stündlichen Rundgang durch die Gefängnisgänge machen sollte. Der Verlierer würde mit dem Stock und dem Öllicht durch die stinkenden Gänge patrouillieren und den Schreihälsen das Maul stopfen, indem er ihnen den Knüppel in die Rippen stieß.

Gerade war der Dritte von ihnen an der Reihe, als ein großes Geschrei ausbrach. Laut hörten sie die Ketten an die Gittertüren donnern. Auch das noch, dachte Quintus, den der Wein müde und schläfrig gemacht hatte.

„Was soll der Lärm", schrie er hinüber zu Aaron, der gerade seine letzten Schekel zusammenraffte, bevor im Tumult einer der anderen danach greifen würde.

Quintus packte sein Schwert, um nach dem Rechten zu sehen, als zwei Wächter, die am anderen Ende des Ganges Dienst taten, auf ihn zugestürzt kamen.

„Er ist fort", schrien sie. „Er ist einfach durch die verschlossene Tür gegangen." Von allen Seiten hörten sie laute Schreie und Getöse. Die Wächter waren, so schnell sie konnten, herbeigeeilt, um zu sehen, was da vor sich ging. In allen Zellen drängten sich die Gefangenen dicht an die Gittertüren, um einen Blick zu erhaschen.

Quintus rieb sich gähnend die Augen. Wahrscheinlich war es dieser Wahnsinnige, der diesen Tumult verursachte. Er würde ihn ein wenig zur Raison bringen und sich gleichzeitig diesen Verrückten einmal näher anschauen.

Er torkelte hinter den anderen her, die enge Treppe nach unten, von wo das lauteste Geschrei ertönte. Die Wärter hieben mit Knüppeln auf die Gefangenen in den Zellen ein, sodass diese entsetzt zurückwichen.

In der Zelle, wo der Verrückte sein musste, war alles still. Die verdreckten Gestalten knieten auf dem Boden oder kauerten in der Ecke. Keiner von ihnen gab den geringsten Laut von sich. Sie schienen wie gelähmt, völlig abwesend zu sein.

Er stieß die Tür auf und schrie in die Zelle hinein: „Wer ist der Verrückte aus Nazareth?" Doch es kam keine Antwort zurück. Die anderen Wächter drängten sich am Eingang. Keiner mochte die Zelle betreten. Sie fürchteten einen Hinterhalt, einen bösen Zauber oder sonst etwas Grauenvolles. Die lähmende Atmosphäre irritierte sie.

Polternd hielt Quintus auf einen Gefangenen zu, der sich in der Ecke zusammengekauert hatte.

„Wer bist du?", schrie er. „Steh auf, wenn ich mit dir rede!"

Der Mann erhob sich langsam. Die Ketten an seinen Füßen rasselten. Er hob die Hände, wie um bevorstehende Schläge abzuwehren. Quintus versetzte ihm einen Tritt. „Sprich mit mir. Wo ist dieser verdammte Nazarener? Er ist doch hier gewesen!"

Einer drängte sich vor. „Er war vorhin noch hier. Ich habe ihn gesehen. Er lag am Boden wie die anderen. Es ist ein böser Zauber, der uns verhext. Lass uns gehen." Er zerrte Quintus am Ärmel.

Dieser drehte sich widerwillig um. Er glaubte nicht an Zauber und Hokuspokus und stieß den Gefangenen mit seiner Lanze.

„Sprich, Elender, wo ist er? Wo habt ihr ihn versteckt?"

Der Gefangene machte einen Schritt auf Quintus zu und spuckte ihm ins Gesicht. „Er ist weg, einfach weggegangen!"

Er zog sein Schwert und hieb auf ihn ein. Der Mann strauchelte. Blut strömte aus einer tiefen Kopfverletzung. Es rann in Strömen über eine Gesichtshälfte. Wieder machte er einen Schritt auf ihn zu.

Quintus wich zurück. Er wollte nicht mit dem Blut besudelt werden. Noch bevor der Mann den Mund öffnete, um ihn erneut anzuspucken, kippte er vornüber und schlug auf den Boden auf, dass er das Knacken des Schädels hören konnte.

Quintus machte kehrt und schlug die Gittertür hinter sich zu. Die Wärter waren zurückgewichen. Sie durften die Gefangenen quälen und foltern, aber nicht töten. Jedenfalls nicht, solange sie noch auf ihren Prozess warteten.

Dieser Mann war erst gestern gekommen. Sie hatten Anweisungen, ihn morgen zum Verhör zu bringen. Erst danach wandte man die Folter an. Quintus stieß einen Fluch hervor. Er war wütend auf diesen Nazarener, der den ganzen Spuk angerichtet hatte.

„Verteilt euch, sucht alle Gänge ab. Er muss noch hier sein!" Keuchend rannte er durch die Gefängnisgänge. Irgendwo musste dieser Wahnsinnige sein. Er würde ihn zur Strecke bringen, nahm er sich vor.

Der Präfekt, dem sämtliche Wachoffiziere des Gefängnisses unterstellt waren, war außer sich vor Wut. Er stieß den Stuhl zurück und ließ sämtliche Wachmänner im Hof antreten. Sie hatten alle Vorkehrungen getroffen, und doch war er ihnen entkommen. Er glaubte zutiefst, dass die Wächter gegen ein ordentliches Bestechungsgeld die Tür zu schließen vergaßen. Jeden von ihnen wollte er persönlich verhören, und Gnade dem, der es gewesen war.

Er würde sofort selbst in der stinkendsten Zelle landen, um dort auf immer sein Leben zu fristen.

Er lachte höhnisch auf, als er die Geschichte der Wächter hörte, er sei durch geschlossene Türen gegangen. Seine Wut und sein Zorn steigerten sich ins Unermessliche.

„Ihr armen Würmer", schrie er. „Ihr glaubt wohl, mir solch ein übles Lügengespinst vortragen zu können. Dafür sollt ihr alle ausnahmslos eure Strafe bekommen. Führt sie ab, legt sie in Ketten und lasst sie auspeitschen, bis ich die Schuldigen finde."

Soldaten packten die Wächter und schleppten sie in die Zellen, in denen die Schwerverbrecher und Mörder saßen. Sollten die sich an ihnen gütlich tun.

Quintus schrie auf. Der Soldat, der ihm die Hände in Ketten legte, trat mit den Füßen auf seine Handgelenke. Knochen knirschten, Fingerknöchel brachen. In der düsteren Zelle brach Gejohle und Gelächter aus.

Sie kamen zu fünft auf ihn zu und packten ihn an den Ketten, die er an Händen und Füßen trug. Einer von ihnen legte ihm eine Kette hinterrücks um den Hals. Er fühlte, wie ihm schwarz vor Augen wurde. Es schnürte ihm die Luft ab, während die anderen in seine Magengrube schlugen und ihn mit Füßen traten. Nachdem er halb bewusstlos am Boden lag, schrie einer von ihnen: „Lasst ihn leben, damit wir noch eine Weile Spaß mit ihm haben."

Sie hatten seine Hände auf den Rücken gedreht und die Ketten so ineinander geschlungen, dass er sich nicht mehr rühren konnte. Bäuchlings lag er in Kot und Unrat, mit dem Gesicht nach unten.

Pontius Pilatus hörte erst von dem Vorfall, als bereits alle in der Stadt die Geschichte verbreiteten. Herodes' Präfekt hatte sich nicht die Mühe gemacht, ihn zu unterrichten. Wieder einmal ein offener Affront, so dachte er bei sich.

Eilig ließ er sich ankleiden und in einer Sänfte durch die Straßen von Jerusalem tragen. Er musste mit Josef sprechen. Sie hatten ein altes Kloster am Rande der Stadt ausgesucht, um mit den übrigen, die zum inneren Kreis gehörten, über diese neue Situation zu beraten. Alle Welt war nun davon überzeugt, dass es sich um den Messias handelte. Wer so etwas vermochte, war entweder ein Zauberer oder der Auserwählte.

Das schlichte Gebäude, das einstmals eine kleine Bruderschaft beherbergte, lag am Fuße des Berges versteckt hinter hohen Mauern und war nur über steinige Wege zu erreichen. Sie hatten diesen Ort gewählt, weil sich nur selten jemand hier heraus verirrte. Allenfalls kamen Ziegenhirten mit ihren Tieren hierher, wo außer Staub, Disteln und Steinen nichts war, nur glühende Hitze bei Tage und eisige Kälte in der Nacht.

Miriam hatte über dem Feuer in der geräumigen Halle einen großen Topf Suppe bereitet. Einige Brotlaibe stapelten sich auf dem blanken Holztisch.

Der letzte Bruder dieser Gemeinschaft, ein Greis von über achtzig Jahren, lebte hier sein Einsiedlerleben.

Was niemand von draußen sehen konnte, war ein üppiger, wilder Garten, in dem blühende Sträucher, ausladende Feigenbäume und wilde Kräuter wucherten. Der Alte versorgte noch einen kleinen Gemüsegarten, der dank der sprudelnden Quelle im Zentrum des Hofes üppig gedieh.

Sie hatten unter der großen Feige einige Tische zusammengerückt. Die Kunde von seinem Verschwinden hatte sie alle in helle Aufregung versetzt. Auch jetzt noch herrschte diese freudige und erleichterte Stimmung, die alle ergriffen hatte, nachdem sie von dem Ereignis erfahren hatten.

Simon Petrus hatte sich im Schatten nahe dem Brunnen niedergelassen. Seine Gedanken schweiften umher. Vor seinem inneren Auge ließ er alle Orte Revue passieren, an denen sie in den letzten Monaten gewesen waren. Noch niemand hatte den Meister zu Gesicht bekommen und alle erwarteten, ihm bald zu begegnen, ihn wiederzusehen.

Wo mochte er in diesem Augenblick sein? War er wirklich entflohen oder war es eine trickreiche Geste des Sanhedrin, ihn für immer einfach verschwinden zu lassen? Hatten sie ihn hinter den Palastmauern schon ermordet?

Seine Anspannung war mit der Nachricht keineswegs von ihm gewichen. Vielmehr wuchs seine Sorge, wenngleich er tief in seinem Inneren spürte, dass es dem Meister gut ging.

Er schreckte hoch, als Martin ihm einen Becher Wein reichte. Alle waren in freudiger Stimmung und konnten nicht verstehen, warum Simon so verdrossen blickend auf dem Stein am Brunnen saß.

Die Gemeinschaft brach gemeinsam das Brot und trank den Wein, bevor sie sich die Mahlzeit schmecken ließen. Josef war eingetroffen, in Begleitung eines hohen Herrn, der in Würde und Ornat wie ein hochgestellter reicher Römer aussah.

Misstrauisch tuschelten sie miteinander. Hatte er einen Verräter mitgebracht, einen Spitzel? Sollte Josef so unvorsichtig sein? Sie wichen zurück, als der Fremde sich näherte. Einige erkannten ihn von der letzten Zusammenkunft, bei der der Meister zugegen gewesen war. Was mochte er wollen, wozu sollte das nutze sein?

Zornig fuhr Judas, der die ganze Zeit abseits gesessen hatte, Josef nun an: „Willst du uns gleich alle in den Kerker bringen, jetzt wo er entflohen ist?" Alles verstummte.

Beschwichtigend hob Josef die Hand. „Freunde", sprach er, „hört mich an. Dies ist mein Freund. Wenn ihr mir vertraut, könnt ihr auch ihm vertrauen."

Pontius Pilatus verbeugte sich leicht. Mit stockender Stimme sprach er einige Worte. „Ich bin gekommen, um euren Meister vor dem Sanhedrin und Herodes zu retten. Ich bin zwar nur ein Römer, aber glaubt mir, ich habe euren Meister gesehen, und ich habe nur einen Wunsch, das schreckliche Schicksal abzuwenden." Mit diesen Worten machte er eine ausladende Geste.

Zu Josef hingewandt sprach er: „Lasst uns gemeinsam beratschlagen, wie wir nun verfahren, bevor er womöglich erneut verhaftet wird. Er ist jetzt ein geflüchteter Sträfling. Man hat jederzeit das Recht, ihn zu ergreifen, wo immer man seiner habhaft werden kann. Wer von euch hat ihn gesehen? Wo könnte er sich aufhalten und wie können wir ihn beschützen?"

Die fröhliche Stimmung wich der Beklommenheit. Der Römer hatte Recht. Die Gefahr war nicht vorüber. Jederzeit konnte er erneut verhaftet werden.

Josef ergriff das Wort. Er sprach laut ein Gebet, bat um Schutz für ihren Meister und segnete die Versammelten. „Wenn jemand etwas zu sagen hat, so soll er nun vortreten."

Langsam erhob sich Stephanus, der stille junge Mann, den jeder gern mochte, der aber nie vor versammelter Gemeinde sprach. Er hob eine Hand zum Himmel und sprach mit leiser Stimme ein Dankgebet, dass die Befreiung des Meisters gelungen war.

„Ich habe in dieser Nacht geträumt, dass er in die Wüste gegangen ist. Ganz allein, ohne Begleitung. In meinem Traum war ein Löwe an seiner Seite. Er begleitete den Meister wie ein zahmer Hund. Als ich am Morgen erwachte, hörte ich schon das Gerücht von seinem Verschwinden. Ich glaube, dieser Traum ist ein Zeichen. Wir sollten beten und dem Meister in Gedanken eine Botschaft senden. Er hat uns immer wahrgenommen. Vielleicht kommt er zu uns."

Die Versammelten nickten zustimmend.

Josef hatte sich wieder erhoben. „Wenn er in die Wüste gegangen ist, wird er vor Verfolgern sicher sein. Aber wenn er in die Stadt zurückkommen sollte, werden sie ihm sofort den Prozess machen, damit er ihnen nicht noch einmal entwischt. Wir müssen versuchen, mit ihm in Kontakt zu treten."

Alle Augen richteten sich auf Maria Magdalena. Sie hatte stets den besten Kontakt zu ihm gehabt. Erschreckt blickte sie auf. Langsam strich sie sich eine Haarsträhne aus der Stirn. Sie sprach leise und betont.

„Ich weiß, dass er lebt, aber er hat noch wichtige Aufgaben, bevor er wieder zu uns kommen kann. Ich kann euch nicht sagen, was es ist."

Die ganze Nacht hindurch hatten sie gebetet und gesungen. Einige von ihnen waren eingeschlafen. Ihre Köpfe waren auf die verschränkten Arme gesunken. Simon hatte draußen gewacht. Er hatte die Aufgabe, das Gelände im Auge zu behalten und das Tor zu verschließen. Bei jedem Geräusch fuhr er zusammen. Alle hatten ihre Zuversicht und Hoffnung darauf gesetzt, ihren Meister bald wiederzusehen. Der Prokurator hatte ihnen die Augen geöffnet. Sie mussten verhindern, dass er in die Stadt zurückkehrte. Solange dies nicht geschah, konnten sie ihn nicht verhaften.

Spät in der Nacht war Pontius Pilatus aufgebrochen. Josef hatte ihn bis zum Tor begleitet. Niemand hätte es für möglich gehalten, dass ein Römer ihnen helfen würde, noch dazu der Statthalter. Jetzt, wo sie ihn kennen gelernt hatten, glaubten sie seinen Absichten, wenngleich ihm in diesem Fall die Hände gebunden waren.

Sie diskutierten noch eine Weile, ehe Stephanus einige Gesänge anstimmte, die sie immer zusammen gesungen hatten.

Es mochte schon bald Morgen sein, als alle eine seltsame Unruhe erfasste. Simon war auf seinem Wachtposten eingeschlafen. Jetzt, wo sie sich im Hof drängten, erwachte er. Was war geschehen?

Entsetzt sprang er auf. „Simon, hast du schlecht geträumt?", rief jemand zu ihm herüber.

Er konnte sich nicht an seine Träume erinnern, aber er spürte, dass etwas in der Luft lag, etwas geschehen würde. Noch immer hatte er Angst, dass auch einige von ihnen verhaftet werden könnten. Schon um aus ihnen herauszupressen, wo der Meister sich versteckt halten könnte. Erschöpft ließ er sich wieder auf den Stein am Brunnen fallen.

Die Nacht war lau, Grillen zirpten und der würzige Duft der Kräuter erfüllte die Luft. Miriam brachte ihm einen Krug Wasser und einige Stücke Melone. Ihr Gesicht wirkte schmal und ihre Augen dunkler als sonst.

Mit einem Mal stand Josef im Hof. Er hatte den Kopf erhoben und wies zum Himmel. Eine große Anzahl von Sternschnuppen durchzog den Himmel mit leuchtend gelben Linien. Wann mochte er kommen?, so fragten sie sich.

Judas hatte sich die lederne Kappe der Zeloten aufgesetzt. Er wollte zurück in die Stadt, um nach Neuigkeiten Ausschau zu halten. Er war ruhelos und die lange Zeit des Betens hatte ihn noch nervöser gemacht, als er es sowieso schon war. Kaum war er durch das Portal getreten, als er sich irgendwie beobachtet fühlte. Unbehaglich drehte er sich um, doch niemand war zu sehen. Hastig griff er nach dem

Strick, mit dem er den Esel an der Mauer befestigt hatte. Er fühlte Angst in sich aufsteigen und trieb den Esel zur Eile an. Als er die Anhöhe erreichte, wo ein dichter Wald den Weg dunkel und unübersichtlich machte, hieb er dem Esel in die Flanken, sodass dieser, so schnell er es vermochte, über das Geröll des Weges stolperte.

Eine panische Angst hatte ihn nun ergriffen. Er wusste nicht genau, was sie hervorrief, aber er spürte, dass er verfolgt wurde. Am Ende des Waldes erhellte der Vollmond den Weg, der sich nun entlang des Hügels im Tal schlängelte. Seine schweißnassen Hände umklammerten die Zügel. Er hörte die Stimme des Meisters, die ihn rief, aber die Stimme war nur in seinem Kopf. Der Weg war hier weniger steinig, und die Nadeln der Pinien dämpften die Geräusche trappelnder Hufe.

Judas setzte seinen Weg unbeirrt fort, obwohl die Angst ihm beinahe die Kehle zuschnürte. Immer wieder blickte er sich ängstlich um. Jeder Schatten konnte einen Angreifer verbergen. Mit ganzer Kraft rief er sich zur Ordnung.

Woher sollte jemand wissen, dass er hier war, diesen Weg wählte? Er würde bald bei seinen Freunden in der Stadt eintreffen. Allein dieser Gedanke hielt ihn aufrecht. Der Esel spürte seine Verfassung. Unruhig warf er den Kopf hin und her. Seinen Dolch hatte Judas unter seinem Gewand stets griffbereit. Schon einmal war er in eine derbe Prügelei geraten, als einige von ihnen öffentliche Diskussionen führten. Er war nicht zögerlich damit, seine Faust zu gebrauchen oder, wenn es sein musste, zum Dolch zu greifen.

Als es hell geworden war, erreichte er die Stadt, die noch ruhig vor ihm im trüben Sonnenlicht lag. Er hörte einige Hähne krähen, als er durch das nördliche Stadttor ritt. Immer wieder misstrauisch nach allen Seiten spähend, erreichte er das Haus seines Freundes Aaron.

Er war Handwerker wie er selbst und oft schon früh am Morgen in der Werkstatt, bevor die Hitze des Tages zu groß wurde. Er fand ihn über stinkende Bottiche gebeugt, wo das Leder mit scharfer Lauge vorbereitet wurde. Aaron fertigte aus Leder allerlei Gegenstände an, breite Gürtel, Kappen und Taschen, die seine Frau auf dem Markt verkaufte.

Überrascht hob er den Kopf, als er Judas im Dämmerlicht des niedrigen Raumes auftauchen sah.

„Nanu, du hier?", entfuhr es ihm, statt ihn, wie es die Zeloten taten, mit einem Schulterschlag zu begrüßen.

Er mochte es in Judas Gesicht bemerken oder einfach nur seinem inneren Impuls folgen, jedenfalls umarmte er den Freund still und schob ihn zur Tür hinaus in Richtung seiner Behausung, wo schon ein frühes Mahl gerichtet wurde.

Sheila, seine Frau, stand am Feuer und briet Brotfladen, die den Raum mit einem köstlichen Duft füllten. Erleichtert ließ Judas sich auf einen Schemel fallen.

In kurzen abgehackten Sätzen erzählte er von der Versammlung, ohne jedoch zu erwähnen, wo sie zusammengetroffen waren. Seine Freunde hatten oft aufmerksam zugehört, wenn er von dem wundersamen Nazarener erzählte. Doch hatten sie nie so recht Zutrauen zu seinen Schilderungen. Zu seltsam waren seine Lehren und Heilungen. Aaron war ein Mann der Tat. Solange niemand kam, um handfest etwas gegen die römische Besatzung zu unternehmen, war er nicht bereit, einem dieser Wundertätigen zu folgen. Er hielt Judas insgeheim für zu gutgläubig. Er ließ sich schnell etwas vormachen, so lautete sein Urteil.

Sie speisten miteinander, und allmählich wich die Angst von Judas. Hier im Haus seines Freundes fühlte er sich geborgen. Seine Gedanken kreisten nur um den Meister und seine Wiederkehr.

Unruhig verließ er am Nachmittag das Haus seines Freundes. Er hatte Informanten, die auch für Herodes arbeiteten. Von ihnen erfuhr er stets eher als andere die neuesten Ereignisse.

Einer von ihnen saß oft am Brunnen in der Nähe des Essener-Tors. Heute war sein Platz jedoch leer. Judas durchstrich noch einige

Gassen, ehe er zum Brunnen zurückkehrte. Seine Nervosität und Unruhe wuchsen zusehends, da niemand von den Spitzeln an seinem gewohnten Platz zu finden war.

Er beobachtete eine Weile gedankenverloren die Frauen, die Wasser schöpften, als ihm ein Mann auffiel, der mit langsamen Schritten näherkam. Er kniff die Augen zusammen, um im hellen Sonnenlicht besser sehen zu können. Von Ferne erinnerte ihn die Gestalt an seinen Meister. Groß, schlank, mit herabfallendem Haar und dunkelbraunem Gewand. Er rieb sich die Augen und war sich nun sicher: Es war der Meister.

Von unbändiger Freude erfüllt sprang er auf, um dem Meister entgegenzugehen. Er rannte los, ohne auf die Menschen zu achten, die ihm im Wege standen. Krüge krachten zu Boden, Frauengeschrei erhob sich, er fasste Arme von zu Boden Gefallenen, um ihnen aufzuhelfen, und hastete vorwärts in die Gasse, aus der er ihn hatte kommen sehen.

Doch als er die Stelle erreichte, wo der Meister eben noch gestanden hatte, lag die Gasse nun menschenleer. Nur eine Katze strich die Mauern entlang, in die schräg nur ein schmaler Streifen Sonnenlicht fiel.

Der Prokurator saß in seinem Amtszimmer. Vor ihm standen zwei Männer, die, von den Soldaten aufgegriffen, ihm nun vorgeführt wurden. Beide predigten und der eine von ihnen hatte Menschen im Jordan einer heiligen Zeremonie unterzogen.

Der Prokurator atmete schwer. Er war allmählich dieser verworrenen und bedrückenden Situation nicht mehr gewachsen. Er betrachtete die Männer genauer, die still und ernst blickend vor ihm standen. Der eine, groß mit dunklem Haar und dunklen Augen, blickte ihn tiefgründig an, ohne mit dem Blick abzuschweifen. Eine stolze Würde ging von ihm aus. Ähnlich wie bei Jeheshua umspielte ein leises Lächeln seinen Mund, wenngleich die Augen, tief im Schatten des üppigen Haares, ernst und angespannt wirkten.

Der andere, etwas kleiner und von hagerer Statur, hatte ein feines Wollgewand an und sein Haar war glatt und von hellerer Farbe. Seine Züge ähnelten denen einer Frau durch zarte Linien, strahlende Augen und einen geschwungenen Mund mit vollen Lippen.

Von beiden wurde behauptet, sie könnten Wunderdinge vollbringen wie Kranke heilen, Lahme gehend machen und Taube hörend.

Pontius Pilatus rieb sich den Kopf. Wie sollte er mit diesen Männern verfahren? Der eine von ihnen, der Größere, behauptete, der Auserwählte zu sein, von Gott berufen zu predigen. Der andere behauptete nicht der Auserwählte zu sein, aber er widersprach nicht, wenn man ihn fragte, ob er Gottes Sohn sei. Was mochte dieser jüdische Gott im Schilde führen, so viele Auserwählte auszusenden?, so fragte er sich.

Eine Weile standen die Männer wachsam blickend vor ihm. Welche Zauberkraft mochte ihnen innewohnen? Sollte er lieber die Wachen rufen oder sie einzeln vernehmen?

Durch ein lautes Pochen wurde er aus seinen Gedanken aufgeschreckt. Sein Freund Josef betrat den Raum. Er hatte ihn rufen lassen, um sich mit ihm zu beraten und zu erfahren, ob Jeheshua zu seinen Anhängern zurückgekehrt sei.

Josef wirkte erschöpft und angespannt. Neugierig blickte er auf die Männer, die er nicht kannte, die aber sein Interesse erregten. Der Größere von ihnen sah dem Meister zum Verwechseln ähnlich. Die Ausstrahlung und seine Haltung erinnerten ihn daran, wie der Meister oft so still dagestanden hatte, wenn wieder einmal alle durcheinanderredeten, bevor er mit seinen Unterweisungen fortfahren konnte. Er könnte ein Bruder sein, schoss es ihm durch den Kopf.

Pontius Pilatus gab dem wachhabenden Tribun ein Zeichen, die Männer abzuführen. Er hatte Anweisung gegeben, sie sorgsam zu behandeln und mit Nahrung zu versorgen. Hier in seinem Palast sollten sie vorerst untergebracht werden, denn schließlich hatten sie sich nach römischem Recht nichts zu Schulden kommen lassen.

Josef ließ sich erleichtert in einen Sessel fallen. Sie hatten bis zum Morgen gewacht und gebetet, aber der Meister war nicht erschienen. Maria Magdalena war später in ihr Haus zurückgekehrt, Simon und ihr Bruder Lazarus hatten sie begleitet. Karim, der Gewürzhändler, hatte alle seine Freunde und Verwandten ausgesandt, um zu erfahren, ob der Sanhedrin schon eine Spur von Jeheshua verfolgte. Jetzt, wo er selbst ausgeschlossen war und nicht mehr an den Versammlungen teilnahm, kannte er die internen Entscheidungen nicht. Er hoffte inständig, dass sie ihn nicht wieder ergreifen würden.

Neugierig beugte er sich vor, nachdem er geendet hatte: „Und was hast du mir zu berichten?"

Pontius Pilatus machte eine ausladende Geste: „Nun, im Grunde nichts Neues außer diesen zwei Männern, die man auf der Suche nach dem Entflohenen verhaftet hat. Beide behaupten, von Gott gesandt und dazu auserwählt zu sein zu predigen.

Der eine von ihnen taufte Menschen im Jordan. Man hat ihn angetroffen, als Hunderte am Ufer standen, um ebenfalls seinen Segen zu erhalten. Der andere hat in Samaria Kranke geheilt. Sag, kennst du die Männer, gehören sie zu eurem inneren Kreis?"

Josef schüttelte stumm den Kopf. Er hatte schon gehört, dass es zwei Männer gab, die predigten und herumwanderten, wie ihr Meister es tat, aber er hatte sie nie zu Gesicht bekommen.

Forschend blickte er den Prokurator an: „Was gedenkst du mit ihnen zu tun?"

Der ganze Palast erbebte für einen kurzen Augenblick. Die Männer warfen einander erschrockene Blicke zu. Eine Vase war polternd zu Boden gefallen. Es gab zuweilen leichte Erdbeben, doch dieser Erdstoß war sehr heftig gewesen, und mit bangen Blicken überflogen sie Decken und Wände, ob Risse oder Spalten in den Mauern zu sehen waren.

Josef umklammerte seinen Sessel. Schwäche befiel ihn. Die Sorge und Anspannung wurden ihm jetzt erst so richtig bewusst. Jeden

Moment konnten sie den Meister ergreifen und verurteilen, bevor er auch nur die geringste Maßnahme zu seiner Rettung ergreifen konnte.

Die gesamte Situation musste schnell zu einem Ende geführt werden, bevor das Schlimmste geschah.

Sie blickten einander stumm an. Es war, als hätten sie die gleichen Gedanken, ohne es auszusprechen.

Josef begann als erster: „Wer sind die Männer, die du da festhältst? Wessen haben sie sich schuldig gemacht?"

Pontius Pilatus rieb sich die Hände. Es war ihm unangenehm, zugeben zu müssen, dass er sie längst auf freien Fuß hätte setzen müssen.

„Nun, sie sind Prediger, eher unbedeutend." Er erzählte das Wenige, was er wusste.

Es gab in diesen Tagen viele, die öffentlich predigten und diskutierten.

Josef beugte sich vor. „Was denkst du? Wird einer von ihnen bereit sein, die Prophezeiung zu erfüllen, nach der alle lechzen?"

Der Prokurator schüttelte den Kopf. Ungläubig blickte er Josef an: „Was willst du damit sagen, mein Freund?"

Josef vergrub die Stirn in seinen Händen. Zu absurd war sein Gedanke, ein anderer könne die Stelle des Meisters einnehmen. Es war eine kühne Idee, noch dazu, wo ein völlig Unschuldiger, Unbeteiligter, das schwere Los auf sich nehmen sollte. Nur ein vom Wahn Getriebener würde so etwas freiwillig auf sich nehmen.

Sie diskutierten noch eine Weile über diesen Gedanken, als es leise an der Tür pochte. Der Leibdiener des Prokurators meldete den jungen Tribun aus der Palastgarde, der die Männer noch vor kurzem abgeführt hatte. Er hatte den Auftrag, sie gut zu behandeln und ihnen zu essen zu geben. Wenn er nun melden musste, dass der eine von beiden beinahe zu Tode gekommen war, konnte ihn das seinen Kopf kosten. Doch er musste Bericht erstatten, ehe jemand anderes dies tat. Denn dann wäre noch größerer Zorn auf ihn gefallen.

Mit stockender Stimme berichtete er, dass einer der beiden Gefangenen versucht habe, seinem Leben ein Ende zu setzen. Er habe sich die Adern aufgeschnitten und sei blutüberströmt gefunden worden. Der Wundarzt habe die Wunden versorgt und die Blutung zum Stillstand gebracht, doch der Gefangene sei nicht bereit, zu trinken oder zu sprechen.

Der junge Tribun erwartete eine heftige Schimpfkanonade, vielleicht seine völlige Degradierung, doch der Prokurator nickte nur stumm. Nichts von alledem geschah. Nervös blickte der Tribun sich um. Was ging hier vor?, so fragte er sich. Gefangene, die wie Gäste behandelt wurden und Selbstmordversuche unternahmen? Da gab es andere in den Zellen, denen dies eher nahezuliegen schien.

Nach einer Weile des Schweigens richtete Pontius Pilatus seinen Blick auf den Tribun. „Bring ihn her! Zuvor gebt ihm neue Kleider und reinigt ihn. Ich will mit ihm sprechen."

Josef hatte still am Fenster gestanden, den Blick auf den Vorplatz gerichtet. Tauben hatten sich auf den Simsen und Mauervorsprüngen niedergelassen. Was für eine seltsame Wendung, so dachte er.

Wenig später klopfte es erneut, und der Größere der beiden Männer wurde hereingeführt. In seinem Blick lagen nun Angst und Misstrauen. Was hatten sie mit ihm vor? Er wurde zu einem der Sessel geführt und der Prokurator bat ihn höflich, Platz zu nehmen.

Zögernd folgte der Mann dieser Aufforderung. Er war innerlich zutiefst aufgewühlt und zornig. Warum hatten sie ihn nicht sterben lassen? Es war sein tiefster Wunsch, seinem Leben ein Ende zu bereiten. Er hatte die Zeichen gesehen, die ihm den Auftrag dazu gaben. Warum ließ man ihn nicht einfach in Ruhe?

Mit entschlossenem Blick und versteinerter Miene blickte er auf den Prokurator. Ein spöttisches Lächeln glitt über seinen Mund. Er war bereit zu sterben, was sollte ihn da noch erschrecken? Siegesgewiss und unantastbar fühlte er sich. Er würde sich für seine Aufgabe opfern.

Pontius Pilatus blickte unruhig auf den Mann. Er war nicht zimperlich mit Gefangenen, wenn sie verhört wurden. Doch dieser Mann jagte ihm Angst ein. Er war so stolz und unbeugsam und ähnelte dem Meister auf eine so erstaunliche Weise.

„Wir haben dir nichts vorzuwerfen. Du kannst diesen Raum als freier Mann verlassen. Du bist nicht der, den wir suchen, doch möchten wir dir einen Plan unterbreiten, der zu den Kühnsten und Bedeutsamsten zählt, die ich je erlebt habe, und ich frage dich, ob du dabei helfen willst?"

Josef war von seinem Platz am Fenster zurückgekehrt. Er setzte sich zu den beiden und faltete die Hände vor der Brust, wie er es immer tat, wenn er sich besonders bei seinen Ausführungen konzentrierte.

„Willst du für einen anderen am Kreuz sterben?"

Der Mann blickte neugierig auf. „Sterben? Ja, das will ich! Warum lasst ihr mich nicht einfach gehen, damit ich meinem Leben ein Ende setze?"

Josef holte weit aus. Er berichtete von den Hohepriestern, der Prophezeiung, den Häschern, der Gefangennahme und der Befreiung. Als er geendet hatte, leuchtete das Gesicht des Fremden. Er wirkte wie von einer tiefen Freude erfüllt. Er wusste nun, wozu sein Tod nutze war, was seine wahre Mission war.

Er sprang plötzlich auf, kniete zu Boden und bat den Prokurator, die Aufgabe übernehmen zu dürfen. Er umklammerte die Füße des Prokurators, der sich unbehaglich umblickte. Er hatte nicht mit dieser Reaktion gerechnet. Vorsichtig fasste er die Hände des Mannes, um sie von seinen Fesseln zu lösen, und schob ihn zurück auf seinen Stuhl.

„Wir werden zuvor die einzelnen Etappen des Prozesses mit dir besprechen und du sollst eine Nacht darüber nachdenken, bevor du einwilligst. Es ist wichtig für uns, dass du dir der genauen Folgen bewusst bist. Es ist eine Verurteilung und eine Vollstreckung des Urteils, sehr wahrscheinlich eine Kreuzigung. Wenn du auch morgen noch bereit bist, dies auf dich zu nehmen, werden wir dir alle Einzelheiten erklären. Bis dahin sollst du Gast in meinem Hause sein. Man wird dir Decken, Speisen und eine Zelle zuweisen. Du sollst bekommen, was du begehrst."

Mit diesen Worten erhob er sich und gab dem Diener Anweisung, das Nötige in die Wege zu leiten.

Josefs Hände zitterten. Dieser Mann war besessen von der Idee, sich opfern zu müssen. Er war über diese Wendung erleichtert und schockiert zugleich. Sollten sie wirklich einen Unschuldigen diesen Weg gehen lassen?

Machten sie sich nicht selbst schuldig am Tod dieses Mannes? Gewissensbisse plagten ihn, jetzt, wo ihr Plan tatsächlich gelingen konnte.

Pilatus reichte ihm einen Becher Wein. Erleichterung schwang in seiner Stimme. Für ihn war in diesem Moment klar: Sie hatten die Lösung. Und auch wenn der Meister nach diesem Geschehen tatsächlich wieder auftauchte, sie würden ihm nicht glauben.

2. Kreuzigung, Flucht und Geburt

Der Prokurator erwachte früh am Morgen. Sein Herz pochte, und er erwartete mit Bangen das Zusammentreffen mit dem fremden Prediger, dessen Namen er noch nicht einmal kannte.

Kaum hatte er sich mit Hilfe seiner Diener angekleidet, kam eine seiner persönlichen Leibwachen hereingestürzt. Er berichtete, der Fremde sei bewusstlos in seiner Zelle gefunden worden, als man ihm seine Speisen habe bringen wollen. Er habe bäuchlings ausgestreckt auf dem Boden gelegen. Der Arzt sei schon eingetroffen, aber der Fremde sei noch nicht wieder bei Sinnen. Entsetzt stürzte Pontius Pilatus in das Krankenzimmer, um sich selbst ein Bild von dem Zustand des Mannes zu machen. Der Arzt hielt dessen Hand und flößte ihm kleine Mengen einer starken Medizin ein, die den Armen kräftigen und wieder zu Bewusstsein bringen sollten.

Pontius Pilatus blieb wie angewurzelt in der Tür stehen. Er wollte nicht allzu viel Aufsehen unter den Wächtern und der Dienerschaft verursachen, doch in diesem Fall musste er sich selbst davon überzeugen, in welchem Zustand der Mann war. Der Kranke lag regungslos auf einer Pritsche. Sein Atem ging flach und Schweiß rann von seiner Stirn.

Der Arzt verbeugte sich und bat den Prokurator in sein Arbeitszimmer. Er war der persönliche Leibarzt der Familie und versorgte auch die Leibgarde und die Dienerschaft. Der Arzt begann sofort mit seinen Ausführungen: „Der Mann hat hohes Fieber. Er ist geschwächt, aber sein Zustand ist nicht lebensbedrohlich. Die Wunden seines Selbstmordversuches sind nicht besorgniserregend. Er phantasiert, was aber wohl an dem hohen Fieber liegt."

Der Prokurator nickte. Mit dieser Wendung wurde sein Plan fragwürdig, denn er musste die langwierige Verhandlung und Verhöre überstehen. Selbst wenn er nur seine Verurteilung mit anhören musste, so bedeutete dies, dass er aufrecht stehend und mit eigener Kraft vor dem Hohen Rat erscheinen musste. Er war in höchster Sorge, dass ihr Plan nun fehlschlagen würde: „Wann kann ich mit ihm sprechen?", stieß er hervor. Der Arzt nickte nur stumm, sann einen Augenblick nach und antwortete dann: „Es wird im Laufe des Tages wohl möglich sein, ihn wieder zu Bewusstsein zu bringen."

Der Prokurator nickte. „So sei es", sprach er und verließ grußlos das Gemach des Arztes.

In seinem Amtszimmer wanderte er unruhig auf und ab. In Gedanken ging er den ganzen Prozess durch und fragte sich immer wieder, ob der Mann in der Lage sein würde, vor dem Hohen Rat zu erscheinen? Man würde ihm Wächter zur Seite stellen, die ihn stützten und, wenn nötig, auch für ihn sprachen. Pontius Pilatus wartete ungeduldig auf das Erscheinen des Arztes. Gegen Abend erschien dieser endlich mit der Nachricht, dass der Mann bei Kräften sei und mit ihm zu sprechen wünsche.

Er eilte sofort in das Krankenzimmer, wo er den Mann aufrecht sitzend antraf. Zu seiner Erleichterung blickte dieser ihn mit wachen Augen an. „Nun, mein Freund, wie hast du dich entschieden?", fragte er den Kranken, als sie allein waren.

Der Mann antwortete mit klarer Stimme. „Ich bin bereit, Prokurator. Erteilt mir die nötigen Anweisungen und führt mich dem Hohen Rat zu, so, wie ihr es mir gestern erläutert habt."

Pontius Pilatus schoss Röte ins Gesicht. Es war, als würde eine schwere Last von ihm genommen. „So hast du es dir gut überlegt und willst diese Verurteilung auf dich nehmen?", fragte er nochmals, nur um sicher zu gehen, dass dieser es auch so gemeint hatte.

„Ja, Prokurator, ich werde es tun. Es ist meine Aufgabe."

Pontius Pilatus lächelte. Der Plan würde gelingen, das war nun gewiss. Was er dem Fremden nicht sagte, war der Teil des Planes, der sich nach der Kreuzigung ereignen sollte. Er und Josef von Arimathäa hatten noch bis in die Nacht zusammengesessen, um alles bis in alle Feinheiten zu besprechen. Sie wollten verhindern, dass der

Mann am Kreuz wirklich starb. Mit Hilfe von Abdul Ben Massa wollten sie ihm schmerzbetäubende Drogen einflößen, um die Tortur erträglicher zu machen. Ausgewählte Offiziere sollten die Kreuzigung vollziehen und dabei darauf achten, dass ihm nicht die Beine gebrochen oder der Schädel eingeschlagen wurde, so, wie dies oftmals geschah, um das Leiden zu verkürzen. Sie sollten nur das Nötigste vornehmen und über den Gekreuzigten wachen, dass nichts geschah, was den geplanten Verlauf würde stören können. Einer der Tribunen, der besonders loyal und schweigsam war, wurde mit der Leitung beauftragt und sollte den vorgeblichen Leichnam den Angehörigen aushändigen, sobald die Sonne unterging. Josef von Arimathäa, Lazarus und Jakobus würden den Körper dann in Empfang nehmen und bestatten. Sie hatten alle Vorkehrungen getroffen, mit Hilfe von Abdul Ben Massa den totenähnlichen Zustand, den die Drogen hervorriefen, wieder aufzuheben und die Wunden zu versorgen. Sie wollten mit allen Mitteln den Mann am Leben erhalten.

Noch am selben Tage wurde der Mann als der Gesuchte dem Hohen Rat ausgeliefert. Er wurde unter strengster Bewachung in einen Seitentrakt des Gefängnisses gebracht, wo der Sanhedrin mit den Verhören begann. Niemand kannte Jeheshua so gut, als dass sie einen Unterschied hätten bemerken können. Der Mann bezeichnete sich als den Auserwählten und übernahm seine Rolle so überzeugend, dass auch nicht der leiseste Verdacht aufkam, es könnte sich um einen anderen handeln. Seine Wunden und seine körperliche Schwäche wurden als Zeichen seines Kerkeraufenthaltes gewertet. Der Mann war zutiefst erfüllt von seiner Mission. Er strahlte Würde und Stolz aus, und es schien ihn eine Aura der Selbstsicherheit und Entschlossenheit zu umgeben. Seine ganze Erscheinung war von einem seltsamen Glanz erfüllt. Niemand zweifelte an der Echtheit dieses Mannes.

In jener Nacht geschah Merkwürdiges im Tempel von Jerusalem. Kaiphas, der älteste Hohepriester, versah seinen Dienst am Altar, als plötzlich ein helles Licht erschien. Er schrak zusammen, traute seinen Augen nicht, aber das helle Licht leuchtete so stark und glänzend wie flüssiges Gold. Er verbarg die Augen, fiel zu Boden und hob an zu beten, um der göttlichen Erscheinung zu huldigen. Da hörte er eine Stimme. Mit tiefem, hallendem Klang sprach sie zu ihm. „Kaiphas, du hast zuwider gehandelt an meinem Sohn, rechtfertige dich!"

Kaiphas war der Ohnmacht nahe. Er sollte Zeugnis ablegen für sein Tun. „Aber Herr", jammerte er, „ich muss doch die verfolgen, die sich als deinen Sohn ausgeben, die predigen, deine Lehre verfälschen, die den Tempel besudeln und Unerhörtes tun. Herr, ich versehe meinen Dienst in deinem Auftrag. Vergib mir."

Mit diesen Worten kauerte er, in sich zusammengesunken, am Boden. Er schluchzte laut. Tränen flossen über sein Gesicht in den dichten, grauen Bart.

Die Stimme sprach: „Kaiphas, du weißt, dass du unwahr sprichst. Du hast ihn erkannt und willst ihn doch vernichten, den, den ich geschickt habe."

Kaiphas schüttelte sich in heftigen Weinkrämpfen. „Oh, Herr", stammelte er. „Wie konnte ich erkennen, dass er es ist, den du gesandt hast? Er wirkt so menschlich, so wie viele, die in diesen Tagen predigen und heilen. Viele Frevler sind unter ihnen, die die Menschen in ihren Bann ziehen und dich verhöhnen. Oh, Herr, wie soll ich ihn erkennen?"

„Kaiphas, du sprichst unwahr. Längst hast du erkannt, dass er es ist, den du in den Kerker geworfen hast. Wenn du meinen Sohn oder seine Lehre vernichtest, wird mein Zorn über das ganze Volk Israel kommen. Kaiphas, höre meine Worte. Du musst verhindern, dass er gekreuzigt wird!"

Kaiphas schüttelte sich. Schmerzen durchzogen seinen ganzen Körper. Die Helligkeit verbrannte ihn beinahe. Er lag bäuchlings ausgestreckt vor dem Altar, beinahe besinnungslos und leise vor sich hin wimmernd.

So fanden ihn die Priester, die später in der Nacht die Kerzen löschten und die Tore verschlossen. Sie hoben ihn auf und trugen ihn in die angrenzende Präfektur, wo er am ganzen Leibe zitternd auf eine Bahre gelegt wurde. Wächter beförderten ihn zu seinem Haus, das sich unweit des Tempels befand.

Seine Frau kam ihnen weinend und händeringend entgegen. Sie hatte gespürt, dass etwas geschehen war. Als sie die Trage sah, brach sie auf dem Weg zusammen. Sie glaubte ihren Gatten tot, doch dieser murmelte nur unverständliche Worte und warf den Kopf mit geschlossenen Augen hin und her. „Was ist mit ihm geschehen?", schluchzte sie.

Die Wachen berichteten das Wenige, was sie wussten. Noch in dieser Nacht starb Kaiphas, der Hohepriester, bevor er das Bewusstsein wiedererlangte. Seine Frau würde ihn auf dem Friedhof der Hohepriester bestatten lassen.

Theodorus, der zweite Hohepriester im Hohen Rat, übernahm nun die Prozessführung. Er war es gewohnt, solche Aufgaben auszuführen. Er hatte sich mit den übrigen Ratsmitgliedern beraten und war zu dem Ergebnis gekommen, dem verhassten Rabbiner so schnell wie möglich den Prozess zu machen, bevor er wieder entkam oder das Volk seine Freilassung forderte. In aller Eile wurde der Rat zusammengerufen. Die Vertreter des Volkes, die solchen Prozessen beiwohnen durften, bestanden aus ausgewählten Männern, die genaue Instruktionen bekamen, wann sie mit lauthals gebrüllten Forderungen in den Prozess eingreifen sollten.

In diesem Fall war es klar, dass sie die Höchststrafe forderten, obgleich die Anklage auf wackeligen Füßen stand. Volksverhetzung, Aufwiegelung gegen die Obrigkeit und das Brechen heiliger Gebote wurden dem Angeklagten vorgeworfen, obgleich es keine Zeugen dafür gab, dass er dies tatsächlich getan hatte.

Das schwerste Vergehen war seine Behauptung, der Sohn Gottes und von ihm gesandt zu sein. Man hatte ihm die Worte geradezu in den Mund gelegt, und er hatte nicht widersprochen. Er sprach immer nur von seiner Mission. Geschwächt, wie er war, konnte man seiner unverständlichen Rede alles und jedes entnehmen. So ließ man das, was er sagte, laut wiederholen, um es dann in dem Prozessprotokoll zu verzeichnen. Der Sachverhalt war klar: Ein Sakrileg und Frevel gegen die Gebote, damit war die Höchststrafe mehr als gerechtfertigt. Sie hatten ihn noch weiteren Folterungen unterzogen, so, wie es für Verbrecher dieser Art üblich war.

Am folgenden Tag trat der Hohe Rat zusammen. Der Prokurator verlas die Anklage und setzte sich dann nieder, um den Prozessverlauf zu verfolgen. Er würde erst zum Ende der Verhandlung wieder in Erscheinung treten, wenn das Urteil von ihm bestätigt werden musste. Unter den öffentlichen Zuhörern waren viele, die man für die Angehörigen des Angeklagten hielt. Eine weinende Frau, die von zwei anderen gestützt wurde, Männer in einfachen Gewändern, walnussbraun gefärbt, so, wie sie im Galil getragen wurden. Unsicher blickten sich die Hohepriester an. Sie hatten den Wachen Anweisungen gegeben, jede Störung dieser Prozessbeobachter rüde zu ahnden und sie sofort zu ergreifen.

Der Angeklagte kam mit Hilfe der Wächter in den großen Verhandlungssaal. Er sah blass und geschwächt aus. Das Haar klebte an seiner Stirn und sein Gewand war blutbefleckt. Nachdem er an seinen Platz geführt worden war, sein Blick war die ganze Zeit zu Boden gerichtet, hob er den Kopf mit einem Mal und blickte nach oben in Richtung der Kuppel, wo Tauben sich niedergelassen hatten, die durch die Mauerspalten hereingekommen waren. Plötzlich verklärte sich sein Blick, sein Gesicht leuchtete und ein Lächeln lag auf seinen Lippen. Seine Haltung straffte sich und er wandte den Blick nicht ab. Irgendetwas schien er zu sehen, das diesen Ausdruck auf seinem Gesicht bewirkte.

Nervös blickten die Hohepriester in dieselbe Richtung, doch sie konnten nichts erkennen als die Staubpartikel, die in den herabfallenden Sonnenstrahlen umherwirbelten.

Der Älteste verlas die Anklageschrift, und ein Raunen ging durch die Menge, als der Angeklagte mit einem Mal segnend die Hände erhob. Mit leuchtendem Gesicht und glänzenden Augen verharrte er so eine geraume Weile, was die Priesterschaft noch mehr in Nervosität versetzte.

Josef von Arimathäa hatte ganz hinten in der letzten Bank Platz genommen. Er konnte den Angeklagten wie auch Pontius Pilatus sehen, der erhöht auf einem Sessel saß. Die Wächter, die den Mann flankierten, blickten sich Hilfe suchend um, ob sie der Gebärde des Mannes Einhalt gebieten oder ihn gewähren lassen sollten. Doch der Hohepriester gab ihnen ein Zeichen, sich zurückzuhalten.

Diese Geste unterstützt ja noch die Anklage, so dachte er bei sich. Nachdem die Schrift verlesen war, trat Theodorus hervor. Er war der Wortführer der Anklage und legte jedes Vergehen im Einzelnen dar. Alles war bis zur Unkenntlichkeit entstellt und so überzogen, dass ein Raunen durch die Reihen ging. Wie gut, dass sie genug ihrer eigenen Männer unter das Volk gestellt hatten.

Der Angeklagte hatte mit unbewegter Miene alles angehört. Es schien, als registrierte er gar nicht, was ihm da vorgeworfen wurde. Er nickte nur mit dem Kopf, als Theodorus ihn anrief und danach fragte, ob er der Messias sei. Stimmen erhoben sich im abgetrennten Bereich, der dem Volk vorbehalten war. Ein Tumult drohte, der nur von den Wächtern unterdrückt werden konnte.

Mit einer Miene der Genugtuung und siegesgewiss verlas er daraufhin das Strafmaß und den Zeitpunkt der Vollstreckung. Das Urteil sollte noch am selben Tage vollstreckt werden. Während des Passahfestes war es nicht möglich, und man wollte keinesfalls bis nach den Feierlichkeiten warten. Das Strafmaß bestand aus Geißelung, Auspeitschung und Kreuzigung. Die Hohepriester nickten und warfen sich Blicke zu, die vielsagend und triumphierend waren.

Der Angeklagte nahm von all dem keine Notiz. Unbeweglich stand er da, aufrecht nun, und sein Blick ruhte auf Pontius Pilatus, der das Urteil bestätigen musste. Mit wackeligen Beinen erhob sich der Prokurator. Er hatte sich eine kurze Stellungnahme zurechtgelegt, worin er das Strafmaß als zu hoch erachtete, aber bereit war, sich der Stimme des Volkes zu beugen.

Es war totenstill in dem Saal, als er mit seiner Rede begann. Alle warteten gespannt darauf, wie er zu der Verurteilung stand. Als er geendet hatte, blickte er geradewegs auf die vielen Zuschauer, die sich an diesem Morgen im Verhandlungsgebäude eingefunden hatten. „Es obliegt mir nicht, in religiösen Fragen zu urteilen. Es ist an euch zu entscheiden, was mit diesem Mann geschehen soll. Sagt, soll er wie gefordert gekreuzigt werden, oder soll eine gnädigere Strafe über ihn verhängt werden?"

In diesem Moment brach ein Tumult los. Schemel polterten zu Boden, Schreie und Stimmen waren zu hören, manche schlugen mit Fäusten um sich. Die einen schrien: „Kreuzigt ihn!" Die anderen schrien: „Lasst ihn frei, er ist unschuldig!"

Nur die Wächter konnten einigermaßen wieder Ruhe herstellen. Einer der Männer, der eine größere Gruppe anführte, trat die Arme schwenkend vor. „Kreuzigt ihn!", schrie er. Und alle anderen fielen ein. Die, die seine Freilassung gefordert hatten, waren schon von den Wachen aus dem Saal gebracht worden. So konnten sie ungehindert ihre Forderung herausschreien.

Mit wackeligen Beinen erhob sich Pontius Pilatus. Schweiß rann an seiner Stirn herab. Er konnte jetzt noch umkehren, das Urteil abmildern, ja, sogar aufheben. Schwäche befiel ihn. Er musste einen kurzen Augenblick geschwankt haben, denn es wurde still im Saal und alle Augen richteten sich auf ihn. Mit zitternder Stimme und unter Zuhilfenahme all seiner Kraft bestätigte er das Urteil. Die Menge johlte auf. Niemand hörte mehr die Worte, die er hinzufügte. „Es ist euer Urteil, nicht das meine."

Josef hatte sich den Weg durch die Menge gebahnt. Die Tribunen, die den Verurteilten abführten, hatten Anweisung, auf ihn zu warten.

So konnte er dem das Kommando führenden Tribun die Ampullen zustecken. Der ließ sie geschwind unter seinem Wams verschwinden. Er würde im gegebenen Augenblick dem Mann den Inhalt verabreichen. Die zweite Ampulle sollte er am Kreuz erhalten. Er hatte Anweisung, den Schwamm damit zu tränken.

Der Gerichtssaal leerte sich, und Josef von Arimathäa trat hinaus in die von vielen Menschen bevölkerte Gasse. Wie immer gab es viele Schaulustige, die den öffentlichen Auspeitschungen und Geißelungen gerne beiwohnten. Sie drängten und stießen sich am Richtplatz vor dem Gerichtsgebäude.

Der Sanhedrin hatte seine Späher und Spitzel wieder unter das Volk geschickt, um die Menschen auszuhorchen und etwaige Sympathisanten auszumachen. Die römische Garde flankierte den Richtplatz. Fanfaren kündigten die neue Verurteilung an, und das Volk schrie und geiferte nach neuen Peinigungen, wie sie fast täglich an diesem Ort vollzogen wurden.

Die Hohepriester hatten sich im Schatten der großen Zedern eine der Priesterschaft vorbehaltene Loge reservieren lassen. Sie wollten sehen, wie der sogenannte Gottessohn die Marterungen überstehen würde. Zu sehr fürchteten sie, dass er wieder entkommen könnte, und so hatten sie eigene Wachen postiert, die den Platz im Auge behielten.

Aus dem Schatten des Verlieses taumelte dann eine gebeugte Gestalt. Wachen mussten sie stützen und zum Richtplatz geleiten. Das Volk johlte. Der Verurteilte strauchelte, die Wachen hoben ihn auf und nahmen ihm seine Kleider. Man sah seinen Körper, der schon jetzt zerschunden und mit unzähligen Wunden übersät war. Mit Ketten hatte man seine Hände an den schweren Ringen, die im Steinboden eingelassen waren, festgemacht. Sie waren so kurz, dass er sich nicht aufrichten konnte. Der erste römische Soldat trat hervor und hieb mit ledernen Riemen, an deren Enden eiserne Haken befestigt waren, auf den Mann ein. In dieser gebeugten Haltung schwankte er bei jedem Schlag und drohte zu Boden zu gehen. Mit jedem Schlag strauchelte er und drohte zusammenzubrechen. Die Priester, die der Vollstreckung beiwohnten, nickten zufrieden. Dieser Mann war ein Schwindler. Wäre er der Messias, so würde er nicht so schwach und elend daliegen. Immer wieder richteten die Soldaten den Armen auf und stützen ihn, wenn nötig. Blut quoll aus tiefen Wunden hervor. Der Kopf des Mannes sank auf die Brust. Er schien besinnungslos, dennoch drosch der Soldat weiter auf ihn ein.

Nach der Geißelung traten zwei Männer in lederner Kleidung hervor, die abwechselnd ihre Peitschen auf dem Rücken des Mannes niedergehen ließen. Das Volk schrie und johlte bei jedem Schlag. Die Versammelten schrien: „Kreuzigt ihn, kreuzigt ihn!" Der Mann hob mit einem Mal den Kopf und blickte in die Menge, die in diesem Augenblick verstummte. Es war ein Blick grenzenloser Trauer. Schmerzgequält und verzerrt lächelte er. Ein Weib sprang herbei und schleuderte eine Krone aus Dornenranken auf den Richtplatz. „Da, für den König der Juden", keifte sie. Die Menge johlte erneut. „Ja, setzt ihm die Krone auf!"

Der kommandoführende Tribun nickte. Die Soldaten fuhren mit den Auspeitschungen fort, bis der Körper des Mannes nur noch aus rohem Fleisch zu bestehen schien. Eine Blutlache bildete sich zu seinen Knien. Die Arme sanken schlaff herab. Er strauchelte aufs Neue. Sein Kopf fiel zur Seite und seine Augen waren geschlossen. Die Menge feuerte die Soldaten an, noch mehr Schläge zu verabreichen, doch der Tribun gebot ihnen einzuhalten. Es war gegen das Gesetz, Besinnungslose weiter zu schlagen. Wachen trugen den Mann zurück in das Verlies. Ein kleines, steinernes Tor führte in einem engen Gang direkt in das Gefängnisgebäude. Der Tribun sorgte sich. Er hatte dem Mann die Ampulle verabreicht, doch schien sie ihn so zu betäuben, dass es nicht sicher war, ob er das Kreuz würde tragen können. Er gab den Wachen Anweisungen, den Mann mit kaltem Wasser zu übergießen und ihm Wasser einzuflößen.

Wenig später setzte sich eine kleine Gruppe von Männern in Bewegung. Die Soldaten flankierten den Mann in ihrer Mitte, der das Kreuz geschultert hatte. Man hatte ihm sein Gewand zurückgegeben, das vom Blut der vielen Wunden vollkommen durchtränkt war. Sie schritten langsam voran, und der Mann in ihrer Mitte schwankte und keuchte unter der Anstrengung, das schwere Holzkreuz zu tragen. Schon nach wenigen Schritten knickten seine Beine ein, er sank in die Knie und das Kreuz fiel polternd zu Boden. Die Soldaten halfen ihm auf die Beine, während ein Mann aus der Menge hinzusprang. Er schulterte den schweren Teil des Kreuzes, während der Verurteilte den hinteren Teil auf seinen Schultern trug. Der Erstere war so kräftig, dass der Arme sich mehr an dem Kreuz festhielt, als es mitzutragen. Die Menge buhte und bespuckte den Mann, der sich so schwach und wenig kämpferisch zeigte. Entlang des Weges hatte sich viel Volk versammelt. Sie wollten die Kreuzigung sehen und warfen einander derbe Worte zu, wenn der Arme wieder einmal stolperte oder zu Boden zu fallen drohte.

Der Kreuzigungsplatz lag hinter dem Gefängnis, und in vorbereiteten Verankerungen im Steinboden wurden die Kreuze errichtet. Männer standen bereit, um die eigentliche Kreuzigung durchzuführen. Sie trugen lederne Kleidung und lederne Kappen. Ihre Aufgabe war es, die Nägel durch das Fleisch zu treiben.

Dazu wurde der Mann auf dem Kreuz festgebunden. Mit breiten Lederriemen zurrte man Arme und Beine an das Holzkreuz, sodass seine Füße sich auf dem Sockel abstützen konnten. Es lehnte schräg auf einem Steinblock, während das Ende bereits in der vorgesehenen Öffnung steckte. Das Areal war weiträumig abgesperrt.

Doch waren an diesem Tage zwei weitere Kreuze errichtet worden, an denen die Verurteilten noch lebten und laut vor Schmerzen schrien und jammerten. Das Volk gierte nach dem Augenblick, wo die Nägel durch das Fleisch getrieben wurden. Mit jedem Hammerschlag schrie die Menge laut auf. Der Hauptmann hielt eine Anzahl großer Nägel bereit, die tief in das Holz getrieben wurden. Das Gewand hatte man unter dem aufgerichteten Kreuz zusammengefaltet.

Jetzt, wo das Kreuz aufgerichtet war, jubelte die Menge. Die Schmerzensschreie der Verurteilten wurden von dem Geschrei übertönt. Immer näher drängte sich die Menschenmenge heran. Manche waren zu Boden gefallen und beteten, einige prügelten sich mit den eifrigsten Schreihälsen, dass beinahe ein Tumult ausbrach.

Der Mann am Kreuz blieb ganz still. Seine Augen waren geschlossen. Sein Kopf war auf die Brust gesunken. Er gab keinen Laut von sich. Die Menschenmenge schrie: „Brecht ihm die Beine."

Doch die Soldaten bewachten das Kreuz so, dass niemand in seine Nähe gelangen konnte. Das Gesicht des Mannes wirkte beinahe friedlich, so, als sei er schon tot. Er regte sich nicht, sein Atem ging flach und unregelmäßig. Die Soldaten hatten Anweisung, nicht vom Platz zu weichen, bevor der Tod eingetreten war. Sie saßen unter dem Kreuz und ließen den Weinschlauch kreisen. Sie waren oft damit betraut, Kreuzigungen durchzuführen.

Der Himmel verfinsterte sich, die Menge zerstreute sich allmählich. Der Mann am Kreuz hatte nicht ein einziges Mal geschrien oder geflucht, so, wie viele es taten. Er war still und wirkte beinahe leblos.

Josef von Arimathäa und Lazarus hatten im Schatten der Mauer die Kreuzigung verfolgt. Der kommandierende Tribun nickte ihnen zu und reichte dem Mann am Kreuz den Schwamm, den er mit dem Inhalt der zweiten Ampulle getränkt hatte.

Der Gekreuzigte saugte begierig daran. Dann sank sein Kopf wieder auf die Brust. Er tat noch einige tiefe Atemzüge und fiel dann völlig in sich zusammen.

Der Himmel war von schwarzen Wolken verhangen. Blitze zuckten und die ersten Regentropfen fielen. Krachend ertönten die ersten Donnerschläge. Der wachhabende Offizier hatte die Aufgabe, den Tod festzustellen, indem er dem Verurteilten eine Lanze in die Seite stieß. Doch in diesem Fall erübrigte sich diese Maßnahme. Der Mann war tot. Er atmete nicht mehr. Er machte ein Zeichen und Josef, Zacharias und Jacobus eilten herbei.

Sie hatten einige große Leinentücher ausgebreitet, auf die sie den Leichnam legten. Josef bestrich den Körper mit Öl. Sie wickelten ihn in die Tücher und transportierten den Mann, so schnell sie konnten, zum Hause Josefs, wo sie bereits erwartet wurden. Sie träufelten einen kräftigenden Trunk auf seine Zunge, sodass der Mann am Leben blieb und nach wenigen Stunden das Bewusstsein wiedererlangte

Um die Täuschung perfekt zu machen, hatte Josef ein steinernes Mausoleum in seinem Garten errichten lassen, wo sie den vermeintlichen Messias dem Anschein nach bestatteten. Sie schoben einen mächtigen Stein vor das Grab, um es fest zu verschließen.

Der Mann erholte sich rasch. Er war von robuster Natur und die Wunden schlossen sich schnell, dank der guten Pflege und der heilenden Energien, die man ihm zuführte.

Schon nach kurzer Zeit vermochte er wieder zu gehen und sich frei zu bewegen. Die tiefen Wunden an Händen und Füßen hatten sich geschlossen und waren bereits dabei, zu vernarben. Der Mann kämpfte lange mit sich. Er war bereit zu sterben, doch nun hatte sich das Blatt gewendet, und er musste sich erneut dem Leben stellen. Er verbrachte noch einige Tage im Hause Josefs, ehe er aufbrach, um nach Osten zu ziehen. Er war versöhnt mit sich selbst, denn er hatte seine Mission vollbracht, und zufrieden machte er sich auf den Weg.

Josef hatte ihn reichlich für seine Reise ausgestattet. Derbe Kleider, Brot, Wein, einen Esel und einen Beutel Silberlinge, die der Mann nur unter Zögern an sich nahm. Er stammte aus dem Galil wie die anderen, doch wollte er nicht in seine Heimat zurückkehren. Sein Ziel waren die heiligen Berge Indiens, wohin zu ziehen er gedachte. Niemals mehr wollte er zurückkehren.

Pontius Pilatus schickte nach Josef, um sich über den Zustand des Mannes zu informieren. Er war sehr beruhigt, als er von dessen Genesung hörte.

Der Sanhedrin verkündete voller Stolz, den falschen Messias seiner ihm zugehörigen Strafe zugeführt zu haben, und das Volk war bereits mit den Feierlichkeiten beschäftigt und zog wie immer in den Tempel, um den üblichen Opferungen beizuwohnen.

Die Sache geriet schnell in Vergessenheit. Man schickte noch immer Spitzel aus, um seine Anhänger auszuspionieren, doch alles schien ruhig. Das Mausoleum war geschlossen, ein kleines Öllicht brannte davor, und man hatte einige Zweige duftender Blüten niedergelegt.

Sie hatten ihn zu Strecke gebracht, und siegesgewiss wandten sie sich nun dem Fest zu.

Josef und Pontius Pilatus verabredeten, das Grab noch einmal kurz zu öffnen, um die Leinentücher, mit denen sie den Mann bedeckt hatten, ins Grab zu legen.

Maria Magdalena, Lazarus und die anderen Jünger bewachten das Grabmal. Man fürchtete, dass erneut Übergriffe des Sanhedrin stattfinden könnten. Am dritten Tag trafen sich die engsten Vertrauten, um sich weiter zu beraten. Sie brachen das Brot und tranken den Wein, so, wie es der Meister sie gelehrt hatte.

Noch immer war er von niemandem gesehen worden. Maria Magdalena war außer sich vor Sorge. Sie spürte des Öfteren seine Nähe, hörte seine Stimme, doch er blieb verborgen. Die übrigen Vertrauten hatten sich auf den Weg nach Norden gemacht. Für sie, die die Täuschung nur ahnten, war es unvorstellbar, ohne den Meister weiterzuwandern. Einige wollten in ihre Dörfer zurückkehren, ihre Berufe wieder aufnehmen und nur im engsten Kreis zusammenkommen, um seiner zu gedenken und gemeinsam zu beten.

Andere hatten die Gabe des Heilens erlernt und wollten ausziehen, um zu heilen und die Lehre des Meisters zu verbreiten. Sie waren noch immer von den Ereignissen wie gelähmt und verängstigt zugleich. Jederzeit konnten auch sie verhaftet werden, denn schließlich waren sie mit seiner Lehre vertraut, die dem Hohen Rat ein Dorn im Auge war.

Alle waren nur von der einen Frage erfüllt: War der Meister am Kreuz gestorben, oder war es ein anderer an seiner statt? Immer wieder wurden Gerüchte unter der Anhängerschaft laut, dass es ein anderer war, den sie gekreuzigt hatten. Doch viele glaubten dem nicht. Sie waren überzeugt, dass er es war, denn seit dem Tage seiner Flucht war er verschwunden.

Voller Angst und Sorge verbrachten Josef und seine Freunde die folgenden Tage. Wenn das Gerücht sich verbreitete, dass ein anderer für ihn gekreuzigt worden war, würde man den Leichnam beschlagnahmen, um seine Identität festzustellen. Die einzige Möglichkeit, dem zuvorzukommen, war, das Grab als leer zu deklarieren. Wenn es keinen Leichnam gab und dieser verschwunden war, würde die Wahrheit für immer im Dunkeln bleiben.

Noch am selben Tag ließen sie den schweren Stein zur Seite rollen, der das Grab verschloss, und verbreiteten die Nachricht vom Verschwinden des Leichnams. Die römischen Wachen, die hierzu ausgesandt wurden, hatten das leere Grab mit eigenen Augen gesehen. Eine große Menschenmenge versammelte sich vor dem Grab, um selbst zu sehen, dass es leer war.

Die Kunde erreichte auch die Anhänger Jesu, die sich versteckt gehalten hatten oder auf dem Weg in ihre Dörfer waren.

Simon Petrus berichtete, dass der Hohe Rat ihn verhaftet hatte, um dem Meister gegenübergestellt zu werden, und er schwor, den Mann nicht zu kennen. Daraufhin ließ man ihn laufen. Er galt als Schwächling, der nicht den Mut hatte, zu seiner Anhängerschaft zu stehen.

Judas war tagelang in den Gassen umhergeirrt. Er suchte den Meister. Er war besessen von der Idee, dass dieser sich ihm zeigen würde. Spät in der Nacht wurde er von seinen Freunden gefunden. Er hatte sich in der Hütte des Gerbers erhängt, als dieser zu den Feierlichkeiten im Tempel aufgebrochen war.

Maria Magdalena, Simon Petrus und Josef beluden noch in der Nacht ihre Esel mit dem Allernotwendigsten. Sie hatten den Kelch an sich genommen, den der Meister für ihre heiligen Zeremonien stets verwendet hatte. Sie wussten, dass der Meister lebte, auch wenn sie ihm nicht physisch begegneten. Maria Magdalena, Miriam, Simon und Lazarus hatten den Meister in seinem Geistkörper gesehen, wie er während einer Zeremonie plötzlich unter ihnen stand. Er segnete sie und versprach, bald wieder bei ihnen zu sein, jedoch nicht mehr so wie früher.

☆ ☆

Das Schiff legte im Morgengrauen ab. Josef hatte mit Pontius Pilatus ein letztes Mal gesprochen. Die Kunde vom Verschwinden des Leichnams hatte den Wunderglauben an die Echtheit des Messias verstärkt. Ganze Aufmärsche von Gläubigen bevölkerten nun den Tempelbezirk. Die Priester wurden des Verrats und des Mordes beschuldigt. Römische Soldaten wurden gesteinigt. Das Volk begehrte auf, nachdem für alle feststand, dass er es war, den sie getötet hatten.

Die Jünger verstreuten sich in alle Richtungen. Simon Petrus hatte von dem Meister den Auftrag erhalten, auszuziehen und die Lehre weiter zu verkünden. Aber er sollte erst sehr viel später wieder öffentlich predigen.

Der Sanhedrin, der den Pöbel fürchtete, ließ Gottesdienste zelebrieren, worin den Gläubigen weisgemacht wurde, dass der wahre Messias bald erscheinen werde. Man habe die Zeichen gesehen.

Maria Magdalena verließ voller Trauer und Schmerz Palästina. Sie war eng verwurzelt mit ihrer Heimat Magdala, und sie vermisste ihn, den sie so sehr liebte. Er würde ihnen folgen, aber wann würde sie ihn wiedersehen?

Die See war stürmisch. Das Schiff, das einige Häfen Italiens anlaufen würde, war auf dem Weg nach Genua, von wo sie ihre Reise fortsetzen würden. Josef kannte den Kapitän des Schiffes. Er war schon einige Male mit ihm gesegelt, wenn es galt, Eisenerz im fernen

England einzukaufen. Er war ein zuverlässiger und integrer Mann. Er hatte ihnen die einzige Kajüte überlassen, die einigermaßen komfortabel war. Das Leben an Bord war rau und die Mannschaft von der schweren Arbeit abgehärtet und gestählt.

Das Schiff legte am 15. Tag ihrer Reise in Genua an, wo sie ihre gesamte Habe auf einen Karren luden, um weiter nach Westen zu ziehen. Es gab da ein Dorf in Gallien, das Josef gut kannte und schon einige Male besucht hatte. Es war über Land in vielen mühsamen Tagesreisen erreichbar und lag so versteckt in den hohen Bergen, dass sie dort in völliger Sicherheit sein würden. Das Haus eines Freundes sollte vorerst ihr Heim sein, bis sie eine andere Bleibe gefunden hatten.

Josef hatte diese Gegend in seiner Jugend bereist. Sein Onkel hatte allerlei Geschäfte hier gemacht und den jungen Neffen des Öfteren auf diese Reisen mitgenommen.

Maria Magdalena fiel die Reise zusehends schwerer. Mit ihrer nun schon fortgeschrittenen Schwangerschaft war es mühsam für sie, auf dem Esel zu reiten. Der holprige Karren war ihren Habseligkeiten vorbehalten, und so kamen sie nur langsam voran. Am dritten Tage verspürte sie erste Wehen, und es war nicht abzusehen, ob sie das Haus des Freundes noch rechtzeitig erreichen würden.

Das Gewitter brach über sie herein, bevor sie eine Herberge fanden. Der kleine Karren versank im Morast des Weges, der von den herabstürzenden Wassermassen völlig im Nichts verschwand. Sie suchten in einer kleinen steinernen Hütte Schutz, die normalerweise den Schäfern als Unterstand diente. Es lag etwas Stroh darin, und sie breiteten ihre Decken darüber, um sich ein Lager für die Nacht herzurichten. Josef von Arimathäa entfachte ein kleines Feuer, und sie verspeisten ihre letzten Vorräte, die sie aus ihrer Heimat mitgebracht hatten. Erst in den frühen Morgenstunden ließ der Regen nach und der Weg hatte sich in einen rasch dahinfließenden Bach verwandelt.

Nur dem Esel schien das Wetter nichts auszumachen. Er knabberte an dem Stroh und hielt seinen Kopf gesenkt in den nun fallenden Nieselregen. Schwalben kreisten dicht über ihnen, und gegen Mittag brach die Sonne hervor und trocknete ihre Habe. Josef legte die Satteltaschen aus Tuch über den Esel und machte sich auf den Weg, um nach einer Herberge Ausschau zu halten. Vielleicht waren es die holprigen Wege, die die Geburt auslösten, aber schon am Abend desselben Tages kamen die Wehen gleichmäßig, sodass an eine Weiterreise nicht zu denken war.

Miriam hielt das Feuer in Gang und die kleine Hütte war in das helle Licht des Feuers getaucht. Josef kehrte mit etwas frischer Ziegenmilch, Käse, getrockneten Trauben sowie einigen Laiben Brot zurück. Doch Miriam vermochte nichts zu essen. Sie bereitete sich einen Tee, der sie während der Geburt stärken sollte. Josef wachte die ganze Nacht an ihrer Seite.

Der Abend brachte Sturm und heftige Windböen rüttelten an den spärlichen Bäumen, die die Hütte umstanden. Ständig drohte das Feuer zu verlöschen oder die Windböen fuhren in die Glut, um Funken hell auffliegen zu lassen. Miriam hatte ihren Kopf in die Hände Josefs gebettet. Er sprach Formeln und Gebete, die Miriam beruhigten und ihr in den Wehenpausen Kraft gaben. Seit Stunden kamen die Wehen nun gleichmäßig, und Miriam fühlte sich allmählich schwach und erschöpft.

Sie hatte gelernt, mit Schmerzen umzugehen, seit sie als Kind vom Pferd gestürzt war und seitdem ständig von Schmerzen im Rücken geplagt wurde. Jeheshua hatte sie damals geheilt, indem er die verschobenen Wirbel wieder in ihre ursprüngliche Position gebracht hatte und sie dadurch erstmals wieder aufrecht gehen und sich strecken konnte, wenn ihr danach war.

Jetzt waren die Schmerzen stark und nahmen allmählich so an Heftigkeit zu, dass sie laut aufschreien musste. Tief in der Nacht zeigte sich der Kopf des Kindes, und Josef half ihr, es zur Welt zu bringen. Er wickelte es in frische Leinentücher, die die Reise über trocken geblieben waren. Das Kind schrie und schnappte gierig nach den Brustwarzen, an denen es sofort heftig zu saugen begann.

Der Sturm hatte sich jetzt gelegt. Mutter und Kind waren in Decken gehüllt auf das Stroh gebettet, wo im Lichtschein des Feuers nur das Köpfchen des Kindes und das schweißglänzende zufriedene Gesicht Miriams zu sehen waren. Sie hatte es geschafft. Ihr Sohn war geboren und wohlauf. Er hatte eine Weile mit seinen kleinen Beinen gestrampelt und war dann in ihren Armen eingeschlafen. Josef saß erschöpft auf der anderen Seite des Feuers. Die Sorge um Mutter und Kind, die anstrengenden letzten Wochen und die beschwerliche Reise standen ihm ins Gesicht geschrieben. Er war am Feuer eingenickt, als von Ferne Hundegebell und Glocken von Schafen zu hören waren, die im Tal eingepfercht waren. Zwei Schäfer, die das Feuer gesehen hatten, näherten sich. Sie hatten ihre Stoffbeutel mit Hilfe ihrer Hirtenstäbe geschultert und erreichten schließlich die Hütte, in der alle ruhig in Schlaf gesunken waren. Vorsichtig berührte der Größere von ihnen Josefs Schulter und sagte zu dem Aufgeschreckten: „Braucht ihr Hilfe, können wir euch irgendwie behilflich sein?" Der Alte sprach undeutlich, aber Josef konnte ihn gut verstehen. Er legte den Finger auf den Mund und deutete auf Miriam, die, das Kind im Arm, tief und fest schlief.

„Herr, wir können euch in eine Herberge bringen, wenn ihr es wünscht. Sie liegt nicht weit von hier und schon in zwei Stunden könnten wir dort sein. Wir kennen den Weg so gut, dass wir euch auch in der Dunkelheit sicher geleiten könnten."

Josef legte den Arm um die Schulter des Mannes. „Ich danke euch für euer freundliches Angebot. Aber Mutter und Kind müssen noch ein wenig ausruhen. Wenn ihr aber etwas zu essen für uns habt, so ist es uns willkommen."

Die Schäfer stellten ihre Beutel auf den Boden und zogen einen Schlauch Wein, Käse und einige Brotstücke hervor, die sie für ihre Wanderschaft immer bei sich trugen. Sie schnitten große Stücke aus dem Brotlaib und reichten sie Josef, der dankbar zu essen begann. Brot und Käse mundeten ihm wunderbar. Auch Miriam, die mittlerweile erwacht war, nahm etwas von all dem zu sich. Sie hatte das Kind mit Tüchern abgerieben und in den nun ausgepolsterten Holztrog gelegt, wo es gut zugedeckt im warmen Schein des Feuers schlief.

Der Himmel war mittlerweile sternenklar und der Mond erhellte schwach die Landschaft. Josef hatte den Schäfern erzählt, woher sie kamen, und die Kunde von dem neugeborenen Kind hatte sie in große Freude versetzt. Jerome, so hieß der Ältere, zog eine kleine Flöte hervor und begann leise zu spielen, während Marc, der Jüngere, dazu zu singen begann. Es waren Lieder, die den Kindern gesungen wurden, um sie in den Schlaf zu wiegen. Die beiden Männer brachen erst spät in der Nacht auf, um zu ihrer Herde zurückzukehren, und versprachen, schon am folgenden Morgen zurückzukommen, um sie mit frischer Milch zu versorgen.

Miriam blickte glücklich auf das Neugeborene, das friedlich in dem Holztrog lag. Es war still, schrie kaum und Miriam konnte nicht den Blick von dem Kind abwenden, das im Schein des Feuers mit zufriedenem Gesichtsausdruck dalag.

Der kommende Morgen brachte Sonne und warmes Wetter. Schon nach kurzer Zeit erschienen die Schäfer erneut, dieses Mal mit ihrer Herde, und wenig später konnten Josef und Miriam die frische Schafsmilch trinken, die sie ihnen mitgebracht hatten. Miriam war nun stark genug, die Reise fortzusetzen, und so luden sie wieder alles auf den Karren, wo dieses Mal Mutter und Kind, auf Stroh und in Decken gehüllt, die Reise fortsetzten.

Die Schäfer hatten ihnen den Weg gewiesen. Am Abend desselben Tages erreichten sie eine Herberge, in der sie die kommenden Tage verbringen wollten.

Pontius Pilatus hatte voller Sorge die vergangen Tage verbracht. Nach dem Verschwinden des Leichnams, das auch dem Sanhedrin zu Ohren gekommen war, verlangten sie von ihm Auskunft über den Verbleib des Toten und seine Kenntnisse darüber, wo er bestattet worden war.

Er war froh, dass der Fremde weitergezogen war. Er ließ seinen kommandierenden Tribun ein Protokoll der Kreuzigung anfertigen, worin dieser den gesamten Verlauf und den sicher eingetretenen Tod des Gekreuzigten dokumentierte. Der Prokurator hatte daraufhin mit seiner Frau und der Dienerschaft Jerusalem verlassen, um sich in sein Haus am Meer zu begeben. Es würde ihm guttun, einige Zeit diesem Hexenkessel zu entfliehen. Er war zutiefst zufrieden mit dem Verlauf der Angelegenheit.

Den Brief, in dem Herodes ihn an seinen Hof berief, verfehlte er nur knapp. Er saß bereits auf seinem Pferd in Richtung Süden, wo er sich von alldem zu erholen gedachte. Seine Schutztruppe begleitete sie, und schon bald würden sie den kleinen Sommerlandsitz des Prokurators, der, ganz nach römischer Mode, in weißem Marmor gehalten war, erreichen. Der Weg zum Meer war kurz und so konnte er tägliche Spaziergänge unternehmen. In Gedanken war er noch immer oft bei dem seltsamen Mann, der den Fuß des Kindes geheilt hatte. Zu gern hätte er ihn wiedergesehen.

Die kleine Gruppe näherte sich von Westen. Im gleißenden Licht der Mittagssonne flimmerte der Weg vor ihnen, der nun durch eine weite karge Ebene führte. Es war eine alte Handelsstraße, die Palästina mit den südlichen Provinzen verband.

Der Prokurator erkannte die Karawane erst, als sie sich bereits vor ihnen auf dem Weg befand. Es handelte sich um zerlumpte Gestalten mit ausgemergelten Mulis und einem kleinen Tross von Karren, auf denen hoch aufgetürmte Waren im Sonnenlicht schimmerten. Es waren große Ballen, die aus braunbeige gesprenkelter Wolle bestanden, und Säcke, die offenbar noch andere Waren enthielten.

Die Soldaten legten ihre Hände an die Schäfte der Schwerter, und ihr Anführer gab ihnen durch ein Nicken zu verstehen, näher aufzuschließen, um die kleine Karawane in ihre Mitte zu nehmen. Die aufgetürmten Wollballen schwankten bedrohlich und die Karren holperten gemächlich die staubige Straße entlang.

Einer der Männer gebot den Mitgliedern der Karawane, Platz zu machen, um den Tross der Soldaten und den Römer in kostbarer Uniform passieren zu lassen. Sie verbeugten sich beim Näherkommen, denn es war besser, Unterwürfigkeit zu zeigen als die Willkür der Soldaten zu spüren zu bekommen.

Der Prokurator war in Gedanken versunken. Sein Blick glitt über den Höhenzug zu seiner Rechten, und die sengende Hitze bereitete ihm Unbehagen. Er hielt die Hand über die Augen, um die Menschen am Wegesrand besser sehen zu können. Zerlumpte Gestalten fürwahr, dachte er bei sich. Ohne sich näher auf die einzelnen Gesichter einzustellen, blickte er voraus auf die Straße, die sich schnurgerade durch die Ebene hinzog.

Es war eher ein Impuls als bewusstes Handeln, und instinktiv duckte er sich, rutschte seitlich am Sattel herab und verfing sich mit dem linken Fuß im Steigbügel, während sich das Pferd hoch aufbäumte und auf der Hinterhand aufgebracht herumtänzelte. Die Gruppe geriet in Panik, und auch die anderen Reiter hatten Mühe, ihre Pferde im Zaum zu halten. Alles geriet durcheinander, Reiter stürzten zu Boden, Geschrei hob an und ein kräftiger Schlag an seinem Hinterkopf traf den Prokurator. Gedanken durchzuckten seinen Kopf. Der Himmel war kurz über dem wuchtigen Pferdeleib zu sehen, dann fiel er ins Dunkel.

Das Zelt war aus rotem Samt mit goldenen Tressen und goldgelben Stoffbahnen im Inneren bespannt. Der Prokurator lag auf einem Diwan. Diana, eine Dienerin, fächelte ihm Kühle zu, während seine Gemahlin seine Hand hielt, die leblos in der ihren lag. Der Vorfall hatte nur Sekunden gedauert, aber alles geriet für diesen Augenblick durcheinander.

Die Schlange war ebenso unvermittelt aufgetaucht, wie sie auch wieder verschwand. Niemand vermochte später zu sagen, wohin sie verschwunden war. Der Kopf des Prokurators war blutüberströmt, und sein Körper wirkte vollkommen leblos. Zuerst hielten alle es für einen Überfall, bis sich herausstellte, dass die zerlumpten Gestalten das Weite suchten, statt sie zu bedrohen. Die Esel waren samt ihrer hoch aufgetürmten Ware im allgemeinen Tumult geflohen, und ihre Besitzer liefen schreiend und Stöcke schwingend hinter ihnen her. Um ein Haar hätten die Soldaten mit gezückten Schwertern auf sie eingedroschen, bis sie erkannten, dass die Schlange die Ursache des Tumultes gewesen war.

Der Anführer der Beduinen war es, der sie dabei unterstützte, das aufgebrachte Pferd des Prokurators einzufangen und den immer noch im Steigbügel verfangenen Fuß zu befreien. Jetzt, wo er auf dem Diwan ruhte, konnte man deutlich die Kopfverletzung sehen, und auch der notdürftig angelegte Verband konnte das Blut nicht aufhalten. Procula weinte still vor sich hin. Der Zwerg kniete am Fußende. Er war zu einem der Vertrauten des Prokurators geworden und durfte ihn beinahe zu jeder Angelegenheit begleiten, wenngleich es ihm in seiner Einfältigkeit schwer fiel, die Zusammenhänge zu begreifen.

Nur wenn er wieder einen seiner außergewöhnlichen Anfälle bekam, war er wie das berühmte Orakel der Griechen und konnte zu jedem beliebigen Thema befragt werden. Seine Antworten waren dann so erstaunlich und zuweilen als weise zu bezeichnen, dass der Prokurator ungern ohne ihn auf Reisen ging. Jetzt, wo sie auf dem Rückweg waren, hatte den Zwerg eine Unruhe befallen. Er vermochte nicht genau auszumachen, woher diese rührte, doch sie war latent in den letzten Tagen seit Antritt ihrer Rückreise zu spüren gewesen. Jetzt wusste er, was er erspürt, erahnt hatte. Betroffen hockte er auf dem Teppich und flüsterte leise vor sich hin, um sich zu beruhigen.

Der Prokurator hatte noch nicht das Bewusstsein wiedererlangt. Die Beduinen hatten ihre Hilfe erboten und ihnen ihre Wasservorräte zur Verfügung gestellt, doch mehr konnten auch sie nicht tun. Und so waren sie nach kurzer Zeit weitergezogen.

Procula betete unablässig. Sie hatte sich immer wieder die Gebete ins Gedächtnis gerufen, die sie bei den Versammlungen gehört hatte. Längst hatte sie sich innerlich von den römischen Göttern verabschiedet, die auf ihren Hausaltären standen. Jetzt, wo sie betete, wurde sie ruhiger und gefasster. Solange sie die Verse rezitierte, fiel sie in eine leichte Trance. Wenn sie aufhörte, kamen Ängste und Panik wie eine lähmende Woge über sie. Darum begann sie immer wieder von Neuem, bis sie allmählich erschöpft und müde neben dem Lager ihres Mannes zusammensank.

Die Nächte waren kalt, und als sie erwachte, war es die Dienerin, die sie leise an der Schulter berührte, um sie zu ihrem Lager zu begleiten. Von draußen waren das Scharren und Schnauben der Pferde zu hören. Nur eine Fackel beleuchtete schummrig das Zelt, das jetzt wenig Schutz vor Kälte und Wind bot.

Procula ließ sich willig in Decken einhüllen. Vielleicht würde die Nacht ihrem Mann Kraft und Heilung schenken. Noch senkte und hob sich seine Brust regelmäßig und er lebte, auch wenn seine Augen geschlossen waren und er völlig regungslos dalag. Der Himmel war von dichten Lichtpunkten überzogen, und die Schatten der niedrigen Büsche tanzten gespenstisch im Wind. Die Wachen hatten ihre Köpfe gesenkt und waren eingeschlafen. Niemand sah die Gestalt, die langsam den Weg herunterkam, hoch gewachsen, den langen Wanderstock in der Rechten und die Zügel des Esels in der linken Hand. Ein Wanderer bei Nacht? Niemand hätte dies geglaubt, wo Schakale am Wege lauerten, von den Wegelagerern ganz zu schweigen.

Die Gestalt kam langsam, aber kontinuierlich näher, den Stock rhythmisch zu jedem Schritt ausholend und niedersetzend. Langsam schritt sie auf das Zelt zu und schob den schweren Vorhang zur Seite. Völlig unbemerkt betrat sie geduckt das Zelt. Der Esel weidete auf der anderen Seite des Weges. Der große Mann mit dem braunen Gewand und dem dichten Bart kniete sich neben den Prokurator. Er legte die rechte Hand ganz sachte auf seinen Kopf und murmelte leise unverständliche Worte. Niemand bemerkte den Fremden. Er hielt die Augen geschlossen und verharrte eine Weile in dieser Haltung. Der Prokurator begann unruhig den Kopf hin und her zu bewegen. Seine Hände zuckten und ein Vibrieren lief durch seinen Körper. Der Fremde hob die Arme, murmelte noch einige Worte und erhob sich dann langsam. Gerade als er das Zelt verließ, schlug der Prokurator die Augen auf. Er erhaschte einen Blick auf den großen Mann, der leise den Vorhang hinter sich fallen ließ. Benommen schlug er die Hände vor das Gesicht. Wo war er? Was war mit ihm geschehen? Er versuchte aufzustehen, doch seine Beine waren zu schwach. Sein linker Fuß schmerzte und war geschwollen. Erschöpft ließ er sich zurücksinken. Allmählich tauchten die Bilder des aufbäumenden Pferdes vor ihm auf. Er war gestürzt! Mit diesem Gedanken schlief er ein.

Das ganze Haus war in das Licht unzähliger Fackeln getaucht. Sie hatten noch in der Dunkelheit den letzten Rest des Weges zurückgelegt. Unwegsame und von Geröll übersäte Wege und karge Passhöhen waren zu überwinden gewesen. Das Kind war merkwürdig still. Das Schaukeln auf dem Rücken des Esels schien ihm zu gefallen. Maria Magdalena hatte den Kleinen fest in warme Tücher gewickelt und vor sich auf den Esel genommen, der wachsam und bedächtig, jeden Schritt sorgsam wählend, die Anhöhe erklomm.

Sie legten mehrmals längere Pausen ein, um sich zu erholen und den Tieren eine Verschnaufpause zu gönnen. Die Schäfer hatten sie großzügig mit Käse und Brot versorgt und einem Sack verschrumpelter Äpfel, die jedoch noch süß und saftig waren.

Das Haus von Amboise lag am oberen Rand eines Weilers hoch in den Bergen, der zu einer kleinen losen Ansammlung von besiedelten Bergdörfern gehörte, die schon vor langer Zeit gegründet worden waren. Einstmals waren Nomaden über diesen Teil des Gebirges gekommen und später waren es römische Truppen, die den Weg ausbauten, um mit ihrem Kriegsgerät und den Streitwagen besser passieren zu können. Das Haus war aus Lehm und Balken gebaut, die Dachschindeln bestanden aus gebranntem Ton. Das Zentrum bildete eine gewaltige Feuerstätte mit einem aus Steinen gebauten Kamin, der den Rauch vorzüglich ableitete. Sie hatten sich erschöpft an dem großen Tisch niedergelassen und genossen das Mahl aus Gerstensuppe, frischem Brot und gesäuertem Gemüse. Die Familie bestand aus sechs Personen. Die vier Söhne waren schon fast erwachsen und versorgten das Vieh, während Amboise, so eine Art Dorfältester, die Belange des Dorfes verwaltete und die Ältestenversammlungen leitete. Marie, seine Frau, war eine fröhliche Person, die sie freundlich und aufmerksam aufgenommen hatte.

Ein Teil des Hauses war für die Gäste hergerichtet worden, und Marie platzte vor Neugier, alles Geschehen der letzten Wochen zu erfahren. Maria Magdalena saß wie versteinert am Tisch. Sie hielt das Kind im Arm und wiegte es leicht. Marie füllte die Teller mit heißer Suppe und Josef begann in groben Zügen die Ereignisse zu schildern. Er sah müde und erschöpft aus. Seine Kleider schlotterten um seinen Leib. Er war noch dünner geworden, und die Strapazen der letzten Wochen waren in sein Gesicht geschrieben. Er stimmte einige Gesänge an, die sie in ihrer Gemeinschaft vor dem Mahl immer gesungen hatten, und tranken dann von dem Wein, der in Tonkrügen auf dem Tisch stand. Maria Magdalena hatte die Augen geschlossen. Die Wärme und das beruhigende Knistern des Feuers machten sie schläfrig. Der Kleine räkelte sich in seiner Umhüllung, die hier im Zimmer wohl zu warm für ihn wurde.

„Möchtest du ein Bad für das Kind?", fragte Marie, nachdem sie den Tisch abgeräumt hatte. Und so wurde ein Zuber mit warmem Wasser gefüllt, und das Kind strampelte darin vor Vergnügen und Wohlbehagen. Niemals hatte Maria Magdalena das Gefühl der Entwurzelung so stark verspürt wie in diesem Augenblick. Was war geschehen? Warum war sie an diesem Ort? War das der Weg, der ihr vorgeschrieben war, und wo war er, nach dem sie sich so sehnte? Wie viele Tage waren vergangen seit seiner Verhaftung? Lebte er noch, oder war er doch noch seinen Verfolgern in die Hände gefallen?

Nachdem sie das Kind in eine Wiege gebettet hatte und der Kleine friedlich eingeschlafen war, saß sie mit Tränen erfüllten Augen am Feuer. Sie machte die Handbewegung, das Zeichen, das zu dieser Gemeinschaft gehörte, und wanderte in Gedanken zu ihrem Vater und ihren Brüdern. Josef kam und legte sanft seinen Arm um ihre Schultern. „Miriam", flüsterte er leise, „wir sind in Sicherheit. An diesem Ort kann dein Kind in Ruhe heranwachsen, und du musst dich nicht mehr ängstigen. Ich weiß, dass er kommen wird, wenn er seine Mission beendet hat. Sei dir gewiss, dass es so ist. Wir haben schon vor langer Zeit darüber gesprochen, wohin wir gehen, wenn es einmal notwendig sein sollte. Du wirst sehen, schon bald wirst du ihn spüren."

Traurig blickte sie zu Josef.

„Du weißt, dass wir ihn verloren haben. Er ist seiner Wege gegangen. Nichts und niemand kann ihn aufhalten. Er würde nicht fliehen, und er würde nicht aufgeben, dazu ist er viel zu stolz. Josef, bitte sage mir, was hast du mit ihm besprochen, was ich nicht weiß?"

„Nun, meine Liebe. Wir haben die Ereignisse schon vor langer Zeit kommen sehen. Er wusste, was der Sanhedrin im Schilde führte, und wir haben ihn mehr als einmal gewarnt, nach Jerusalem zu kommen. Doch er ließ sich nicht abbringen. Er sagte, er folge einer inneren Eingebung, der er sich nicht widersetzen könne. Darum, und auch nur darum, schreckte er vor keinem Ort zurück. Noch nicht einmal vor dem Tempel, in dem er dann predigte. Er wird seinen Weg gehen, aber wir haben ein geheimes Zeichen verabredet und einen Ort als Zufluchtsort ausgesucht. Darum bin ich sicher, dass er kommt, wenn es seine Aufgabe zulässt."

Miriam nickte nur still. Sie wusste das alles besser als jeder andere. Aber die Ungewissheit nagte an ihrem Gemüt. Sie wusste, dass sie die Ereignisse nicht beeinflussen konnte, und doch hoffte sie inständig, ihn bald wiederzusehen. Wohlauf und genau so, wie sie ihn bei ihrem letzten Treffen gesehen hatte. Er hatte sie so glücklich und liebevoll angeschaut und seine Hände auf ihren Bauch gelegt.

„Was tust du?", hatte sie verwundert gefragt, und er hatte geantwortet: „Ich spreche mit meinem Kind."

3. Bruderschaft, Einöde und Wiedersehen

Das unscheinbare Äußere des Berges ließ durch nichts darauf schließen, was sich in seinem Inneren verbarg: Eine gewaltige Grotte von so großem Ausmaß, dass ein erwachsener Mann sie mit hundert Schritten nicht zu durchmessen vermochte.

Er hatte sich hierher aufgemacht, um seinen engsten Vertrauten und Lehrern zu begegnen. Immer zur Sonnenwende versammelten sie sich hier, der innere Kreis, oder das *Tor der Weisen*, wie sie sich selbst nannten. Noch niemals war es geschehen, dass Unbefugte oder Uneingeweihte sich hierher verloren. Zu gut getarnt war der Eingang, und das labyrinthische Höhlensystem führte Neugierige sehr schnell in die Irre, sodass sie nicht weiter versuchten, in das Innere der Höhle vorzudringen. Ganz unvermittelt öffnete sich dieser Felsendom hinter einer niedrigen Felsspalte, und nur die Kundigen konnten bis hierher vordringen.

Heute war der Dom mit unzähligen Fackeln erleuchtet. Eine Schale mit Räucherwerk brannte an einem zentralen Punkt in der Mitte der Grotte, wo auch ein reich verzierter Stein eine Art Zentrum andeutete. Sie hatten alle ihren Platz eingenommen, den sie schon seit vielen Jahren innehatten. Hier im Inneren vollzogen sich auch die Einweihungsrituale, die die endgültige Zugehörigkeit zu ihrer Gemeinschaft besiegelten.

Auch heute waren zwei junge Männer in ihrer Mitte, die nach mehrjähriger Ausbildung nun dazu entschlossen waren, fest in den Orden einzutreten. Ihre Gesichter glänzten vor Aufregung und ihre dunklen Wollgewänder sollten heute durch die goldgelben der jungen Brüder ersetzt werden.

Jeheshua stand am Rande des Kreises, in dessen Mitte sich der Stein von besonderer Bedeutung befand. Er war mit unzähligen Symbolen übersät und strahlte eine Energie aus, die ihn anziehend und Ehrfurcht gebietend zugleich machte. Eine schlichte weiße Rosenblüte zierte den Stein, dessen gemeißelte Verzierungen im Licht der Fackeln eigentümlich leuchteten. Sie hatten die Gesänge angestimmt, die hier in diesem gewaltig hohen steinernen Raum vielstimmig widerhallten.

Ein junger Mann namens Samuel war in die Mitte getreten, um die Versammelten zu begrüßen und das hohe Lied anzustimmen, das nur zu dieser Gelegenheit gesungen wurde. Die Schüler hatten die Köpfe gesenkt. Noch niemals hatten sie einer so feierlichen Zeremonie beigewohnt, noch nie hatten sie je solche vielstimmigen Gesänge gehört. Der Ältere von ihnen, ein hochgewachsener, hagerer junger Mann, hatte die Augen geschlossen, um dem Gesang besser folgen zu können. Die meisten Anwesenden hatten sie noch niemals gesehen. Nur ihre Lehrer konnten sie im Kreis der Ältesten ausmachen. Samuel rief sie nun bei ihren neuen Namen, die sie ab heute tragen würden.

Die Zeremonie, die nun folgte, symbolisierte eine Art Geburt in ein neues Leben. Dazu gehörte ein Gelöbnis, die wahre Natur des Lebens, die Gemeinschaft mit ihren Regeln und ihre nun täglich zu vollziehenden Übungen zu achten und einzuhalten. Sie hatten die neuen Gewänder angelegt und waren vor dem Ältesten, einem grauhaarigen Mann mit langem Bart und Kopfhaar, niedergekniet. Er vollzog die Zeremonie, in deren Verlauf sie ihre neue Identität bekundeten und die Insignien in ihre Haut geritzt wurden. Sie wurden dann als neue Mitglieder in der Gemeinschaft willkommen geheißen. Jeheshua beobachtete die Szene vom Rande des Kreises, wo er still die ganze Zeit über gestanden hatte. Auch er war als junger Mann in diesen Kreis getreten. Viele Jahre war dies her, und doch fühlte er die Dichte der Gefühle und Erwartungen noch genauso, als sei es gestern gewesen. Es war ein harter Kampf gewesen, seine Mutter von diesem Schritt zu überzeugen, und sie spürte wohl damals, dass er danach nie wieder in die Familie zurückkehren würde. Jetzt, wo seine Aufgabe dem Ende zuging, wollte er noch einmal zurückkommen zu seinen Lehrern, die ihn eingeführt hatten in die Geheimnisse des Ordens und in die Kraft der heiligen Silben. Hier war ein Ort der reinen Lehre, so, wie er sie immer gepredigt hatte, und die Trauer der letzten Zeit fiel ein wenig von ihm ab. Er war noch dünner geworden, und die Augen lagen tief in ihren Höhlen.

Markus, ein Freund und Vertrauter aus alten Zeiten, war still neben ihn getreten. Er hielt ihm den Becher entgegen, von dem jeder trinken musste, der an der Zeremonie teilgenommen hatte. Stumm reichte er Jeheshua den Becher. Der nahm das Gefäß und setzte es an die Lippen. Er spürte die Wucht der Bilder wie eine Woge über sich hereinbrechen. Wie eine sekundenschnelle Abfolge von Ereignissen, die in ihrer Verkettung kaum zu erfassen waren, so blitzartig vollzog sich all dies. Er spürte alle Gefühle der Betroffenen, sah vertraute, geliebte Gesichter und dann sah er seinen Sohn, wie er in den Armen seiner Mutter lag, deren Blick traurig in die Ferne gerichtet war. Er sah den Ort, und er sah, dass das Kind gesund und wohlauf war. Ihm schwindelte, als er den Becher weiterreichte. Mit zitternden Händen übergab er das Gefäß an seinen Nachbarn zur rechten Seite, der genauso wie er einen Schluck daraus nahm und ihn dann weiterreichte. Wieder hatten sie die tiefen vielstimmigen Gesänge angestimmt, und eine wärmende Woge durchflutete ihn. Er hatte sein Kind gesehen. Es lebte. Und Maria Magdalena auch.

Das gewaltige Tor öffnete sich nur langsam, um die Fremden hereinzulassen. Die kleine Karawane aus drei schwer bepackten Eseln und einem Pferd, das Mutter und Kind trug, gelangte müde und erschöpft in den ersten Vorhof, der die innere Festung umgab. Die Brüder hatten den Weg mit Fackeln erleuchtet, denn es dämmerte bereits, und die hohen Mauern tauchten den Hof in dunkle Schatten. Josef von Arimathäa übergab dem Bruder die Zügel der Tiere, und Maria Magdalena reichte ihm das schlafende Kind, bevor sie selbst vom Pferd stieg. Die Mitglieder der Bruderschaft, die sie nun im Empfang nahmen, waren in weiße Gewänder gehüllt und trugen lange dunkle Bärte, die ihre hellen Gesichter kontrastvoll einrahmten. Sie hatten sich hier in diesen Mauern ein geschütztes und zurückgezogenes Domizil geschaffen und lebten das Leben der Einsiedler, die selbstgenügsam nur mit dem Wenigsten ihr Leben gestalteten. Einst hatte die Bruderschaft große Güter besessen. Doch die immer wieder aufflammenden Kriege und Eroberungen hatten das Land verwüstet und sie ihrer Pfründe beraubt.

Die Straßen, die einst die Römer errichteten, waren nicht mehr sicher, und nur die dicken Mauern der Festung boten den Schutz, den die Gemeinschaft brauchte. Seit Jahrhunderten hatten sie auf den Tag der Weissagung gewartet und sich über Generationen auf diesen Moment vorbereitet. Sie würden ihnen Schutz und Obdach gewähren, damit das große Werk vollendet werden konnte. Die kühnsten Seher unter ihnen hatten für dieses Jahr ihre Ankunft erwartet, und wahrlich, ihre Sehergaben hatten sie nicht betrogen. Die Frau mit dem Kind war endlich gekommen. Sie würden ihre Aufgabe erfüllen, so, wie sie ihnen einst geweissagt wurde.

Der Bruder winkte sie näher heran zu einer matt beleuchteten Treppe, die vor ihnen steil nach oben führte. So gelangten sie auf die Terrassen des oberhalb liegenden Gebäudes, das sich wehrhaft und trutzig im Zentrum befand. Massiv und Ehrfurcht gebietend war der große, eckige Turm aus unbehauenen Steinen, auf dessen Brüstung einige Fackeln das Banner der Gemeinschaft erleuchteten, die Lilie mit dem Kreuz. Heute war nun der Tag, wo dieses Banner eingeholt wurde, um gegen das rote Kreuz auf goldenem Grund ersetzt zu werden. Das Zeichen, dass sie endlich gekommen waren. Der Vorsteher der Bruderschaft stürmte freudig auf sie zu und begrüßte sie in lateinischer Sprache. Er kniete vor Maria Magdalena nieder und faltete die Hände vor der Brust. Er sprach in seiner Sprache einige Gebete, bevor er seine Gäste in den großen Saal des Gebäudes führte, das über allem thronte und einen atemberaubenden Blick auf Bergzüge und Täler preisgab. Der Himmel hatte sich glutrot verfärbt und tauchte den langgestreckten hohen Saal in ein warmes Licht. Die versammelten Brüder waren niedergekniet. Jeder von ihnen hielt eine Kerze in den Händen. Maria Magdalena und Josef blickten verwirrt auf diese besondere Art der Begrüßung. Warum wurde ihnen eine so ehrenvolle Begrüßung zuteil, wie wenn Könige zu Gast wären? Sie drückte verwirrt Josefs Hand, der ebenfalls irritiert auf den Vorsteher blickte. Dieser hatte ein großes Pergament entrollt, aus dem er in einer für sie unverständlichen Sprache einen Text zu lesen begann. Die Mitglieder erhoben sich nun. Jeder trat vor die Ankömmlinge, verbeugte sich tief und nannte seinen Namen. Am Ende stand ein junger Mann vor ihnen, der langsam und bedächtig den Inhalt des Pergamentes für sie übersetzte.

Er erläuterte die Jahrhunderte alte Prophezeiung von einem Königsgeschlecht aus einem fernen Land, das bei ihnen Zuflucht und Heimstatt finden würde und das, von Gott gesandt, eine wichtige Aufgabe zu erfüllen habe.

Sie seien die Wächter und Beschützer dieses Königsgeschlechtes, das von Gott zu ihnen geführt würde, wenn die Zeit dafür gekommen sei. Auch von einem Kind des Auserwählten war die Rede, das ein mächtiges Königsgeschlecht begründen würde. Er hieß sie nach diesen Worten willkommen, verbeugte sich tief und führte sie durch ein breites Portal in einen Raum, der über und über mit Öllichtern ausgestattet war. Ein mächtiger Kamin spendete wohltuende Wärme, und die langen, rohen Holztische waren mit verschiedensten Speisen bedeckt. Es duftete köstlich, und die Gäste wurden zu ihren Plätzen geleitet. Ihre Becher wurden gefüllt und ihre Teller mit Speisen beladen. Das bis jetzt schlafende Kind in Josefs Armen begann sich nun zu regen.

„Vielleicht ist es hungrig und braucht die Mutterbrust?" Mit diesen Worten reichte Josef Maria Magdalena das Kind, das ungnädig zu schreien begann.

Abseits von den Versammelten, vor dem großen Kamin, stillte sie den Kleinen, und Tränen rannen ihr über das Gesicht. Wie war es möglich, so dachte sie, dass dieses Ereignis schon so lange vorausgesagt wurde? Und warum sollte ausgerechnet sie dieser wichtige Gast sein? War es nicht eher so, dass Jeheshua selbst als Ankömmling erwartet wurde? Und waren all die vergangenen Ereignisse Teil eines gut gehüteten Plans? Wussten die Brüder auch, wo er sich verbarg und wann er kommen würde? Sie drückte das Kind enger an sich. Der Kopf des Kleinen hatte den ersten Haarflaum eines Neugeborenen und die leuchtenden Augen seines Vaters. Sie blickte glücklich auf das Kind und sehnte sich schmerzlich nach ihm, den alle nur den Meister genannt hatten.

Josef beugte sich vorsichtig über sie: „Geht es dir gut, meine Liebe? Du bist so still und blass mit einem Mal. Es geschehen noch Wunder wie dieses. Darum sorge dich nicht. Gott hält seine schützende Hand über uns."

Das Feuer war beinahe verloschen, als Maria Magdalena noch immer mit Tränen verhangenem Blick dasaß und das schlafende Kind still in ihrem Armen hielt. Wie war es möglich, dass ihnen solch ein Empfang zuteilwurde? Woher wussten sie um ihre Not? Und warum sprachen die Brüder von einer Prophezeiung?

Alles wirbelte in ihrem Kopf durcheinander und mündete nur in dem einzigen Gedanken: Wo war *er*? Würde sie ihn wiedersehen? Immer wieder hatte sie von ihm geträumt. Sah sein schmerzlich trauriges Gesicht und eine Hand, die sich zu ihr ausstreckte. Wenn all diesen Ereignissen ein Plan zugrunde lag, dann war es auch so, dass dieser Plan ein Wiedersehen vorsah, oder nicht? Ganz wie der göttliche Wille dies wünschte. Sie beschloss, sich diesem Plan zu stellen und demütig darauf zu hoffen, ihm ihr Kind einstmals in die Arme zu legen. Mit diesem Gedanken schlief sie ein.

Tief in der Nacht, es musste weit nach Mitternacht sein, saßen die beiden Männer beisammen und studierten die Schriften, von denen der Älteste, Bruder Adam, gesprochen hatte. Es war genauestens so verzeichnet, wie es sich heute ereignet hatte. Eine Frau und ein Mann, die kein Paar waren, kamen mit dem Kind aus einem fernen Land, aus dem sie fliehen mussten. Der Vater des Kindes stammte aus einem alten Königsgeschlecht, und seine junge Frau würde bei ihnen Zuflucht suchen. Josef hatte Bruder Adam die sorgenvollen Ereignisse geschildert und ihm den Meister in allen Einzelheiten beschrieben. Für ihn bestand kein Zweifel: Sie waren es, die die Prophezeiung bezeichnete. Auch die Konstellation der Sterne war genauestens verzeichnet, und auch diese traf exakt zu. Die Männer waren ehrfürchtig ob dieser Übereinstimmung. Der Älteste schilderte Josef die lang zurückliegende Entstehungsgeschichte ihrer Gemeinschaft und das Anwachsen ihrer Mitglieder, die sich aus der Welt der Not und Verwirrung zurückziehen wollten. Sie waren die Gemeinschaft der Abgekehrten, die ihren eigenen Weg zu Gott suchten und unter strengen Regeln ihr einfaches Leben zubrachten. Sie waren schon seit Jahrhunderten an diesem Platz, und niemals war jemand unerlaubt hier eingedrungen. Es war eine stille Bastion in der Abgeschiedenheit, in die nur solche eintraten, die eine lange Zeit der Ausbildung und Prüfung absolvierten. In ihren Grundzügen glichen sie der Bruderschaft der Essener. Doch waren in ihrer Gemeinschaft auch Frauen zugelassen und bekleideten gleichwertige Positionen. Sie betrieben astronomische Studien und befassten sich mit naturwissenschaftlichen Fragen. Strenge Regeln waren ihren Mitgliedern auferlegt, und der tiefe Glaube an einen einzigen Gott, der Schöpfer und Lenker der Geschicke war, stand im Zentrum ihres Glaubensbildes.

Josef verfolgte gebannt die Ausführungen des Ältesten. Er war tief beeindruckt von der Klarheit und Freundlichkeit dieses Mannes, der seine zentrale Aufgabe darin sah, das Kind des Auserwählten zu beschützen und dafür Sorge zu tragen, dass es einstmals seine ihm zukommende Aufgabe übernehmen würde. Er war beseelt von dem Glauben, dass dieses Ereignis am heutigen Tage der Beginn einer höchst bedeutsamen Zeit sein würde.

Noch lange redeten die beiden Männer miteinander, bis auch sie Müdigkeit überfiel und Josef zu seiner Kammer geleitet wurde. Maria Magdalena war in eines der Frauengemächer gebracht worden, wo sie eine geräumige Kammer mit einem Bett aus frischem Stroh, über das große Leinentücher gebreitet waren, erwartete. Sie schlief bereits tief und fest, während das Kind still in seiner Wiege lag. Es lächelte und verschränkte die kleinen Hände ineinander, als würde es mit jemandem sprechen. Leise murmelte der Kleine unverständliche Silben, lallte und schien überaus glücklich zu sein, so sehr strahlte sein kleines Gesicht.

Die römischen Soldaten hatten jeden Schlupfwinkel, jedes Gewölbe und jede Mauernische abgesucht. Der Leichnam blieb verschwunden. Die Bevölkerung sprach von einem Wunder, die Häscher des Herodes von Betrug.

Angeklagt wurde diesmal der Sanhedrin, der die Vollstreckung zu wenig überwacht und kontrolliert hatte. Nach Kaiphas Tod hatte sich in aller Eile eine neue Konstellation etabliert, die nicht die Begleitung Verurteilter bis zu ihrer Bestattung vorsah. Noch niemals hatte ein Verurteilter den Galgenberg lebend verlassen. Dass der Leichnam unauffindbar blieb, war das Werk seiner Anhängerschaft, die ihn fortgeschafft und im Verborgenen bestattet hatte, um die Gerüchte von seiner Auferstehung in die Welt setzen zu können.

Herodes Antipas kochte vor Wut. Warum hatte man nicht Vorsorge dafür getragen und den Leichnam in seine Festung bringen lassen? Sein Zorn war so groß, dass er dem gesamten Hohen Rat mit dessen Auflösung drohte, obwohl er kein Recht gegen religiöse Würdenträger hatte, solange sie die Gesetze einhielten und nicht dagegen verstießen. Insgeheim glaubte der Herrscher, dass alle sich gegen ihn verschworen hatten, um ihn zu Fall zu bringen.

Schon einige Male war der verhasste Nazarener ihm im Traum erschienen. Blutüberströmt hatte seine Hand nach ihm gegriffen, um ihn in das Totenreich mitzunehmen. Jedes Mal war er dann schweißbedeckt und verängstigt erwacht. Die Erleichterung, dass es nur ein Traum war, hielt jedoch nicht lange vor. Er bemerkte es erst, als er zur Audienzstunde in seinem Palast mit seinen Vertrauten sprach. Jedermann munkelte, dass er zurückkehren werde, um die Lebenden und die Toten zu richten. Überall witterte er Verrat und vertraute mittlerweile niemandem mehr. Aber schlimmer noch: Er hatte ihn dastehen sehen, zwischen den mächtigen Säulen, wo nur spärliches Licht hinfällt. Ganz still stand er da, hatte seine Arme ausgebreitet und rief ihn bei seinem Namen. Seine Stimme erschallte in seinem Kopf und dröhnte in seinen Schläfen. Was für ein Spuk widerfuhr ihm? Was hatte man seinen Speisen beigemischt? Wollte man ihn in den Wahnsinn treiben? Jede Nacht nun erschien die geschundene Gestalt des Nazareners in seinen Träumen. Bei Tage hörte er die Stimme in seinem Kopf. Zornig entließ er all seine Vertrauten, die ein böses Spiel mit ihm spielten. Er ließ Tänzer, Sänger und Musikanten antreten, veranstaltete Freudenfeste und lud das Volk in seinen Palast. Doch all das half nicht. Überall erschien die große, helle Gestalt, rief seinen Namen, dröhnte oder flüsterte in seinem Kopf. Er verschloss die Augen, steckte Wachs in seine Ohren, doch das Flüstern der Stimme blieb. Bilder der Geißelung stiegen in ihm hoch. Doch dieses Mal war er selbst es, der gegeißelt wurde.

Schmerzverzerrt wälzte er sich auf seiner Bettstatt hin und her. Sein Körper, von Fieber geschüttelt, bebte vor Schmerzen. Niemand vermochte ihn zu berühren. Tausend Feuer nagten an seinem Körper. Die Ärzte versuchten, ihm Tinkturen einzuflößen, doch nichts half. Sein Körper begann zu bluten. Zuerst nur aus den Körperöffnungen wie Nase und Mund, dann aus allen Poren. Er stöhnte und schrie, bettelte um Vergebung, doch sein Zustand verschlimmerte sich immer mehr. Die Menschenmenge stand wartend vor seinem Palast. Die Kunde von seiner Erkrankung hatte schnell die Runde gemacht. War ein böser Fluch über ihn gekommen, oder hatte der Nazarener sich an ihm gerächt? Wilde Gerüchte kursierten über den Zustand des Königs. Niemals wurde ein Herrscher so verabscheut wie Herodes Antipas, der so stolz und gnadenlos regierte. Unbarmherzig und willkürlich herrschte er. Es ist die Strafe Gottes, die ihn ereilt hat, so munkelte das Volk, während die Anhänger des Meisters erst sehr viel später von den Vorfällen erfahren sollten.

Das weiche Licht des frühen Morgens drang durch die Ritzen der Fensterläden. Maria Magdalena versorgte den Knaben und wurde dann, das Kind behutsam im Arm haltend, in die übrigen Frauengemächer geführt. Hier folgte ein breiter Gang, der in einen lichtdurchfluteten Innenhof führte, in dessen Zentrum ein Brunnen von gewaltigem Ausmaß stand. Die Frauen kamen hier zusammen, um Verse zu rezitieren und zu singen, während sie sich in ihren schlichten, weißen Gewändern bei den Händen hielten. Siebenundzwanzig Frauen aller Altersstufen lebten hier beisammen. Jede mit speziellen Aufgaben betraut und einem Namen, der ihnen bei ihrem Eintritt in die Gemeinschaft gegeben wurde. Maria Magdalena blickte verwundert auf die fremdartigen Gewänder mit roten Stickereien auf der weißen Leinwand und schleierartigen Hüten aus braunem Tuch.

Amalia, die Älteste unter ihnen, hielt eine feierliche Begrüßungsansprache, verbeugte sich tief vor Maria und stellte die Schwestern einzeln mit ihrem Namen vor. Maria hatte Mühe, dem fremdklingenden Akzent zu folgen.

Der große gemeinsame Speisesaal war mit Tischen und einfachen Holzbänken ausgestattet. Das frische Brot duftete köstlich, und Maria probierte den wilden Honig, dem Kräuter und Blüten einen herben Geschmack verliehen.

So wollte es also die Fügung, dass ich diesen Ort erreiche, dachte sie bei sich. Was sieht der große Plan mit mir und dem Kind vor? Sie hoffte, bald Nachricht von ihren Brüdern zu erhalten, denn so war es ausgemacht. Einer von ihnen sollte auf dem Seeweg zu ihnen stoßen, sobald eine Reisemöglichkeit bestand. Zeitweise ließen große Stürme keine Überfahrt zu, und alle Reisenden mussten sich Wochen, manchmal Monate lang gedulden. Römische Galeeren kontrollierten die Routen, und manche von ihnen waren zu Piraten geworden. Sie erbeuteten die Ladung und verschleppten die Menschen, um sie auf dem Sklavenmarkt zu verkaufen. Sie dachte voller Sorge an ihre Brüder.

Nach dem üppigen Mahl versammelten sich die Ordensleute im äußeren Refugium, wo sie in Feld, Wald und Stall ihre Aufgaben übernahmen. Maria wollte den Schwestern ebenfalls zur Hand gehen, doch der Älteste des Klosters winkte sie herbei, ihm zu folgen. Er lud sie und Josef in sein Studierzimmer ein, das ein wenig größer und komfortabler ausgestattet war. Der Boden war mit prächtigen Steinfliesen bedeckt, in die kunstvolle Muster eingebrannt waren. Die Wände aus rohem Stein schimmerten gelblich. Sein großer Arbeitstisch war mit Pergamenten bedeckt. Er war Astronom und die Kunde von den Sternen gehörte zu seinen besonderen Interessen. Er hatte Modelle der Planeten aus Ton geformt, die mit geometrischen Mustern das Typische eines Planeten in Form und Farbe wiedergaben.

Er bat seine Gäste höflich zu sich und wies auf zwei schwere Holzsessel, die vor seinem Tisch standen. Er faltete die Hände vor der Brust und strahlte eine so große Freude aus, dass Maria unwillkürlich lächeln musste.

Wie lange schon nicht mehr, so fragte sie sich. Er beugte sich lächelnd vor und deutete auf einige Pergamente, die vor ihm auf einem Schemel lagen: „Dies, meine Freunde, sind die Prophezeiungen, die sich auf die kommende Zeit beziehen. Sie beschreiben den Werdegang des Kindes in allen Einzelheiten und geben den genauen Zeitpunkt seiner Eheschließung mit einer Frau von hohem Rang an. Wollt ihr diesen Teil der Prophezeiung hören, meine Freunde?"

Marias Herz schlug bis zum Hals. Es gab nur eine Frage, die sie in der Zukunft interessierte: „Wird der Vater des Kindes in den Schriften erwähnt? Und wird auch er dieses Land betreten?"

Der Abt hob beschwichtigend die Arme: „Das, meine Liebe, geben die Pergamente nicht preis, aber das Kind wird seinem Vater begegnen. Wo und wann dies sein wird, ist allerdings nicht verzeichnet. Es wird eine große Not ausbrechen in eurer Heimat. Von der Zerstörung des Tempels ist die Rede, aber das wird erst in ferner Zukunft geschehen. Nun, meine Freunde, wollt ihr unsere Gäste sein, oder gar Mitglieder unserer Bruderschaft werden? Und soll das Kind in unserer Gemeinschaft heranwachsen? Ich weiß, ihr seid nur knapp der Verfolgung entkommen, und dieser Ort würde euch gewiss genügend Schutz und Geborgenheit bieten. Außerdem möchte ich euch bitten, uns in der Lehre eures Meisters zu unterweisen. Es wäre eine große Bereicherung für uns, seine Gedanken zu hören und in unser tägliches Leben aufzunehmen."

Josef erhob sich langsam und machte einige Schritte, den Blick zu Boden gewandt, um sich zu sammeln.

„Mein lieber Bruder, eure freundliche und großzügige Aufnahme wissen wir wohl zu schätzen. Auch wäre es uns eine Ehre, die Lehre des Meisters zu verbreiten. Doch müssen zuvor noch einige Dinge geklärt und geregelt sein. Unser aller Meister ist seit seiner Flucht aus dem Kerker des Herodes verschwunden, und wir müssen abwarten, welche Nachricht wir von ihm erhalten. Unser Weg hat uns wundersam zu euch geführt, aber wir wissen nicht, wohin er uns weiter geleiten wird. Wir haben in unserem Gepäck einen sehr bedeutsamen magischen Gegenstand, der nur im Verborgenen aufbewahrt werden kann. Wir müssen Sorge dafür tragen, dass er an einem sicheren Ort verwahrt wird. Was unsere gegenwärtigen Wünsche betrifft, so nehmen wir euer Angebot gerne an, doch was unsere zukünftigen Aufgaben angeht, vermögen wir nicht zu sagen, wohin sie uns führen werden."

Der Älteste nickte nur stumm. Maria blickte geistesabwesend an einen Punkt in der Ferne, der wie ein näher kommender Wanderer auf einem Esel aussah. Gewand und Hirtenstock glichen dem des Meisters. Jähe Freude stieg in ihr auf. Mit einem Freudenschrei wollte sie aufspringen, doch dann besann sie sich. Ist es nur eine Vision, ein Wunschgedanke, der sich im nächsten Moment verflüchtigt? Traurig lehnte sie sich in ihrem Sessel zurück. Wenn Gott es will, wird er kommen.

Das Öllicht brannte noch lange in Josefs Kammer. Viele Male hatte er gebetet, um ein Zeichen gebeten, das ihm helfen sollte, das Problem zu lösen. Doch alles blieb still und ereignislos. Es wollte sich keine deutliche Inspiration einstellen.

Spät in der Nacht klopfte er noch an die Kammertür Marias, die leise summend das Kind im Arm hielt und es sanft wiegte. Auch sie fand keinen Schlaf. Wie durch ein Wunder hatten sie diesen Ort gefunden, doch sollte dies ihr neues Zuhause sein? Ihr fiel ihr eigenes Haus ein, in dem es behaglich nach duftendem Räucherwerk roch und stets Freunde um den großen Tisch versammelt waren. Sie dachte an den üppigen Rosenstrauch im Garten und das kühle Wasserbecken im Hof, das sie so liebte. Was mochten die Freunde jetzt tun? Trafen sie sich noch immer zu den regelmäßigen Versammlungen?

Josef mochte ihre Gedanken erraten haben, denn er legte eine Hand auf ihren Arm: „Sei unbesorgt, es wird ihnen gut gehen, da bin ich sicher. Und auch ihm geht es gut, das spüre ich."

Besorgt schob er die linke Hand vor die Augen, wie um etwas wegzuwischen, was ihn bedrückte: „Maria, du weißt, wir haben den heiligen Kelch bei uns. Er liegt wohl verwahrt in meiner Truhe, doch ich beginne mich zu sorgen, wo er seine Heimstatt finden soll, beschützt vor fremdem Zugriff, aber auch vor fremden Blicken. Ich möchte ihn sicher verwahrt wissen, denn wir werden ihn in der Zukunft brauchen und er soll uns auch weiterhin den Weg weisen."

Maria betrachtete Josef mit einem warmen Blick. Schelmisch antwortete sie: „So frag ihn doch auch danach, er hat uns den Weg bis hierher gewiesen. So wird er uns auch seinen eigenen Bestimmungsort weisen können."

Josef blickte ungläubig: „Was meinst du damit, Maria? Willst du ernsthaft dem heiligen Kelch diese Frage stellen?"

„Es ist mein völliger Ernst, denn wir sind sicher geborgen unter seiner Führung. Warum sollte dies nicht auch für ihn selbst zutreffen? Er hat auch den Königen vor uns treu gedient. Und war stets wohl verwahrt vor fremdem Zugriff."

Josef nickte nur stumm. Der heilige Kelch konnte nur bei bestimmten Sternenkonstellationen befragt werden. Eine genaue Zeremonie erlaubte dann, in den Kelch einzutreten, als Tor zu einer inneren Welt und den höheren Mächten. Er wollte bei nächstmöglicher Gelegenheit einen Versuch unternehmen. Doch zuvor wollte er verschiedene Lösungen ausarbeiten. Eine Möglichkeit wäre es, hier tief im Inneren des Gebäudes einen Schrein zu verankern, der von außen nicht bemerkt und aufgefunden werden onnte. Maria nickte. Sie war erst einige Male Augenzeugin der Kelchkraft geworden, und große Ehrfurcht und Respekt erfüllten sie, wenn sie das heilige Gefäß erblickte. Es war außer dem Kind das einzige Andenken an den Meister, das sie besaß, und sie würde alle Zeit sicher und geborgen sein, solange der Kelch in ihrem Besitz war.

Das ganze Haus war bereits zur Ruhe gegangen, als Maria und Josef sich in der Grotte trafen. Sie war ein kleines Verlies in den Gewölben des Hauptgebäudes, das vielleicht in früheren Zeiten als Aufbewahrungsort gedient haben mochte. Heute war dort ein kleiner Versammlungsraum, um in völliger Ruhe und Zurückgezogenheit zu beten. Sie hatten einen kleinen Tisch mit feinen Leinentüchern vorbereitet und den in zarte Tücher gehüllten Kelch in die Mitte des Tisches gestellt. Dann hatten sie, so, wie der Meister es tat, die Gebete und Anrufungen verrichtet. Der Raum duftete nach Räucherwerk, und Maria kniete mit glänzenden Augen auf einem kleinen Schemel in der Ecke des Raumes. Mit einem Mal erfüllte ein Glanz das Gewölbe, wie es die kleinen Öllichter, die den Raum erhellten, nicht vermochten. Stimmen erhoben sich wie Chorgesang, und ein Raunen, verbunden mit einem zarten Windhauch, tauchte den Raum in eine Atmosphäre der Freude und Verzückung.

Josef machte das magische Zeichen. Das Ritual war gelungen und die Pforte war geöffnet worden. Er schloss die Augen, um im richtigen Moment den Kelch zu enthüllen und in beide Hände zu nehmen. Dazu waren genaue Formeln zu gebrauchen, um in die Kelchkraft einzutreten.

Maria verharrte still. Sie wagte kaum zu atmen, und die Präsenz des Heiligen ließ sie erschauern. Das Donnern, das dann, gefolgt von hohen zarten Stimmen, den Raum in eine Woge aus Klängen hüllte, war so atemberaubend, dass Maria beinahe die Sinne schwanden. Sie schwankte und drohte umzusinken. Sie wünschte sich zutiefst, in dieser Atmosphäre zu verharren und für immer zu verweilen. Bilder formten sich vor ihrem inneren Auge. Sie sah den Olivenhain ihres Onkels im hellen Sonnenlicht liegen. Kinder spielten unter den Bäumen, und auf einem ausgebreiteten Leinentuch waren Brot und Früchte zu sehen. Im Schatten des mächtigsten Baumes erblickte sie ihn. Er saß da, mit geschlossenen Augen und einem völlig entspanntem, friedlichem Gesichtsausdruck. Er hatte die Hände im Schoß gefaltet und Schmetterlinge und Bienen segelten durch die Luft. Große Freude durchwogte sie. Er war in Sicherheit, er lebte, da war sie sich ganz sicher. Dann sah sie ihren Onkel die Becher füllen und wusste in diesem Moment, dass alles in Ordnung war, alles so war, wie es sein sollte. Frieden und Zuversicht stiegen in ihr auf.

Die Bilder, die nun folgten, waren weniger angenehm. Sie sah Häscher ausziehen, den Meister und seine Anhänger zu suchen. Wussten sie, dass er noch lebte? Hatten sie seine Spur gefunden? Schon jäh endete das Gefühl der Glückseligkeit. Sie sah weitere Kreuzigungen und Truppen, die von Dorf zu Dorf zogen, Menschen verfolgten und verhafteten. Sie sah Simon auf einem hohen Felsen am Meer stehen, seine Arme zum Himmel ausgebreitet. Und sie sah Maria, die Mutter des Meisters, die mit tränenden Augen ansehen musste, wie die Soldaten ihr Haus durchsuchten. Sie hatten ihn nicht gefunden, aber sie vermuteten, dass er noch lebte. Oder suchten sie nach seinen Anhängern? Bestürzung und Trauer überfielen sie. Würde man sie auch hierher verfolgen? Wie weit würden die Truppen ausziehen, um sie zu ergreifen? Ihre Kehle schnürte sich zu. Tränen rannen über ihr Gesicht. Sie waren noch längst nicht in Sicherheit, und damit auch nicht der Kelch, das heilige Vermächtnis des Meisters.

Josef begann leise Formeln zu murmeln. Dann verhüllte er den Kelch wieder und sank erneut auf die Knie, um zu beten. Er hatte einen Ort erschaut, der ihr Zufluchtsort sein sollte. Es war ein einsames verlassenes Gehöft, hoch in den Bergen in einer abgeschiedenen Region eines gewaltigen Bergmassivs. Er sah eine verwitterte Tür und einen kleinen Brunnen, aus dem eine Quelle sprudelte. Er sah das Innere der Hütte und den Raum, in dem sie den heiligen Kelch aufbewahren würden. Dort würde ihre Reise vorerst beendet sein. Und dort konnten sie vorläufig bleiben. Er erschaute einen Weg, der nur mühsam mit erfahrenen Führern zu erreichen war und der sie hoch hinauf in die Berge führte. Das war der Ort, den sie suchten, das spürte er ganz deutlich. Genauso plötzlich, wie die Vision begonnen hatte, verlosch sie auch wieder, und er beendete die Zeremonie. Noch tief in der Nacht saßen sie beisammen, planten ihre Weiterreise und beteten miteinander, dankbar für ihre wundersame Führung.

Der Älteste schwieg lange Zeit, nachdem Josef ihm ihren Plan unterbreitet hatte. Er war sichtlich enttäuscht, glaubte er doch daran, einen wichtigen Beitrag zum prophezeiten Geschehen leisten zu können. Maria saß strahlend neben Josef. Seit sie die Bilder gesehen hatte, war sie sich gewiss, er lebte, und sie vertraute den Ereignissen der Zukunft. Man würde seines Kindes nicht habhaft werden.

Der Abt saß noch eine Weile in Gedanken versunken da. Dann blickte er auf und begann zögernd zu sprechen.

„Ich weiß nicht, ob dieser Ort in eurer Vision gemeint ist, aber es gibt einen sehr einsamen Ort, der zu unseren Gütern gehörte, bevor wir alles verloren. Es ist eine Art Einsiedelei, die in früheren Zeiten von einem Bruder bewohnt wurde, der in völliger Zurückgezogenheit leben wollte. Er heilte zuweilen Kranke, die den beschwerlichen Weg zu ihm in die Berge bewältigen konnten. Er ist schon lange verstorben, aber das Gehöft existiert noch immer und befindet sich in einem sehr abgelegenen Teil des Gebirges. Es ist nur sehr schwer zugänglich. Im Winter ist man dort oben Monate lang auf sich gestellt. Die Bewohner dieser Region meiden den Ort, denn es heißt, dass dort wundersame Dinge vor sich gehen. Hirten berichten immer wieder von Erscheinungen, die plötzlich auftauchen und wieder verschwinden. Dort oben könnt ihr ein sehr verschwiegenes Leben führen, ganz ohne Angst vor Verfolgung. Unser bescheidener Beitrag könnte es sein, euch einmal im Monat einen unserer Brüder mit Lebensmitteln zu euch zu senden. Es wäre uns eine Freude, euch in dieser Weise helfen zu können. Vielleicht kommt zu einem späteren Zeitpunkt eine Gelegenheit für uns, an eurer Lehre teilzuhaben. Wir möchten alles, was unser bescheidenes Land hervorbringt, mit euch teilen. Es wird gewiss genügen, um euch zu versorgen."

Er blickte fragend auf Josef, der gebannt seinen Worten gelauscht hatte. Innerlich spürte er Freude und Zuversicht in sich aufsteigen. Ja, das war der Ort, nach dem er gesucht hatte. Alles klang so übereinstimmend mit dem, was er in seiner Vision erschaut hatte.

Noch am selben Tag trafen sie Vorbereitungen für ihre Weiterreise. Sie wurden sehr reichlich mit Nahrungsmitteln und den nötigsten Gerätschaften ausgestattet. Ein weiterer Esel wurde beladen, und einer der Brüder sollte sie dorthin begleiten. Josef sattelte gerade seinen Esel, als eine junge Frau auf ihn zuschritt. In ihren Händen trug sie ein Bündel, eingeschlagen in ein grobes Tuch. Sie überreichte das Bündel Josef mit den Worten der ältesten Schwester, die dieses Leinen in langer Arbeit bestickt und verziert hatte. Es sollten Altartücher werden, und sie glaube, dass diese Handarbeit dazu angetan sei, sie auf ihrem Weg zu begleiten.

„Nehmt es ruhig, wir würden uns freuen, wenn ihr eine angemessene Verwendung dafür findet."

Josef entrollte das Bündel und blickte staunend auf eine kunstvoll bestickte Leinendecke, in die noch ein Bündel Bienenwachskerzen eingewickelt war. Tränen stiegen ihm in die Augen. Diese Menschen hatte ihnen Gott gesandt. Er segnete die junge Frau und dankte ihr für die kostbare Gabe.

Am folgenden Morgen, kurz vor Tagesanbruch, verließen sie das Kloster in südlicher Richtung. Der Bruder, der sie begleitete, war ein erfahrener Führer, der die Region bestens kannte. Er führte sie über mehrere Pässe und enge Schluchten, die sie immer höher in das Bergmassiv führte. Nur ein einziges Mal begegneten ihnen Hirten, die ihre Herde auf die hoch gelegenen Weiden führten.

Am Abend des ersten Tages lagerten sie in einer engen Felsschlucht, in deren Tiefe ein laut tosendes Gebirgsgewässer talwärts strömte. Sie hatten in einer Felsnische einige Zeltplanen befestigt, um vor dem rauen Wind geschützt zu sein. Adler kreisten über den Gipfeln und stießen laute Schreie aus. Josef sprach einige Dankgebete, bevor sie ein einfaches Mahl aus Brot und Oliven zu sich nahmen. Die Nacht war sternenklar und Maria blickte lange zum Himmel, wo unzählige Sterne über ihnen leuchteten. Was mochte die Zukunft ihnen bringen? War sie der Einsamkeit gewachsen, die jetzt Monate, vielleicht Jahre lang auf sie wartete? Und würde das Kind dort sicher heranwachsen? Mit diesen Gedanken schlief sie ein.

Der kommende Morgen war wolkenverhangen. Wie so oft wechselte das Wetter minutenschnell und dichter Nebel hüllte sie ein. Die schmalen Pfade dicht am Abgrund waren schlüpfrig und die hoch beladenen Esel hatten Mühe, voranzukommen. Verzweiflung machte sich in Maria breit, die sich um die Tiere sorgte. Beinahe wollte sie Gepäckstücke zurücklassen, als der Himmel aufbrach und sie in helles Sonnenlicht hüllte. Die Sonne trocknete den steinigen Weg, und gegen Mittag erreichten sie ein weit offenes Hochplateau, das sanft in der Ferne zu einem nächsthöheren Berg hin anstieg. Der Wind fegte eisig über die kahle Fläche, die nur vereinzelt mit niedrigen Büschen und knorrigen Bäumen bewachsen war. Sofort begannen die Esel zu grasen, und sie legten eine Rast ein, schon um die Tiere zu schonen und sich selbst etwas Ruhe zu gönnen. An einer geschützten Stelle entfachten sie ein Feuer, um sich mit heißem Tee zu versorgen. Das Kind lag still in Marias Armen und blickte neugierig in die fremdartige Umgebung. Robert, ihr Führer, betete, und gemeinsam brachen sie das Brot, bevor sie ihre Mahlzeit einnahmen. Er war ein schweigsamer, stiller Mensch, der nur sprach, wenn es unbedingt notwendig war. Josef blickte besorgt auf Mutter und Kind. Würden die Strapazen des Aufstiegs zu viel für sie werden? Maria aß still ihre Mahlzeit. In Gedanken war sie schon an dem Ort ihrer Bestimmung. Sie sah steile Felsen, an deren Füßen sich ein kleines Steinhaus schmiegte. Ein Stall schloss sich an, und das schiefe Dach war tief, fast bis zum Boden heruntergezogen. Steine beschwerten die Dachschindeln. Vor dem Haus waren einige steinige Grasflecken und eine alte knorrige Zeder, die vom Wind ganz schief gewachsen war. Dieser Ort war fürwahr einsam. Sie fröstelte und blickte auf Josef, der sie kritisch musterte.

„Wirst du die Strapazen des Weges verkraften?" Er blickte besorgt auf sie und das Kind. „Oder sollen wir frühzeitig einen Rastplatz aufbauen, wo wir die Nacht verbringen können?"

Maria blickte lächelnd auf. „Liebster Josef, wir sind noch nicht einmal die Hälfte des Weges gezogen, wie könnte ich schon jetzt nach einer Rast verlangen? Lass uns das Tageslicht nutzen, um weiterzukommen."

Robert, er hielt den heißen Becher umklammert, nickte zustimmend.

„Das Wetter kann schnell umschlagen und plötzlicher Schneefall den Weg völlig unpassierbar machen. Es wird besser sein, wenn wir die Trockenheit nutzen, um über den nächsten Pass zu kommen."

Maria hatte das Kind in ein Tuch gehüllt und trug es auf ihrem Rücken. Es schlief die meiste Zeit. Josef hatte einen Wanderstock in seiner Rechten, um die Tiere zu dirigieren und, wenn nötig, anzutreiben. Das Leittier trottete gemächlich voran und die anderen Tiere hinterdrein. Am Abend des dritten Tages erreichten sie ein Felsmassiv, das so unwirtlich und steinig war, dass sie die Esel zurücklassen mussten. Sie wurden an geschützter Stelle angebunden, und jeder trug so viel er konnte, um die letzte Etappe zu nehmen. Ein schmaler Grat führte weiter hinauf und mündete in einen engen Durchlass zwischen den Felsen. Kaum hatten sie diese Stelle passiert, trauten sie ihren Augen nicht. Ein kräftiger Gebirgsbach ergoss sich in die Tiefe und verschwand im Dunst zwischen den Felsen. Sie mussten diesen tosenden Wasserfall passieren, indem sie dicht am Felsen unter der längsten Kaskade hindurchkrochen. Die Steine waren nass und schlüpfrig und die Überquerung mehr als gefährlich. Langsam tasteten sie sich vor, und um ein Haar wäre Maria ausgeglitten, hätte Robert sie nicht am Arm festgehalten. Durchnässt und mit zitternden Knien erreichten sie die andere Seite. Das Kind schrie. Es spürte die Anspannung und verabscheute die kalte Gischt, die sie einhüllte. Maria nahm das Kind wieder an sich, und der Kleine beruhigte sich sofort. Der Weg öffnete sich nun und gab den Blick frei in eine grüne Talsohle, an deren schattigen Hängen noch Schnee lag. Eine steile Treppe führte nach oben, wo hinter einem Felsvorsprung eine kleine Behausung zum Vorschein kam. Hier würden sie die Nacht verbringen, um am nächsten Tag die letzte Etappe zu bewältigen. Erschöpft fielen sie früh in tiefen Schlaf. Nur das Kind lag wach. Still blickte es neugierig auf das Glimmen des verlöschenden Feuers. Sie hatten den größten Teil des Weges zurückgelegt. Morgen würden sie ihr Ziel erreichen.

Der anstrengendste Teil folgte jedoch noch. Eine steile Stiege aus in Stein gehauenen Stufen, die mit der Zeit verwittert und unsicher geworden und den schwer Beladenen einiges abverlangte. Schon früh waren sie aufgebrochen, und jetzt, wo sich allmählich der Dunst lichtete, gaben die Berge ein unvergleichliches Lichtschauspiel preis. Die schneebedeckten Gipfel erglühten in den Farben des Regenbogens. Alles strahlte, und die klare Luft flirrte von schwebenden Schnee-partikeln. Die Drei hatten andächtig dagestanden, um dieses Bergpanorama zu bewundern, als das Kind plötzlich zu schreien anfing. Es strampelte heftig in seiner Umhüllung, sodass Maria ein paar Schritte auf einen Felsvorsprung zu machte, um das Kind in die Arme zu nehmen. Der Kleine war völlig aufgebracht. Gerade als sie ihn anhob, donnerten einige Felsstücke herab und stürzten in die Tiefe. Maria stand da wie versteinert. Genau an der Stelle, wo sie soeben die Berge bewundert hatte, gähnte eine Lücke im Felsgestein. Die Stufen waren durch die herabfallenden Felsbrocken mitgerissen worden und mit in den Abgrund gestürzt. Ihr zitterten die Knie. Hätte das Kind nicht geweint, wäre auch sie mitgerissen worden.

Josef, der das Geschehen von oben mit angesehen hatte, stürzte herbei. Weinend warf sie sich in seine Arme. Mit einem Mal lösten sich all die Trauer, Angst und Anspannung. Sie schluchzte lauthals und konnte sich kaum beruhigen. Lange hielt Josef sie so im Arm, bis allmählich der Bestürzung die Erleichterung und Freude, dem Unglück entgangen zu sein, folgte. Mit einem Mal strahlte sie, und ihre leuchtenden Augen spiegelten die Farben des Morgenhimmels wider. Beinahe beschwingt machten sie sich an den Aufstieg, der jetzt immer schwieriger wurde. Die Felsen rutschten weg, und sie drohten den Halt zu verlieren. Josef trug das Kind auf dem Rücken, und sie setzten langsam einen Fuß vor den anderen, so umsichtig wie möglich. Am Ende des steilsten Stückes erreichten sie einen großen Felsvorsprung, wo sie eine wohlverdiente Rast einlegten. Sie stärkten sich mit Brot und Früchten und warteten auf das Abflauen des Windes, der jetzt plötzlich auffrischte. Heftige Windböen fegten über sie hinweg. Sie saßen zusammengedrängt auf ihren Decken, als der Himmel sich schnell verdüsterte und die ersten Schneeflocken fielen. Sie tanzten wie Insekten durch die Luft, Vorboten für vielleicht heftigere Schneefälle, die, dem dunklen Himmel nach zu urteilen, folgen mochten.

Robert trieb sie zur Eile an. Es war nur noch eine kurze Wegstrecke durch das von Geröll übersäte Bergmassiv, das hier und da noch etwas Vegetation aufwies. Kleine gelbe Blüten, die flach auf dem Gestein festgewachsen waren. Sie hasteten weiter, alle der Erschöpfung nahe, als das Unvermeidliche geschah: Ein Schneesturm brach über ihnen los, so dicht und undurchdringlich, dass sie kaum den Weg vor ihren Füßen sehen konnten. Dicht aneinander gedrängt, tasteten sie sich voran. Robert, der den Weg gut kannte, führte sie zu einem Felsvorsprung, der ihnen ein wenig Schutz bot. Hier ließen sie sich erschöpft auf ihre Gepäckstücke niedersinken. Das Kind schrie. Es fühlte die Kälte und die Erschöpfung Marias, die den Knaben fest an sich drückte und mit den Wolltüchern vor dem Sturm schützte. Wortlos blickten sie einander an, und voller Sorge verfolgten sie die dichten Schneeböen, die vor ihnen niedergingen und den Pfad in eine weiße Fläche verwandelten. Alles war mit einem Mal eingehüllt in eine weiße Woge, und der Wind trieb den Schnee auf sie zu, sodass auch sie allmählich im fallenden Schnee verschwanden. Josef betete um Hilfe und Beistand. Es kam oft vor, dass das Wetter rasch wechselte. Er hoffte, dass dieses Unwetter ebenso rasch enden würde, wie es begonnen hatte. Doch das Grau des Himmels war undurchdringlich. Sie breiteten die Zeltplanen über sich und ihre Habe, um ein wenig Schutz zu finden.

Die Häscher des Königs kamen lautlos und völlig überraschend. Mit äußerster Brutalität zwangen sie die Bewohner des Hauses in den Innenhof, der durch Fackeln hell erleuchtet wurde.

Maria wusste gar nicht, wie ihr geschah, aber sie ahnte, wer die Soldaten waren und was sie suchten. Einer der Soldaten war in ihre Kammer gestürzt und hatte sie, am Oberarm greifend, aus ihrem Bett gezerrt. Sie war gar nicht in der Lage, sich zu widersetzen, denn die körperliche Überlegenheit des muskulösen Mannes war offensichtlich, und sie wusste, dass, wenn sie sich wehren würde, dies nur dazu führte, dem Mann einen Grund zu liefern, noch rücksichtsloser gegen sie vorzugehen. Unten im Innenhof angekommen, warf er sie verächtlich in den Staub.

„Wo ist er?", schrie ein anderer sie an, der offensichtlich der Anführer war.

Maria hob das Gesicht und sah ihre Familienmitglieder an, die, verängstigt zusammengedrängt, beieinanderstanden.

„Ich weiß nicht, was Ihr meint. Er ist doch am Kreuz gestorben. Was fragt Ihr mich nach einem Mann, der längst an der Seite seines Vater sitzt?"

„Du wagst es, so mit mir zu sprechen?", schrie der Kommandant und trat nach ihr.

Jacobus schrie: „Nein, tut das nicht!" und wollte ihr zur Hilfe eilen. Doch ein Soldat drängte ihn mit seinem Speer zurück.

„Ich kann Euch nicht helfen", fuhr Maria fort. „Habt Ihr mich nicht schon genug gequält, dass Ihr mir meinen Sohn genommen habt? Müsst Ihr mein Leid noch verstärken?", fragte sie und schaute ihrem Peiniger direkt in die Augen.

Es schien, als wankte der Mann einen Moment, und Jacobus ergriff die Chance zu sprechen.

„Mein Bruder lebt nicht mehr. Ihr und Euresgleichen seid dafür verantwortlich. Ihr habt ihn gekreuzigt. Was können wir dafür, dass die Zusammenarbeit der Römer, des Sanhedrin und unseres Königs zu wünschen übrig lässt?"

Der Kommandant schaute ihn scharf an. „Ihr lügt! Ihr wisst, wo er sich versteckt hält und haltet mich zum Narren."

Wie um seiner Behauptung Nachdruck zu verleihen, nahm er Sarah, die älteste Tochter von Jacobus, und hielt ihr ein Messer an den Hals.

„Ich zähle bis zehn, und wenn keiner von Euch bereit ist, die Wahrheit zu sagen, werde ich sie vor Euren Augen abstechen."

Panik stieg in Maria und den anderen auf. Sie nahm all ihren Mut zusammen, richtete sich auf und sagte in ruhigem Ton zu dem Kommandanten: „Wollt Ihr Euch wirklich an einem Kind versündigen? Ist es das wert? Haben wir alle nicht schon genug gelitten?"

Der Mann schaute sie wütend an, doch ihre Worte und ihr stolzes, aber gleichermaßen gütiges Auftreten verfehlten ihre Wirkung nicht. Er ließ das elfjährige Mädchen los, das vor Angst zitternd in die Arme seiner Mutter fiel, die es weinend umarmte.

Der Kommandant war sich seiner Sache nicht mehr sicher. War er wirklich noch am Leben, oder hatten sie ihn einfach nur beiseitegeschafft? Er wusste es nicht. Normalerweise hatte er kein Problem damit zu töten, doch hier war es anders. Irgendetwas hielt ihn zurück. Er konnte es nicht erklären, aber er spürte, dass er einen großen Fehler machen würde, wenn er hier zu weit ging. Er sah seine Männer an, die nur darauf zu warten schienen, dass er den nächsten Befehl gab. Doch er hielt weiterhin inne. Nervös blickte er in die Runde. Was sollte er hier, so fragte er sich. Was würde mit ihm geschehen, wenn er ohne ein brauchbares Ergebnis zurückkehrte? Fieberhaft überlegte er. Schweiß rann ihm trotz der nächtlichen Kälte von der Stirn. Er schaute noch einmal zu Maria, ließ dann das Messer sinken, das immer noch bedrohlich in seiner Hand lag, und sagte dann eher leise: „Lasst sie frei, alle."

Verwirrt schauten die Soldaten ihn an. „Habt ihr nicht gehört, was ich gesagt habe?", schrie er sie jetzt an.

„Lasst sie gehen!" Die Soldaten ließen ihre Speere sinken. Jacobus rannte zu seiner Mutter und umarmte sie. Er schaute den Kommandanten an und sagte: „Danke."

„Bedanke dich nicht voreilig, vielleicht kommen wir wieder." Mit diesen Worten machte er auf dem Absatz kehrt und verschwand mit seinen Soldaten in der Dunkelheit.

Maria und ihre Familie saßen noch lange beieinander und berieten, was nun zu tun sei. Der jüngste Bruder von Jeheshua war erzürnt und ließ seiner Wut freien Lauf: „Er hat uns immer nur Ärger gemacht. Schon als junger Mann war er anders als andere, und anstatt in der Werkstatt zu helfen, ging er zu den Essenern, um eigenartige Studien zu betreiben, von denen wir bis heute nicht wissen, was sie eigentlich darstellen. Und dann seine Rückkehr. Alle himmelten ihn an, ihn, der nicht einmal sein eigenes Brot verdiente. Wir alle hier mussten hart arbeiten, und er, er glaubte etwas Besonderes zu sein. Besser zu sein als wir, die wir nur als Handwerker arbeiten."

„Hüte deine Zunge", antwortete ihm Jacobus darauf. „Du vergisst dich. Unser Bruder Jeheshua ist mit einer besonderen Aufgabe betraut. Er ist ein Lichtbringer und lässt uns an dem außergewöhnlichen Schatz seines Wissens und seiner Weisheit teilhaben. Vergesst nicht, wie oft er schon bei Krankheiten geholfen hat. Und gerade dir, [.....], das Bein heilte, als du vom Dach gestürzt bist. Er ist ein besonderer Mensch und nicht mit normalen Maßstäben zu messen." Dabei schaute er in die Runde und sah in die betretenen Gesichter der Familienmitglieder.

Da plötzlich ergriff Martha das Wort. Sie, die nur höchst selten etwas sagte und sich meist zurückhaltend im Hintergrund hielt.

„Ich habe Jeheshua, wie ihr alle wisst, von Kindesbeinen an begleitet. Ich habe gesehen, wie er Wunder tat, wie er Blinde sehend, Lahme gehend und Taube hörend machte. Ich habe seine tiefe Liebe, seine Güte und Weisheit mehr als einmal erfahren dürfen. Er ist es, dem wir dankbar sein müssen, dass wir an seiner Lehre so unmittelbar teilhaben können. Er ist in diese Familie geboren worden, und ich betrachte dies als das größte Geschenk meines Lebens. Meine Liebe zu ihm geht weit über das normale Maß hinaus. Ja, ich liebe ihn mehr als mein Leben. Er ist der Messias, auf den wir alle so lange gewartet haben. Nichts und niemand kann verhindern, dass er sein Werk vollbringt. Er ist, der er ist. Sohn des Vaters, Sohn des Herrn. Ich verneige mich tief vor ihm und schicke ihm meine Liebe." Mit diesen Worten fiel sie auf die Knie.

[.....], der mit unbeweglicher Miene diese Szenerie beobachtet hatte, drehte sich um und verließ wutentbrannt das Zimmer. Damit war die Diskussion beendet und alle begaben sich wieder zu Bett, denn die Nacht war noch lange nicht vorbei, und auf alle wartete am nächsten Tag wieder schwere Arbeit.

Am Morgen des übernächsten Tages verließen Maria und Martha ihr Zuhause. Sie hatten beschlossen, dass es so besser sei. Wenn die Soldaten noch einmal zurückkehrten, würden sie die Familie hoffentlich verschonen, wenn sie Jeheshuas Mutter nicht vorfanden. Der Familienrat hatte entschieden, zu bleiben und sich nicht der Willkür und dem Druck der Obrigkeit zu beugen.

Maria und Martha gingen ihrer Wege. Erst sehr viel später sollte die Familie eine Nachricht erhalten, wohin sie gegangen waren.

Das Unwetter wollte nicht enden. Immer stärkere Windböen fegten über die Ebene, deren Begrenzungen sich im Nichts verloren. Ihnen sank der Mut. Sollten sie so kurz vor ihrem Ziel aufgeben müssen? Robert entzündete einige verdorrte Zweige, die er auf dem Plateau im Schutz der Felsen zusammengeklaubt hatte. Die Kälte machte sie müde, und sie hockten dicht zusammengedrängt um das spärliche Feuer, das immer wieder zu verlöschen drohte. Mit jedem Moment verdunkelte sich der Himmel zusehends, und es dämmerte bereits, als Robert aufbrach. Er nahm seinen Stock und machte sich, dick eingehüllt in seinen derben wollenen Umhang, auf den Weg, um den Zustand der noch vor ihnen liegenden Wegstrecke zu erkunden.

Schon nach wenigen hundert Metern machte er kehrt. Es war zu unübersichtlich. Die Berggipfel, an denen er sich orientieren könnte, waren nicht zu sehen, und die heftigen Windböen hatten hohe Schneewehen errichtet, genau da, wo ihr Pfad sein sollte. Sein Mut sank beträchtlich, als er durchnässt und verfroren zu ihnen zurückkehrte.

Die Zeltwand war bereits vom Schnee zugeweht und bot so etwas mehr Schutz als zuvor. Der Felsvorsprung erwies sich als tückisch. Wasser tropfte auf sie herab, und der eisige Wind ließ sie erschauern.

Maria begann zu singen, so, wie sie es immer tat, wenn sie sich sammeln und beruhigen wollte. Es nützte nichts, sich in Schreckensvisionen auszumalen, was geschehen mochte, wenn sie diesen Ort nicht mehr verlassen konnten. Sie musste alle ihre Kraft und Hoffnung zusammennehmen, um nicht zu resignieren.

Josef sah blass und verhärmt aus. Er war zutiefst betrübt, sie in diese Situation geführt zu haben. Er fühlte sich für die anderen verantwortlich. Es war seine Vision, die sie hier heraufgeführt hatte. Niemals hätte er ein so schwieriges Unternehmen Maria und dem Kind zumuten dürfen. Schwere Vorwürfe gegen sich selbst peinigten ihn. Wie konnte er nur so vermessen handeln? Es hätte doch gewiss auch andere verschwiegene Orte gegeben, die leichter zugänglich waren. Die Erschöpfung hatte sie alle schweigsam und still gemacht. Sogar das Kind rührte sich nicht. Es schien zu schlafen.

Josef begann die Verse zu rezitieren, die der Meister bei ihrem letzten Zusammentreffen der Gemeinschaft übergeben hatte. Jedem hatte er einen Vers und eine Formel gewidmet, die diese als Vermächtnis in ihrer Erinnerung behalten sollten. Er musste schon damals geahnt haben, dass dies ihre letzte Zusammenkunft war. Die Gemeinschaft war dann in alle Richtungen auseinandergeströmt.

Jeder war, aus Angst vor Verfolgung oder ob der Erwartung, dem Meister wieder zu begegnen, in andere Regionen ausgezogen. Er hatte ihm das Versprechen geben müssen, auf Maria Magdalena zu achten und alles Erdenkliche zu tun, um sie und das Kind zu beschützen. Aber was hatte er getan?

Das wenige Holz war längst heruntergebrannt und die Nacht hereingebrochen, als sie von Ferne das Läuten von Glocken vernahmen. Erst glaubten sie, Halluzinationen aufzusitzen, doch immer wieder erklangen in weiter Entfernung die Glocken, die man dem Vieh mitgab.

Zuerst schien es wieder zu verstummen, um dann erneut zu ertönen. Näher dieses Mal und deutlich vernehmbar. Der Schnee fiel nun in dicken Flocken vom Himmel, doch der Wind hatte nachgelassen. Die Landschaft rings um sie her war nur als weiße Schemen zu erahnen. Wer sollte jetzt bei dieser Witterung mit Schafen- oder Ziegenherden hier oben unterwegs sein? Doch das Läuten wurde lauter und Stimmen waren zu hören, wie wenn Hirten einander Signale zurufen. Sie hielten den Atem an, um besser lauschen zu können. In diesem Moment begann das Kind zu weinen. Zuerst wimmerte es nur, doch dann schrie es lauthals, sodass Maria den Knaben nicht zu beruhigen vermochte. Sie drückte ihn an sich, flüsterte ihm ins Ohr und wiegte ihn hin und her, doch er wollte sich nicht beruhigen. Durch die Kraftanstrengung war ihr Milchfluss spärlicher geworden und er hungerte wohl. Sie gab ihm die Brust, doch er drehte den Kopf energisch zur Seite, um erneut seinem Unmut Ausdruck zu geben. Maria weinte, sie wusste keinen anderen Rat, als ihn mit frischen Tüchern zu versehen und fest an sich zu drücken, um ihn zu wärmen. Seine kleinen Hände waren bläulich verfärbt und sein kleines Gesicht von der Kälte gerötet.

Plötzlich bewegte sich etwas vor ihnen. Sie hatten alle diese Bewegung wahrgenommen. Ein Schatten huschte durch das Schneetreiben. Noch ehe sie sich darüber austauschen konnten, stand er vor ihnen. Ein großer zotteliger Hund mit einem geflochtenen Halsband, an dem ein großer Eisenring befestigt war. Er schüttelte sich den Schnee aus dem vereisten Fell und begann zu bellen und mit dem Schwanz zu wedeln. Offenbar war er selbst überrascht, diese Entdeckung gemacht zu haben. Er sprang aufgeregt vor und zurück, lauthals kläffend, und wenig später stand ein zweiter Hund vor ihnen. Kleiner als der erste, und ebenfalls vollkommen von Eisklümpchen im dichten Fell übersät. Sie sprangen auf und ab und verschwanden dann wieder in der Dunkelheit.

Bald hörten sie Stimmen aus nächster Nähe und wenig später erschienen zwei vermummte Gestalten mit trüb leuchtenden Laternen in ihren Händen. Die Hunde bellten aufgeregt, und die Männer trauten ihren Augen nicht, was sie da im schwachen Schein ihrer Lampen sahen. Sie nickten einander zu und traten näher heran. Kopfschüttelnd begannen sie in einer fremden Sprache zu diskutieren, und Robert, der den Dialekt dieser Gegend gut kannte, übersetzte sinngemäß ihre Rede. Sie waren Hirten, die aus der Gegend stammten, die sich an das südliche Gebirge anschloss. Sie waren wie sie vom Schnee überrascht worden und wollten ihre Herde zurück zu ihrem Unterstand treiben. Die Hunde führten sie sicher auch bei diesem Wetter die steilen Passwege zurück, und sie hatten mehr aus Versehen den Weg über dieses Felsplateau genommen. Sie sahen die blassen Gesichter der drei und holten Flaschen hervor, die mit einer stärkenden Flüssigkeit gefüllt waren. Sie reichten ihnen die gefüllten Kürbisse und begannen ihren Herkunftsort zu beschreiben. Carlos, der ältere, war Hirte und sein jüngerer Bruder, Pedro, war Steinmetz, der zuweilen beim Auf- und Abtrieb der Herden seinem Bruder half. Beide waren erst am Morgen aufgebrochen, doch das Wetter zwang sie nun umzukehren.

Maria lauschte der fremden Sprache gebannt. Sie waren die Rettung, um die sie so inbrünstig gebeten hatte. Carlos bat sie, ihnen zu folgen. Sie wollten sie zu ihrem Unterstand führen, wo sie sicher und warm würden übernachten können. Das Gepäck war mittlerweile vollkommen durchnässt und ihre Umhänge waren schwer und kalt. Sie hielten sich dicht an ihre Führer, die ihnen mit den Laternen den Weg voraus wiesen. Es war wie ein Wunder, sie waren gerettet worden.

Josef schickte Dankgebete zum Himmel. Er hatte den größten Teil ihrer Habe geschultert und Maria wurde, das Kind tragend, in die Mitte genommen. Laut blökend trotteten die Schafe um sie herum. Auch sie hatten Mühe, im Schnee voranzukommen. Immer dichter fielen die Flocken, und sie stolperten blind den beiden Hirten hinterher.

Es mochte einige Zeit vergangen sein, als sie eine windgeschützt liegende Hütte erreichten. Dicke Mauern aus rohen Steinen waren zwischen die Felsen gebaut, deren solides Dach dicht mit Steinen beschwert war. Im Innern fanden sie Stroh, Felle und einen Kamin vor, in dem sie ein wärmendes Feuer entzündeten. Carlos holte aus seinem Rucksack allerlei Speisen hervor, große Brotlaibe, Käse und vergorenen Most, der ihnen wieder Kraft schenkte. Sie waren voller Freude in ausgelassener Stimmung und fühlten sich in der Wärme allmählich so erschöpft, dass sie schon bald in tiefen Schlaf fielen.

Früh am Morgen weckte sie der ältere Hirte. Er hatte Brei aus Getreide und Schafsmilch gekocht, der ihnen vorzüglich mundete. Sie tranken heißen Tee und verabschiedeten sich dann von den Hirten, die sich auf den Weg zurück in ihr Dorf machten. So wundersam ihre Begegnung war, so glücklich waren sie über ihr Zusammentreffen. Herzlich verabschiedeten sie sich, bevor sie ihren Weg in die Berge fortsetzten. Sie schenkten Maria einige zarte Lammfelle, um das Kind warmzuhalten, und versprachen, sie zu besuchen, wenn sie wieder in dieses entlegene Gebiet kommen würden.

Robert fand nun im hellen Tageslicht mühelos den Weg. Er konnte im grauen Dunst die Felsen erkennen, die ihm die Richtung wiesen. Nur mühsam kamen sie im hohen Schnee voran, und immer wieder mussten sie anhalten, um Kraft zu schöpfen. Die Schäfer hatten sie gut versorgt mit Käse und Brot. Bald lag eine lang ausgedehnte Ebene vor ihnen. Ein Bach schlängelte sich durch die Senke, dem sie bis zu einem Felsabsatz folgten.

Dort versteckt, zwischen zwei hohen Felszinnen, lag das Haus des Einsiedlers, kaum zu erkennen zwischen den schroffen Felswänden. Die grauen Steine waren solide aufeinandergetürmt, so bestand es aus dicken Mauern, in die nur wenige kleine Öffnungen eingelassen waren. Die verwitterte Tür war niedrig und enge Stufen führten hinauf zu einem kleinen Absatz, der jetzt hoch mit Schnee bedeckt war.

Neben dem Gebäude war ein kleiner Stall, dessen Dach schief und baufällig aussah. Jeder von ihnen war stehengeblieben und betrachtete das kleine Anwesen, das still und verlassen dalag.

Gerade lichteten sich einige Wolken und die Sonne schickte ein paar zarte Strahlen durch den Nebel, der sie bis jetzt eingehüllt hatte. Ja, das war ihr neues Zuhause.

Maria blickte eher bestürzt auf das kleine Anwesen. Sollte es möglich sein, an diesem unwirklichen Ort zu leben? Sie luden ihre Habe auf den Stufen ab, die hinauf zum Eingang führten. Robert legte ihn frei, und sie öffneten langsam die verwitterte Tür, die laut in den Angeln quietschte. Drinnen war es dunkel und modrig. Ein derber Holztisch mit einigen Stühlen stand im Zentrum des Raumes. An der linken Wand war ein mächtiger Kamin aus großen Steinblöcken gefertigt. Die kleinen Fenster ließen nur wenig Licht herein. Überall hingen Spinnweben, und eine dicke Staubschicht bedeckte den Boden. Sie sahen ein in die Wand eingelassenes Regal und einen flachen behauenen Stein in der Wand, der nach draußen führte und dazu diente, das gebrauchte Wasser abzuleiten. Miriam sank all ihr Mut. Sie war Wärme, lichtdurchflutete Räume und blühende Gärten gewöhnt. Zu krass war der Wechsel, zu rau das Klima in diesen Breiten. Sie zog einen der verstaubten Stühle heran und ließ sich niedersinken. Robert holte aus dem angrenzenden Stall einige Reisigbündel und begann ein Feuer im Kamin zu entzünden. Miriam hielt still den Knaben im Arm und versuchte sich vorzustellen, wie sie diese Behausung wohnlicher gestalten konnte. Auf einem Bord entdeckte sie einen hübschen Tonkrug, in den ein feines Muster eingeritzt war. Es war das Erste, das ihr ins Auge fiel, das ein wenig Schönheit ausstrahlte. Sie stand auf und inspizierte den Raum, der sich an die Küche anschloss. Es war eine niedrige Kammer mit einer Bettstatt und einem kleinen Schrank. Knarrend ließen sich die Fensterläden öffnen und gaben einen atemberaubenden Blick frei. Die Bergkette in der Ferne strahlte im Sonnenlicht, das vom Schnee reflektiert wurde. Sie prüfte das Stroh in der Bettstatt. Es war faul und modrig, und es war wohl noch einige Arbeit notwendig, um dieses Haus zu einem behaglichen Heim zu machen.

Josef hatte einen Topf über dem Feuer aufgehängt und bereitete einen heißen Trunk für sie zu, bevor sie Pläne schmieden wollten, welche Instandsetzungsarbeiten notwendig waren und wie sie weiter verfahren wollten.

Es sollte zuerst ein Raum geheizt und ein Bett für das Kind hergestellt werden, das sie mit den Fellen, die ihnen die Schäfer gegeben hatten, auskleideten. Sie begannen mit dem Reisigbesen Staub und Spinnweben auszufegen, und stellten ihre wenige Habe in die gesäuberten Regale. Einige Öllichter wurden aufgestellt, und schon kurze Zeit später strahlte der kleine Raum eine gewisse Gemütlichkeit aus. Sie hatten den Boden gründlich gesäubert und einen großen Topf über dem Feuer aufgehängt, wo eine nahrhafte Suppe brodelte. Der Duft zog durch den ganzen Raum, und sie ließen sich zu ihrem ersten Mahl am Tisch nieder.

Am Nachmittag setzte erneut dichtes Schneetreiben ein, und sie schlossen die Läden, um sich vor Kälte und Feuchtigkeit zu schützen. Einige Tiegel mit Lampenöl standen noch im Regal, und so würden sie vorerst genug für ihre Öllampen haben. Der Schnee fiel in solchen Massen, dass das Dach unter der Last ächzte. Am Abend saßen sie beim Feuer beieinander und beteten gemeinsam, dankbar für die geglückte Ankunft und ihre wundersame Rettung.

Josef zog eine kleine Flöte hervor und begann leise zarte Töne zu spielen. Das Kind blickte neugierig auf. Es lauschte andächtig der Musik, und Josef spielte für den Knaben die Lieder, die einst sein Vater für die Kinder gespielt hatte.

Maria saß traurig daneben. Sie fühlte sich zutiefst entwurzelt und einsam. Sie vermisste die Gemeinschaft, aber am meisten vermisste sie *ihn.*

Binnen weniger Tage war das Haus kaum wiederzuerkennen. Es glänzte geradezu. Die Böden waren geschrubbt, die Möbel gerichtet, und im Kamin brannte stets ein Feuer aus getrockneten Reisigbündeln. Die kleine Gemeinschaft hatte sich eingerichtet, und Robert, der sich als sehr praktischer Handwerker erwies, hatte das Dach inspiziert und die beschädigten Schindeln ausgewechselt.

Maria hielt das Kind im Arm, als sich plötzlich der Himmel verdunkelte und gewaltige schwarze Wolken sich über den Bergen auftürmten. Sie verschlossen die Tür und entzündeten einige Öllichter. Heftige Windböen fegten über sie hinweg. Der Schnee der letzten Tage war zusammengeschmolzen. Würden nun neue Schneefälle einsetzen? Sie waren am Kamin zusammengerückt und lauschten dem Getöse des Windes, der über das Dach strich und an den Läden rüttelte. Ein heller Blitz zuckte am Himmel und ein heftiges Donnern entlud sich. Sie waren an die überraschenden Wetterwechsel noch nicht gewöhnt. Zu schnell änderte sich die Stimmung, und Maria blickte ängstlich nach draußen. War ein solches Gewitter gefährlich für sie, würde der Blitz hier einschlagen können?

Josef blickte beruhigend auf: „Sei unbesorgt, Maria, wir sind hier in einem Haus, das schon seit undenklichen Zeiten an dieser Stelle steht und schon so manches Unwetter über sich ergehen ließ."

Sie hatten sich zusammengefunden, um den Aufbruch Roberts zu besprechen. „Ich möchte, wenn es die Witterung zulässt, recht bald aufbrechen", begann Robert.

„Die Esel müssen dringend auf die Weide geführt werden. Die genügsamen Tiere können es hier oben einige Zeit aushalten, doch allmählich wird es Zeit, ihnen Futter zu gönnen."

Maria war ein wenig bestürzt bei dem Gedanken, von jetzt an ganz auf sich gestellt zu sein. Auch war es die Vorstellung von langen dunklen Nächten, die sie unangenehm berührte. Sie folgte Josefs Vorbild, rief ihre Gedanken zur Ordnung und sagte, sich an Robert wendend: „Wenn du zurückkehrst, Robert, möchte ich ein Fest zu deinen Ehren veranstalten und meinem Sohn einen Namen geben." Mit diesen Worten nahm sie ihn in die Arme und gab ihm damit zu verstehen, wie sehr er ihr ans Herz gewachsen war.

Die Stimmung war eher bedrückt, als Robert sich am kommenden Tag kurz nach Sonnenaufgang auf den Rückweg machte. Josef würde ihn bis zu den Tieren begleiten, um die restlichen Gepäckstücke zu holen. Mit tränenden Augen verabschiedeten sie sich. Maria hatte den stillen, bescheidenen Mann lieb gewonnen.

Die kommenden Stunden allein in der fremden Hütte waren sehr ungewohnt für sie, die niemals allein war und immer Menschen um sich hatte. Sie legte das schlafende Kind in das kleine Holzbett und kniete sich nieder, um zu beten und zu danken für all das Gute, das ihnen widerfahren war. Das Feuer prasselte und die Öllichter flackerten mit jedem Windstoß, der über das Haus strich. Sie war ganz vertieft in ihre Gedanken, als eine Hand sie sanft an der Schulter berührte. Sie fuhr erschreckt herum, der Ohnmacht nahe, schlug sie die Hände vor die Augen. Was sie sah, verschlug ihr den Atem. Eine helle Lichtgestalt, die bis zur Decke reichte, stand vor ihr. Der Glanz und das Leuchten hatten die ganze Hütte in einen silbernen Schein gehüllt. Sie fiel zu Boden, bedeckte ihr Haupt mit einem Schleier und schluchzte vor Ergriffenheit.

Die Gestalt blickte stumm, mit grenzenlos liebevollen Augen zu ihr hinab. Sie hob einen Arm, wie um sie zu segnen, begann dann aber, wie von Ferne, einige Worte zu ihr zu sprechen.

„Fürchte dich nicht, ich bin es, der Engel des Herrn. Du bist die Auserwählte, die Gefährtin des Einzigen. Du sollst seine Lehre und sein Vermächtnis zu den Menschen bringen, die dies so dringend brauchen."

Maria zitterte am ganzen Leib. Wie sollte sie, so schoss es ihr durch den Kopf, von diesem abgeschiedenen Ort aus die Lehre verbreiten? Konnte sie es wagen, öffentlich aufzutreten und zu predigen, so wie er es tat? Fragend blickte sie auf.

Der Engel flüsterte: „Maria, du musst es aufschreiben. Alles, jede Unterweisung und jedes Ereignis. Es muss für die, die nach dir kommen, bewahrt werden. Maria, du bist es, die die Lehre am genauesten wiedergeben kann."

Damit verschwand die Gestalt und der Raum lag da wie zuvor.

Maria kniete noch lange am Boden, die Hände vor die Augen geschlagen. Sie war aufgewühlt und erschreckt. Was hatte man ihr zugedacht? Gedanken wirbelten ihr durch den Kopf. Würde man ihr glauben? Konnte sie die Lehre unverfälscht zu Papier bringen? Besaß sie überhaupt die Fähigkeit dazu? Sie, die nie viel in ihrem Leben geschrieben hatte? War es nicht Aufgabe der Schriftgelehrten, so etwas zu tun? Sie hatte die Worte vernommen und einen Auftrag erhalten. Also, so beruhigte sie sich, würde sie auch die Kraft und die Fähigkeit haben, dies auszuführen.

Mit Herzklopfen setzte sie sich an den Tisch, zog einen Bogen Pergament hervor und begann zu schreiben.

Das Haus erzitterte immer wieder unter den heftigen Windstößen, doch Maria Magdalena bemerkte von all dem nichts.

Sie schrieb unablässig, bis sie kaum mehr den Federkiel halten konnte. Sie hatte die Pergamente eng beschrieben, denn ihr Vorrat an Schreibutensilien war gering.

Als sie sich erhob, waren einige Stunden vergangen und der Knabe lag wach in seinem weichen Bett und lächelte seine Mutter strahlend an. Sie nahm ihn heraus, setzte sich still in eine Ecke des Raumes und begann leise zu singen. Sie war erfüllt von solch einer Freude und Zuversicht, dass sie sich vollkommen geborgen und beschützt an diesem Ort fühlte. Sie erkannte nun, dass dieser Ort in mehrfacher Hinsicht bedeutungsvoll war. Einige Zeit später entfachte sie wieder das Feuer und begann einige Brotfladen zu braten, als es plötzlich an die Tür pochte. Entsetzt fuhr sie herum. Wer sollte sie hier in der Einöde gefunden haben? Zögernd trat sie zur Tür, öffnete sie und sah in das strahlende Gesicht von Carlos, der zwei Lämmer unter seinem weiten Umhang trug. Er hatte die Herde bei seinem Bruder in ihrem Unterstand zurückgelassen, um Maria die mutterlosen Lämmer sowie ein Mutterschaf, dessen Junges gestorben war, zu bringen. Lachend schüttete er den Schnee von seinem Umhang und setzte die blökenden Lämmer auf den Boden, die sich zitternd und ängstlich aneinanderdrängten. Sie brachten sie gleich in den Stall, wo sie rasch einen Platz für die Tiere bereiteten. Er zeigte ihr, wie man ein Schaf molk, und tauchte dann ein Tuch in die Milch, an dem die Lämmer saugen konnten.

„Es war eine plötzliche Eingebung, dass ihr hier oben sicher genug Futter für ein paar Tiere haben würdet. Die frische Milch ist sehr nahrhaft und auch für das Kind in späterer Zeit gut verträglich", sagte Carlos und strahlte Maria Magdalena an, die nur wenig von dem verstand, was er sagte. Sie war sprachlos. Zärtlich streichelte sie die Lämmer, die sich beieinander ins Stroh kuschelten. Sie hatte noch niemals Schafe besessen und war es nicht gewohnt, für sie zu sorgen.

Gemeinsam nahmen sie ein einfaches Mahl ein, wozu sie Carlos einlud. Der Hirte mit dem geröteten Gesicht und dem fröhlichen Lachen erzählte von ihrem Weg zu dem Unterstand.

„Es war allerhöchste Zeit, dass wir den Stall fanden. Sogar die Hunde versanken im Schnee, der so schnell und dicht fiel. Wir haben viel Glück gehabt, auch noch vor der Dunkelheit dort anzukommen." Er wusste zwar, dass sie nicht viel von dem verstand, was er sagte, war aber darum bemüht, durch Gesten und Mimik zum Ausdruck zu bringen, was er ihr mitteilen wollte.

Er zog aus seinem Beutel einen runden Laib Käse und eine Flasche Olivenöl, wie sie es immer mit in die Berge nahmen, wenn sie lange Zeit hier oben zubrachten.

Maria Magdalena segnete die Speisen. „Ich danke euch, lieber Freund, von ganzem Herzen. Ich bin zutiefst berührt von eurer Fürsorge. Aber seht, haben wir uns nicht gemütlich eingerichtet?" Sie zeigte mit der Hand in den Raum.

Carlos strahlte. Mit spitzbübischem Gesichtsausdruck zog er ein Bündel aus seinem Sack hervor. Er faltete es auseinander, und es kam eine feingewebte Wolldecke zum Vorschein. Er hatte sie stets bei sich. Es war ein Andenken an seine verstorbene Mutter. Sie hatte diese Decke als junge Frau gewebt. Stolz überreichte er sie ihr.

Maria Magdalena faltete sie gänzlich auseinander und bewunderte das schöne Muster. Beeindruckt starrte sie Carlos an. Nach einer Weile umarmte sie den freundlichen Mann mit den Worten: „Carlos, wie kann ich Euch nur danken? Ein so kostbares Geschenk – ich bin zutiefst gerührt."

Carlos lächelte. Es war sein Wunsch, diesen sympathischen Menschen zu helfen. Es war unter der Landbevölkerung üblich, füreinander da zu sein, besonders, wenn Notzeiten herrschten. Er hatte gesehen, mit wie wenig Mitteln sie hier oben überleben wollten.

Nach dem Mahl schulterte er seinen Rucksack und machte sich wieder auf den Weg in das benachbarte Tal. Herzlich verabschiedeten sie sich. Maria Magdalena kamen die Tränen, als sie ihn in der Dämmerung verschwinden sah. Was für eine wunderbare Freundschaft verband sie!

Am folgenden Morgen herrschte strahlender Sonnenschein, und sie fütterte die Lämmer so, wie Carlos er ihr gezeigt hatte. Sie schmiegten sich eng an sie, ließen sich streicheln und folgten ihr auf Schritt und Tritt. Sie hatte Freude an den possierlichen Tieren. Die Sonne schmolz an diesem Morgen rasch den Schnee, und sie unternahm mit den Tieren einen Ausflug in die schmale Senke, die vor ihrem Haus lag. Freudig knabberten die Schafe die Kräuter, die überall zwischen den Steinen wuchsen. Der Blick auf die fernen, schneebedeckten Berggipfel war atemberaubend. Lange Zeit blieb sie stehen, um alles zu beobachten und die würzige, klare Luft zu genießen. Die Lämmer hüpften blökend um sie herum. Allmählich bekam sie so eine Art Zugehörigkeitsgefühl für diesen Ort. Er könnte ihr Zuhause werden, das fühlte sie nun ganz deutlich.

Das Licht war schon gänzlich erloschen, als Maria Magdalena in einen Traum fiel. Sie sah den Meister am Ufer eines Flusses, wie er mit vielen Menschen sprach und seine Lehre vermittelte. Es sah aus wie früher. Plötzlich verdüsterte sich die Szenerie. Eine Schar junger Männer kam auf ihn zugestürzt. Sie bedrängten den Meister, zu fliehen und sich sofort zu verstecken. Es seien Soldaten im Dorf, die nach ihm und den Seinen suchten. Er blickte nur betrübt auf, segnete die jungen Männer und verschwand einfach von dem Platz, an dem er eben noch gestanden hatte. Die Menge schrie, denn einige Reiter stürmten auf den Platz. Sie verwüsteten die Gaben, die in der Mitte aufgebaut waren. Jeder hatte einige Speisen oder Früchte zu einem gemeinsamen Mahl beigetragen. Sie drängten die Menschen in eine Gasse, die eng und ausweglos war.

„Wo ist er?", schrien sie. „Wenn ihr nicht sprecht, werden wir euch hier und jetzt hinrichten. Alle! Nehmt dieses Pack und treibt es zusammen! Er muss noch unter ihnen sein!" Mit diesen Worten ihres Anführers schlugen die Soldaten mit Schwertern auf die zusammengedrängten Menschen ein. Schreie ertönten. Die Pferde bäumten sich auf. Das Geschrei gellte durch die Gassen, und verstümmelte und sterbende Menschen lagen im Staub. Plötzlich verdüsterte sich der Himmel. Ein Sturm brach los und fegte den Staub empor, dass sich alles in diesem wirbelnden Schmutz befand. Die Reiter drehten sich und hatten Mühe, die Pferde zu bändigen. Der Sturm breitete sich immer mehr aus. Steine fielen zu Boden. Der Platz war nur noch ein tosendes Inferno. Die Erde bebte, und die Reiter stoben davon, doch das Beben wurde noch stärker und heftige Erdstöße erschütterten den Platz.

Maria Magdalena erwachte mit Herzklopfen und schweißbedeckter Stirn. Sie war vor dem Kamin eingeschlafen, aber der Traum war so lebendig, so lebensecht, dass sie glaubte, an dem Ort des Geschehens gewesen zu sein. Sie fröstelte. Das Feuer war heruntergebrannt, und die Angst und Sorge, die in ihrem Inneren aufstiegen, waren kaum zu bändigen. Was sollte der Traum ihr sagen? War Jeheshua in Gefahr? Predigte er immer noch? Sie stützte ihren Kopf in ihre Hände. Zu gern hätte sie jetzt mit ihm gesprochen, ihn gefragt, ihm geholfen. War der Meister wirklich nur mit knapper Not den Verfolgern entkommen? Sie griff zur Feder, um diesen Traum zu notieren. Es musste eine Botschaft darin stecken, die wichtig war.

Seufzend erhob sie sich, um sich für die Nacht herzurichten, als ein Windzug um sie herumstrich, der ihr Haar auffliegen ließ. Sie blieb stehen und hielt inne, um das Phänomen genauer zu beobachten. Das war nicht der übliche Wind, der durch die Ritzen der Fensterläden drang. Einen Moment war alles still, nur ihr eigener Atem war zu hören. Dann vernahm sie eine Stimme, ein Seufzen, das in ihr und um sie herum erklang. Sie hielt den Atem an. Wieder strich ein Windhauch an ihr vorbei. Diesmal spürte sie ihn ganz dicht an ihrer Wange. Sie kniete nieder, schloss die Augen und begann zu beten. Sie dachte an ihn und stellte sich sein Gesicht so vor, wie sie ihn zuletzt gesehen hatte: mit tiefliegenden, dunklen Augen und dem dichten Bart, der sein Gesicht einrahmte. Wo war er?, so fragte sie sich.

„Ich bin hier, meine Liebste."

Sie schlug die Augen auf und sah ihn vor sich stehen. Sein Körper war nicht wirklich fest, eher durchsichtig, aber seine Gestalt deutlich wahrnehmbar. Sie wollte auf ihn zustürzen, ihn umarmen, doch seine Hand gebot ihr, einzuhalten. Sie senkte den Kopf zu seinen Füßen, um wenigstens sein Gewand zu berühren, doch sie spürte, dass er in seinem Geistkörper bei ihr war. Sie empfand seine tiefe, grenzenlose Liebe, und ohne Worte verständigten sie sich.

Er hob die Hand, segnete sie und verschwand wenig später. Sie wusste, er war da, er war immer da.

Weinend lag sie wenig später in ihrem Bett. Was hatte Gott mit ihnen vor? Wozu sollten die Ereignisse sich so und nicht anders abspielen? Sie schlief weinend ein.

In der Nacht träumte sie sehr lebendig von ihrem Lehrer. Er unterwies sie im Verfassen von Texten und half ihr, sich schriftlich auszudrücken. Sie war wieder die Schülerin, ganz so wie damals.

Später träumte sie, sie könne mit ihrem Geistkörper umherwandeln, wie sie es früher schon einmal getan hatte. Damals hatte sie Angst ergriffen, als sie ihren Körper leblos daliegen sah. Jetzt, so wurde ihr gesagt, sei es Zeit, dass sie lernte, bewusst ihren Körper zu verlassen.

Sie erwachte am kommenden Morgen und schrieb alle Erfahrungen auf, die ihr widerfahren waren. Sie hatte ihn wiedergesehen, nur das war jetzt wichtig.

Das Wetter besserte sich jetzt, und am Tage wärmte die Sonne die Felsen. In den Nächten, die sternenklar und frostig waren, erhellte der Mond die Ebene, auf die sie blickten.

Josef war am Abend des folgenden Tages zurückgekehrt. Er wirkte erschöpft und in sich gekehrt. Noch immer plagten ihn schwere Zweifel, ob es richtig gewesen war, Maria Magdalena und das Kind in diese entlegene Region zu bringen.

Die Wiedersehensfreude war groß. Sie herzten einander, und Maria Magdalena erzählte ausführlich bei einem gemeinsamen Mahl, was ihr in der Zwischenzeit widerfahren war.

Josefs Miene erhellte sich, nachdem er alles gehört hatte, wenngleich die Szenerie der Verfolgung in ihrem Traum ihn erschauern ließ. Er war sich jetzt sicher, den falschen Ort gewählt zu haben.

„Liebste Freundin, ich möchte meine Einschätzungen nicht der deinen voranstellen. Wenn du diesen Ort wieder verlassen möchtest, so werden wir sofort das Nötige dazu unternehmen. Ich habe auf dem Weg hier herauf lange nachgedacht, ob dies alles richtig für dich ist."

„Aber Josef, noch nie war ich mir sicherer, dass dies genau der Ort ist, an dem wir bleiben sollten."

Sie strahlte ihn mit leuchtenden Augen an, so, wie sie es schon lange nicht mehr getan hatte. Josef streichelte ihre Hand. Er war sichtlich erleichtert, Maria Magdalena so zufrieden und guter Dinge zu sehen. Später, im Schein des Feuers, las er ihre Aufzeichnungen und war sehr beeindruckt von dem Inhalt der Schriften und der sprachlichen Gewandtheit, mit der sie alles zu Papier gebracht hatte. Von nun an wollten sie jeden Tag Aufzeichnungen machen. Josef half dabei, die Stationen ihres Weges mit dem Meister zu beschreiben und alle Ereignisse, Unterweisungen und die Gleichnisse, in denen der Meister gesprochen hatte, zu Papier zu bringen.

Am meisten oblag es ihm, die Ereignisse um die Verhaftung des Meisters und die Kreuzigung aufzuzeichnen. Kein anderer kannte die Hintergründe so gut wie er.

Die Tage und Wochen verstrichen, und sie richteten sich immer besser in ihrem neuen Heim ein. Der Sommer rückte näher, und sie begannen, Wildkräuter zu sammeln und mit den Tieren, die nun schon halbwegs herangewachsen waren, Ausflüge in die Umgebung zu machen. Sie fanden einen klaren Gebirgsbach, der ihnen besonders lieb war und an dessen Ufer sie oft verweilten.

Nach Ablauf des Monats erreichte sie wieder ihr Freund Robert, dieses Mal mit allerlei Werkzeug und Saatgut beladen. Er wollte ihnen helfen, einen kleinen Garten anzulegen, damit sie sich künftig selbst mit frischem Gemüse versorgen konnten.

Der Freund war ihnen äußerst willkommen, denn ihre Vorräte waren beinahe aufgebraucht. Sie brachen gemeinsam das Brot, das Maria in dem alten Steinofen gebacken hatte, und Robert erzählte all die Neuigkeiten, die sich in ihrer Gemeinschaft ereignet hatten. So hatte ein Paar geheiratet und ein anderes hatte Nachwuchs bekommen, jedes Mal Anlass zu Feierlichkeiten, die in der Gemeinschaft ausgiebig begangen wurden.

Der Älteste hatte ein längeres Schriftstück mitgesandt, worin er Josef bat, ihn doch, trotz der schwierigen Anreise, sobald wie möglich aufzusuchen. Der Brief klang geheimnisvoll und Josef begann, sich ein wenig Sorgen darum zu machen, was er mit ihm zu besprechen habe.

Als Robert nach einer längeren Verschnaufpause wieder aufbrach, entschied sich Josef, ihn zu begleiten, schon, um den Weg noch einmal in Begleitung eines Führers zu passieren, aber auch, weil eine Unruhe ihn ergriffen hatte. Sie verabschiedeten sich in aller Frühe von Maria, die ihnen lange nachsah. Sie hatte in den letzten Wochen einige Seiten Pergament beschrieben, aber keine Vision hatte sich mehr eingestellt. Vielleicht, so dachte sie, ist die vollkommene Einsamkeit notwendig, um mit der Geistigen Welt in Berührung zu kommen.

Sie hatten mit einem großen Festmahl Roberts Rückkehr begangen und dem Jungen einen Namen gegeben. Fröhlich lallend lag der Kleine vor ihr in den Leinentüchern, mit denen sie das Bett ausgekleidet hatte. Er hatte nach seinem Stammvater und Urahn den Namen David erhalten. Sie war glücklich darüber, wie gut das Kind sich entwickelte. Die frische Luft hatte seine Wangen gefärbt, und es wurde von Tag zu Tag munterer.

Johannes, Simon Petrus, Abdul Ben Massa und Jeheshua saßen beieinander. Die Situation war äußerst verfahren. Viele der Anhänger glaubten an die wundersame Auferstehung.

Andere sehnten sich danach, ihm wieder zu begegnen und wollten nicht glauben, dass er am Kreuz gestorben war.

Jeheshua schaute seine Freunde lange an.

„Ich glaube, es ist an der Zeit, diese Region zu verlassen", sagte er und blickte abermals in die trauernden Gesichter seiner Gefährten, die ihn so lange begleitet hatten.

„Es ist jetzt an euch", fuhr er fort, „meine Lehre zu verkünden und möglichst viele daran teilhaben zu lassen."

„Wohin gehst du?" fragte ihn Johannes und hatte dabei Tränen in den Augen.

„Ich werde meiner Frau folgen und ihr zur Seite stehen. Für mich gibt es hier nichts mehr zu tun. Mein Werk hier ist vollbracht."

„Aber Meister", erhob Simon Petrus das Wort, doch weiter kam er nicht, denn Jeheshua hob beschwichtigend die Hand.

„Zu viele sind verfolgt und getötet worden. Ich möchte nicht noch mehr Menschen durch meine Anwesenheit in Gefahr bringen."

„Aber Meister", hob Simon Petrus erneut zu sprechen an, und dieses Mal ließ er ihn gewähren. „Es gibt noch so viel zu lernen, so viel, das wir noch nicht verstehen. Wie sollen wir mit dem wenigen, was wir wissen, die Menschen für deine Lehre gewinnen?"

Doch Jeheshua lächelte nur und erwiderte: „Mein lieber Freund", und dabei legte er ihm die Hand auf die Schulter. „Es ist an der Zeit, dass du dir selbst zu vertrauen lernst. Alles Wissen ist in dir. Du musst es nur zulassen. Ich vertraue auf euch und weiß, dass ihr meine Lehre gemäß meiner Vorstellung verkünden werdet. Dass dies nicht ohne Entstellungen vonstattengeht, weiß ich wohl, doch der Kern meiner Lehre, die Liebe, wird die Zeit überdauern, und in ferner Zukunft werde ich noch einmal geboren werden, um die Menschen zu unterrichten. Noch einmal werde ich ihnen die Gelegenheit geben zuzuhören, und es wird sich zeigen, ob sie meine Lehre dann besser verstehen. Nun aber ist es Zeit, diesen Teil meines Auftrags zu beenden. Ich übergebe euch die Bürde, das wahre Wissen den Menschen näherzubringen, es offenbar werden zu lassen. Geht in die Welt hinaus und lasst alle wissen, dass der Vater aller Dinge in allem existiert, dass er es ist, der alles erschafft, alles belebt und alles durchdringt. Nichts existiert ohne ihn, nicht das kleinste Korn auf dem Felde, das nicht durch ihn gespeist und am Leben erhalten wird. Wenn die Menschen das einmal verstanden haben, gibt es keinen Neid, keinen Hass und keine Kriege mehr, dann verstehen sie, dass alles eins ist, derselben Quelle entstammt und einstmals wieder zu ihr zurückkehrt."

Seine Gefährten schauten ihn tief berührt an. Ihr Meister verstand es, auf so wundersame, einfühlsame Weise zu sprechen und die Menschen spüren zu lassen, dass er sie liebte, einen wie den anderen, Tagedieb und König, Bettler und Großgrundbesitzer, Mann und Frau. Er machte keinen Unterschied. Er liebte und heilte sie alle.

„Wie sollen wir nur ohne dich...", sagte Simon Petrus und fing an zu weinen.

„Mein lieber Simon, ich bin immer bei euch. Wenn zwei in meinem Namen beieinander sind, dann bin ich immer mitten unter ihnen."

„Und wie sollen wir", warf Johannes jetzt ein, „die Menschen wissen lassen, dass du einstmals wiederkehren wirst?"

„Das soll nicht der Inhalt eurer Lehre sein. Zu viele würden es missverstehen, und so manch einer würde sich aufgefordert fühlen, vorzeitig in diese Rolle zu schlüpfen. Es ist ein Geheimnis, das ich nur euch anvertraue. Bewahrt es wohl in eurem Herzen."

„Ich werde es aufschreiben, wenn es mir gestattet ist", wandte sich Abdul Ben Massa an den Meister.

„Das sei dir wohl erlaubt", antwortete er daraufhin und nickte ihm dabei zu.

Noch lange saßen sie beieinander und sprachen über die Einzelheiten der Organisation und die Details der Verkündigung.

Als sie am Morgen aufwachten, um den neu beginnenden Tag zu begrüßen, war er verschwunden, und sie alle wussten, dass sie ihn so, wie sie ihn kannten, nie wiedersehen würden.

Die Sonne wurde nun jeden Tag stärker. Maria Magdalena begann, die Erde von Steinen zu befreien und ein kleines Gemüsefeld anzulegen. Eine mühsame und schweißtreibende Arbeit.

David lag am Rand des Feldes in einem Weidenkorb und krähte vor Vergnügen, wenn Schmetterlinge über ihn hinwegsegelten. Die Lämmer waren zahm geworden wie Hunde. Sie folgten ihr, egal wohin sie ging, und sie hatte die Tiere in ihr Herz geschlossen. Abends saß sie lange am Tisch und schrieb an den Begebenheiten, die sie selbst erlebt hatte. Jedes Mal, wenn sie sich zurückerinnerte, stiegen Bilder der Orte in ihr auf, wo sie mit dem Meister gewesen waren und wo sie ihre regelmäßigen Zusammenkünfte abgehalten hatten. Sie spürte die Freude und Besonderheit dieser Zeit, wo jeder Tag neue Offenbarungen und außergewöhnliche Ereignisse bereithielt. Bereits zum sechsten Mal hatte sie von ihm geträumt. Sie sah ihn im staubigen Gewand auf einsamen Wegen wandeln, den Wanderstock in der Rechten und die Kapuze emporgeschlagen, um sich vor dem Wind zu schützen. Sie hatte aufgehört, sich unablässig zu fragen, wo er sein könnte und ob er zu ihr kommen würde. Seit ihrer Begegnung war sie zufrieden und zuversichtlich, dass alles sich so entwickeln würde, wie die göttliche Führung dies wünschte.

Sie beschäftigte sich bei Tage in ihrem neuen Garten und am Abend schrieb sie viele Stunden, bis sie darüber einschlief. Alles noch einmal zu erinnern und zu durchleben machte sie froh und half ihr, sich mit der neuen Situation auszusöhnen.

Der Kleine machte gute Fortschritte. Er lachte und jauchzte, wenn sie ihm vorsang oder mit ihm spielte. Am meisten interessierte er sich für die Lämmer, die ihm zahm die Nase hinstreckten, um gekrault zu werden. Dann zappelte er mit den Armen und Beinen vor Vergnügen.

Die Arbeit auf dem Feld machte Maria Magdalena Freude, und bereits nach einer Woche hatte sie ein beträchtliches Stück Erde für die Aussaat vorbereitet. Robert hatte ihr genauestens geschildert, wie sie bei welchem Mondstand die Samen in die Erde legen musste. Es blieb dann nur abzuwarten, ob in der Höhe, in der sie lebten, die Früchte ebenso gedeihen würden wie im Tal. Die Quelle sprudelte jedenfalls unablässig, und es würde stets genug Wasser bereitstehen, um die Pflanzen zu versorgen.

Allmählich hatte sie sich an die Stille gewöhnt, wenngleich sie sich manchmal wünschte, Carlos, der Schäfer, würde wieder einmal den Weg zu ihr herauf machen. Immer öfter hielt sie Ausschau und blickte ins Tal, ob vielleicht jemand auf dem Weg zu ihr sei. Dabei fürchtete sie sich nicht mehr vor Verfolgern, sondern wünschte sich die Besucher geradezu herbei. Doch es blieb still. Sie wusste nicht, wie lange Josef fortbleiben würde, aber sie spürte, dass ihn eine innere Unruhe in Bewegung hielt. Er würde nicht immer mit ihr in der Einsamkeit leben wollen. Vielleicht ging er eines Tages zurück in ihre Heimat, vielleicht zog er aber auch weiter, um zu lehren und das Wissen weiterzugeben. Auch er gehörte zu den Eingeweihten, die das magische Wort beherrschten. Doch er machte nur äußerst selten Gebrauch davon.

Die Tage verstrichen. Sie hatte einen festen Arbeitsrhythmus für sich entwickelt. Sie begann, täglich längere Ausflüge zu unternehmen, indem sie das Kind auf den Rücken band und mit dem Wanderstock in der Hand loszog, um die Umgebung zu erkunden. Die Schafe liefen hinterdrein und begleiteten sie.

Sie war an diesem Tag schon früh aufgebrochen, um einen weiteren Ausflug zu machen. Vielleicht konnte sie wilde Früchte oder Kräuter sammeln, die hier oben in großer Vielfalt wuchsen. An den Hängen blühte nun der Ginster und ließ ganze Berghänge in leuchtendem Gelb erstrahlen. Leise vor sich hinsummend stieg sie am Rand eines Baches empor, um ein höher gelegenes Felsplateau zu erreichen. Sie hatte von unten schon des Öfteren wilde Bergziegen hier hinauf verschwinden sehen. Auch dieses Mal folgte sie ihren Spuren.

Nachdem sie schon einige Stunden bergauf gestiegen war, verdüsterte sich der Himmel, und sie bemerkte, wie die ersten Regentropfen fielen. Sie stieg noch eine Weile weiter hinauf, nach einem Unterschlupf Ausschau haltend. David schlief friedlich in seinem Tragetuch. Er mochte es, wenn sie ihn dicht an ihrem Körper trug.

Zwischen großen Felsblöcken bemerkte sie einen Durchlass, der scheinbar ins Innere des Felsens führte. Sie kletterte vorsichtig darauf zu und schob sich behutsam zwischen den Felsblöcken hindurch. Modriger Geruch schlug ihr entgegen. Einige aufgeschreckte Fledermäuse flogen über ihren Kopf davon. Wasser tropfte von den Felsen. Nachdem sie sich an die Dunkelheit gewöhnt hatte, tastete sie sich weiter vor. Sie befand sich in einer großen Höhle, die sich noch tiefer ins Innere des Felsens erstreckte. Draußen begann es heftig zu regnen. Und so ließ sie sich auf einem Steinblock nieder, um das Ende des Regenschauers abzuwarten.

Jeheshua wanderte auf einsamen Pfaden. Er brauchte diese Zeit, um sich körperlich, geistig und seelisch zu regenerieren. Die letzten Jahre des Lehrens und Heilens waren äußerst anstrengend für ihn gewesen.

„Wenn die Menschen dich als den erkennen, der du bist", so sagte einmal einer seiner essenischen Lehrer zu ihm, „dann werden sie dich bis aufs Blut aussaugen. Sie werden dich vollkommen vereinnahmen und von dir erwarten, dass du immer für sie da zu sein hast."

„Schließlich bist du der Messias", hatte vorwurfsvoll ein Mann zu ihm gesagt, der mitten in der Nacht in die Behausung eindrang, in der er nächtigte. Er verlangte von ihm, auf der Stelle mitzukommen, um seinen Sohn zu heilen. Als Jeheshua ihm antwortete, dass er am nächsten Morgen ganz in der Frühe zu ihm kommen werde, schimpfte der Mann und nannte ihn einen Lügner und Scharlatan.

Manchmal war ihm seine Aufgabe zur Bürde geworden. Doch jedes Mal, wenn er in die Augen eines Kindes blickte, das ihn strahlend und dankbar anlächelte, nachdem er es geheilt hatte, wusste er, dass er sich richtig entschieden hatte, diese Aufgabe zu übernehmen.

Als nämlich die Zeit gekommen war, in der Öffentlichkeit zu predigen und zu heilen, hatte ihn der innere Kreis der Essener gefragt: „Jeheshua, willst du diese Aufgabe übernehmen?"

Und er hatte geantwortet: „Ja, das will ich." Wohl wissend, dass es nicht leicht sein würde.

„Denn die Menschen werden dir alles abverlangen", hatte ihm Jeremia gesagt, der Älteste seiner Lehrer.

„Geh und vollbringe dein Werk", hatte dieser ihm zuletzt zugerufen, als er das Kloster verließ und zu lehren begann.

Heute kam ihm all das vor, als habe es vor langer, langer Zeit stattgefunden. Dabei waren es nicht einmal fünf Jahre.

Er setzte sich auf einen Stein und ließ seine Gedanken in die Vergangenheit schweifen. Er erinnerte sich daran, wie er Maria Magdalena das erste Mal gesehen hatte. Er wusste vom ersten Moment an, dass sie seine Auserwählte war. Ihre Augen strahlten so viel Weisheit und Liebe aus, und ihr Lächeln hatte sein Herz geöffnet. Zu Beginn war er sich nicht sicher, ob es die richtige Entscheidung war, Kinder zu haben, denn er wusste, dass damit große Verantwortung einherging. Seine Aufgabe nahm ihn ganz in Anspruch und so entschieden sie, erst dann ein Kind zu haben, wenn sich abzeichnete, dass sich seine Aufgabe dem Ende neigte.

„Wann wird das sein?", hatte sie ihn oft gefragt. Denn sie wünschte sich nichts sehnlicher, als ein Kind mit ihm zu haben. Jedes Mal nahm er sie in die Arme und sagte: „Geduld, meine Liebste, Geduld."

Dass mit dem Eintritt ihrer Schwangerschaft auch die schwierigste Zeit seines Wirkens beginnen würde, darüber war er sich wohl im Klaren. Dass sie so lange bei ihm bleiben würde, geschah nach ihrem Wunsch. Er hatte sie gebeten, eher zu gehen, aber sie wollte nicht von seiner Seite weichen. Zu groß war ihre Angst, dass das Schlimmste eintreten würde.

Als er nach den schweren Misshandlungen zu den Essenern zurückkehrte, da ahnte er nicht, was sein Freund Josef von Arimathäa und Pontius Pilatus geplant hatten. Er war wütend und verärgert, als ihm zu Ohren kam, was sich in seiner Abwesenheit in Jerusalem ereignet hatte. Niemals hätte er zugelassen, dass ein anderer an seiner Statt gekreuzigt würde. Doch als er davon erfuhr, war es bereits zu spät. Erst nachdem man begonnen hatte, nach ihm zu suchen, nach ihm, der anscheinend die Kreuzigung durch Bestechung überlebt hatte, so behauptete es der Sanhedrin, war er zurückgekehrt, um festzustellen, dass seine Gegenwart unter diesen Umständen nicht nur für seine Anhänger gefährlich war, sondern auch für ihn große Risiken barg. Viele seiner Anhänger wollten, dass sich die Prophezeiung in allen Einzelheiten erfüllte. Und dazu gehörten nun mal auch die Kreuzigung und die Auferstehung.

„Wer solcher Beweise bedarf, um zu glauben", hatte er zu seinen engsten Vertrauten gesagt, als sie ihn danach fragten, „der ist noch sehr weit von der Erkenntnis des wahren Wissens entfernt."

Johannes, Simon Petrus und die anderen hatten aufgeatmet, als sie ihn dies sagen hörten. Denn sie fürchteten sich, dass er den Kelch bis zur bitteren Neige austrinken würde.

„Wer das von mir erwartet", hatte er weiter gesagt, „der hat meine Botschaft nicht einmal im Ansatz verstanden. Nur ein vom Wahn Befallener glaubt, ein solches Opfer bringen zu müssen. Wer solchen Glaubens ist, der erkennt nicht die Liebe eines Vaters zu seinem Sohn, der so etwas niemals verlangen würde. Man beweist seine Demut nicht, indem man sich kasteit oder opfert", hatte er Thomas geantwortet, der für seinen Unglauben nach Strafe verlangte.

„Gott-Vater straft nicht und verlangt auch nicht, dass du dich selbst strafst. Nimm dir vor, es beim nächsten Mal besser zu machen und du hast bereits den wichtigsten Schritt getan."

Nun saß er da. Der Wind wehte ihm um die Nase und außer den wenigen Tieren, die ihm auf seinem Weg begegneten, war er allein.

So viel Stille, so viel Liebe, so viel Schönheit warten auf mich, dachte er, und machte sich wieder auf den Weg.

Sie fröstelte. Blitze zuckten und erhellten das Innere der Grotte auf geheimnisvolle Weise. Dumpfes Grollen kündigte das Herannahen eines Gewitters an. David begann zu weinen, und sie drückte ihn fest an sich. Das Gewitter näherte sich rasch, und das Tosen des Donners hallte in der Grotte wider. Maria Magdalena begann sich unbehaglich zu fühlen. Sie hatte in ihrem Beutel etwas Brot und einige Oliven, doch schon bald war alles verzehrt und der Hunger längst nicht gestillt.

Wie es schien, wollte das Gewitter nicht enden. Blitze zuckten ganz in ihrer Nähe, und der Donner ließ die Felsen erzittern. Sie hörte, wie der Wind den Regen niederpeitschte und der kleine Bach allmählich zu einem reißenden Gewässer anschwoll. Sie betete immer wieder die gleichen Verse, die sie beruhigten und ermutigten.

Lange hatte sie so dagesessen, die Verse vor sich hingemurmelt und dabei das Kind langsam hin- und her gewiegt. David war trotz des Gewitters wieder eingeschlafen. Langsam tastete sie sich zum Ausgang der Höhle, um nach draußen zu spähen. Alles war grau verhangen, aber der Regen hatte nachgelassen, und das Gewitter grollte jetzt in einiger Entfernung. Gerade wollte sie ihren Sack wieder aufnehmen, als sie ein leises Murmeln vernahm. Sie drehte sich in Richtung des Geräusches um, das aus dem dunkleren Teil der Höhle drang. Erstarrt blieb sie stehen, als sich etwas in der Dunkelheit regte und auf sie zubewegte. Unwillkürlich duckte sie sich, und ein dunkler Schatten huschte über sie hinweg. Wie angewurzelt blieb sie stehen. Dann plötzlich bewegten schwarze Umrisse sich auf sie zu. Ein Schrei entfuhr ihr. Sie wich zurück in Richtung der Felsenöffnung, stolperte und fiel zu Boden. Sie fühlte einen stechenden Schmerz in ihrem Handgelenk, und das Kind begann erschreckt zu schreien. Panik erfasste sie. Sie hastete zum Durchlass und stolperte in großer Eile hindurch. Die nassen Felsen waren schlüpfrig, und sie musste sich achtsam von Stein zu Stein tasten, denn der Wasserstand war nun beträchtlich angestiegen. Eine große Eule kreiste plötzlich vor ihr, um in einem abgestorbenen Baum zu landen. Sie äugte zu ihr hinunter, die, noch immer von Panik getrieben, sich abwärts kämpfte. Was hatte sie so erschreckt? War es nur eine auffliegende Eule, oder war da etwas, das sie vertreiben wollte? Sie hastete weiter voran, vorsichtig, um nicht zu stürzen, aber so schnell, wie es ihr möglich war.

Herzklopfend machte sie nach einer Weile eine Verschnaufpause. Ängstlich blickte sie sich um. Die Eule hatte sie mit ihren Blicken begleitet und blickte starr zu ihr hinab. Sie begann laut zu singen. Dadurch beruhigte sie sich selbst und das Kind. Ihre Stimme klang für sie schrill und fremd. Noch immer am ganzen Leib zitternd, bahnte sie sich den Weg hinab, der jetzt durch die herabfließenden Wassermassen schwer zu passieren war. Sie schalt sich selbst. Warum nur wollte sie gerade hier hinauf? Hatte es nicht gereicht, dort zu bleiben, wo der Weg leicht zugänglich war? Ihre nassen Kleider klebten an ihrem Körper, und sie bemerkte, dass sie an ihrem Handgelenk blutete. Im Laufen wickelte sie einen Zipfel ihres Umhanges darum und bahnte sich weiter ihren Weg. Noch immer hatte sie das Gefühl, etwas verfolge sie. Die Eule war verschwunden und talwärts geflogen. Dennoch hastete sie, so schnell sie es vermochte, weiter.

Als sie den Fuß des Felsplateaus erreichte, dämmerte es bereits. Erleichtert setzte sie den Weg fort, den sie bereits gut kannte. Auf halber Strecke hörte sie das Blöken der Schafe, die sich unter einem Felsvorsprung verkrochen hatten. Freudig sprangen sie auf Maria Magdalena zu. Sie war erleichtert, ihre vierbeinigen Gefährten wiederzusehen, und tätschelte ihnen ihre weichen Köpfchen.

Erschöpft und völlig durchnässt erreichte sie die Hütte. David hatte fast die ganze Zeit über geweint und war später in ihren Armen eingeschlafen. Die Hütte war still und kalt, doch sie fühlte sich so geborgen und glücklich, wieder daheim zu sein, dass ihr die Kälte nichts ausmachte.

Sie legte das Kind in trockene Tücher und inspizierte ihr schmerzendes Handgelenk. Es war geschwollen, und aus einer tiefen, klaffenden Wunde quoll Blut. Sie riss Leinenstreifen, um ihr Handgelenk zu verbinden, und legte einige Kräuter darauf, die die Wunde schnell verschließen sollten. Erschöpft und müde setzte sie sich ans Feuer, das den Raum allmählich erwärmte. Erst jetzt begann sie, das Erfahrene zu überdenken. War sie ihren eigenen Ängsten aufgesessen, oder war da ein Wesen, das sie erschrecken wollte? Trotz der Schmerzen schrieb sie noch an diesem Abend ihr Erlebnis auf.

In der Nacht schlief sie schlecht. Wirre Träume ließen sie immer wieder erwachen. Ängstlich spähte sie hinaus. War da ein Schatten, der zuvor noch nicht da gewesen war? Sie nahm all ihre Zuversicht zusammen und begann zu ihm zu sprechen. Sie betete laut und bat um Schutz und Hilfe. Danach fiel sie in einen tiefen Schlaf.

Jeheshua war bereits einige Wochen unterwegs, als er in ein Fischerdorf kam. Das Treiben auf dem kleinen Marktplatz und das Verhalten der Menschen dort riefen Erinnerungen in ihm wach.

Er war einstmals in ein solches Dorf gegangen, um zu predigen, und daraufhin hatten sich ihm einige Männer angeschlossen.

Da war zunächst einmal Simon, der große, kräftige, breitschultrige Mann, dessen Hände es verstanden anzupacken. Er hatte Hände wie ein Schmied und vermochte mit seiner gewaltigen Stimme sein Umfeld erzittern zu lassen. Er war Jeheshua fest ans Herz gewachsen, wenngleich er kein einfacher Mensch war. Sein überschäumendes Temperament und sein Hang zur Aggressivität hatten sie manchmal in arge Bedrängnis gebracht. Er hatte es nicht verstanden, seiner körperlichen Überlegenheit Zügel anzulegen. Heute war das anders. Er war zwar immer noch von aufbrausendem Charakter, aber er verstand es, diese ihm zu Gebote stehende Kraft konstruktiv und in Form von enthusiastischem Engagement einzusetzen.

Und da war Andreas. Ein ganz zarter Mann, dem der Beruf des Fischers so gar nicht zusagte. Er konnte keiner Fliege etwas zu Leide tun, und wenn es darum ging, die zappelnden Fische aus ihren Netzen zu befreien, um sie in Körben abzutransportieren, hielt er sich stets im Hintergrund. Er wollte nicht mit ansehen, wie die Fische um ihr Leben kämpften.

Und da war nicht zuletzt Johannes. Er war noch sehr jung und sein eifrigster Schüler. Zwischen ihnen herrschte so eine Art stilles Einvernehmen. Jeheshua musste gar nicht viel sagen, und schon nickte Johannes zustimmend, denn er spürte sofort, was sein Meister zum Ausdruck bringen wollte. Ihn würde er von allen am meisten vermissen, denn keiner seiner Anhänger hatte seine Lehre so unmittelbar und ohne viele Fragen zu stellen umgesetzt. Doch jetzt war es an der Zeit, dass auch er seiner Wege ging. Er musste seinen eigenen Stil, seine eigene Lehre entwickeln. Denn ein Stück weit entstand mit jedem seiner Schüler eine neue Lehre, die durch die Individualität eines jeden Einzelnen beeinflusst und interpretiert wurde.

Eines Tages, das wusste er, würde er sie alle wiedersehen. Aber nicht in diesem Leben, schmunzelte er und begab sich an einen Marktstand, um ein Brot zu erwerben. Das lange Wandern hatte ihn hungrig gemacht.

Eisiger Wind fegte über die Ebene. Er hatte lange nichts mehr gegessen, noch hatte er Menschen getroffen. Seine müden Füße hatten Schwielen, und sein Körper verlangte nach Ruhe. Unter einem alten, knorrigen Baum ließ er sich nieder. Er schloss die Augen und sah sie vor sich, wie sie in der Sonne mit dem Kind spielte. Steinstufen führten hinauf zu einer ärmlichen Hütte, die von Felsen eingerahmt war. Sein Wunsch, sie bald wiederzusehen, war groß und trieb ihn an, weiterzumarschieren.

Er hatte bis zum griechischen Festland auf einem Fischerboot geholfen, das ihn im Hafen von Saloniki abgesetzt hatte. Er wollte weiter über Land ziehen, bis er in die Gegend kam, wo sie einander ein Zeichen hinterlassen wollten. Einmal traf er Wanderer, die wie er auf der alten Handelsstraße nach Norden wanderten. Aber immer öfter begegnete er römischen Truppen, die mit vielen Soldaten die Straßen passierten, um die Handelswege zu kontrollieren.

Als er der Erschöpfung nahe war, ließ er sich am Wegesrand nieder. Er betete, dass ihm Menschen begegneten, die ihm Nahrung und Obdach geben würden. Er hatte nun seit Tagen, nur unterbrochen von wenigen Pausen, seinen Weg weiterverfolgt, als er in ein kleines Dorf in den Bergen kam. Er ließ sich am Brunnen nieder, um sich zu stärken und seine Wasserflasche aufzufüllen. Eine Bäuerin beäugte ihn neugierig. Seine derben Wollgewänder waren hier eher selten zu sehen und wiesen ihn sofort als Fremden aus. Er sprach sie freundlich an, doch sie verstand ihn nicht. Die Frau verschwand mit ihren Tonkrügen, und wenig später erschien ein Mann mit einem langen Bart und fragte ihn nach seinem Namen. Jeheshua nannte seinen Namen und lächelte ihn freundlich an. Der Mann schüttelte stumm den Kopf und kniete vor ihm nieder.

„Dann bist du es, von dem uns die römischen Soldaten erzählt haben. Sie sprachen von einem Gott der Juden, der als solcher erwartet, aber dann hingerichtet wurde. Viel wurde darüber erzählt. Dass er sich unsichtbar machen kann und Kranke heilt."

Der Mann blickte ehrfürchtig zu ihm auf. „Ich möchte dich bitten, Gast in meinem Hause zu sein. Ich möchte mein bescheidenes Mahl mit dir teilen."

Jeheshua folgte dem Mann und befand sich wenig später in einer aus Lehm und Holz gebauten Hütte, deren Strohdach bis tief hinunter zum Erdboden reichte. Der Mann hatte Brot und Wein auf den Tisch gestellt. Die Frau, die er eben am Brunnen gesehen hatte, brachte einige Schalen mit heißer Suppe und einen Kuchen aus Mais, der in der Mitte die eingeritzten Umrisse eines Fisches aufwies, das geheime Zeichen. Stumm stellte sie die Schüsseln vor ihm ab und begann dann zu beten. Sie waren Juden, die vor langer Zeit in diese Region ausgewandert waren. Damals waren sie vor dem Sanhedrin geflüchtet, der ihre kleine Glaubensgemeinschaft unter strenger Strafe verfolgte. Sie waren nach Norden gezogen und hatten in diesem Dorf freundliche Menschen gefunden, denen sie sich anschließen konnten. Seine Frau starb kurz nach der Ankunft an einem gefährlichen Fieber und so suchte sich Benjamin, wie der Mann sich nannte, eine Frau aus dem Dorf.

Sie hatte still dagesessen, denn sie sprach nur wenig die Muttersprache ihre Mannes, hörte aber aufmerksam zu.

„Sag, bist du der Auserwählte, von dem sie sagen, er sei gekommen, um das Wort Gottes zu verkünden, und sag, stimmt es, dass du von den Toten auferstanden bist, wie die Römer es berichteten?"

Jeheshua blickte den Mann liebevoll an. „Lieber Bruder, viele wundersame Dinge werden berichtet. Ich bin nur ein einsamer Wanderer auf einer langen Wanderschaft, und ich habe nur einen Wunsch, mein Ziel so bald wie möglich zu erreichen." Mit diesen Worten brachen sie das Brot und beteten so, wie es ein jüdisches Gesetz wollte.

Der Mann blieb stumm. Er hatte verstanden. Es bedurfte keiner Erklärungen. Er spürte die Präsenz des Göttlichen, die diesen fremden Gast umgab, der ihm die Ehre erwies, in seinem Haus zu speisen. Das Mahl war gerade beendet, als wieder Truppenverbände durch das Dorf zogen. Die Reiter mit der Standarte zuerst, dann die Truppen, die zu Fuß marschierten. Der Mann zog Jeheshua beiseite.

„Es ist besser, wenn du bei Anbruch der Dunkelheit weiterwanderst. Ich werde dich über einen verschwiegenen Pfad zu dem Bergpass begleiten, der in Richtung Norden führt."

Jeheshua war erleichtert. Er hatte die freundliche Unterstützung dieses Mannes, der ihn, vor seinem Aufbruch am Abend, großzügig mit Brot und anderen Nahrungsmitteln versorgte.

Pontius Pilatus saß an seinem Schreibtisch und dachte über die vergangenen Wochen nach.

Er war wieder vollkommen genesen und musste sich schon seit geraumer Zeit mit dem Sanhedrin auseinandersetzen, der ihm schwere Fehler bei der Kreuzigung vorwarf. Er aber war sich keiner Schuld bewusst. Er betonte nur immer wieder, dass seine Soldaten ihren Verpflichtungen nachgekommen seien und den Leichnam zur Bestattung freigegeben hätten. Was dann mit ihm passiert sei, darüber könne er keine Auskunft geben. Seiner Auffassung nach hatten ihn einige fanatische Anhänger gestohlen, um das Gerücht der Auferstehung in die Welt zu setzen. Wenn der Sanhedrin nicht in der Lage sei, die Gerüchte zu unterbinden, so sei das ein internes Problem und nicht das seine. Damit hatte er die Diskussion beendet.

Er lehnte sich zurück und ließ noch einmal seine wundersame Heilung vor seinen Augen ablaufen. Er glaubte, *ihn* gesehen zu haben, wie er sein Zelt verließ. Doch seine Frau sprach eher von einer Halluzination, die durch das hohe Fieber aufgetreten war. Gerade sie sagt das, dachte er, die sie doch so fest an seine übermenschlichen Fähigkeiten glaubte. Ich würde ihn so gerne noch einmal wiedersehen und ihm danken, dachte er, als ein Diener hereinkam und ihn darüber in

Kenntnis setzte, dass ein Mann ihn zu sprechen wünsche. Er heiße Johannes und sei ein enger Vertrauter des gekreuzigten Juden gewesen. Pontius Pilatus zögerte keinen Augenblick und ließ ihn hereinbitten.

Der junge Mann war groß gewachsen und schlank. Er hätte ein Bruder sein können, ging es ihm durch den Kopf, und er bat ihn, Platz zu nehmen.

„Was kann ich für dich tun?", begann er vorsichtig das Gespräch, ohne etwas von dem preiszugeben, was er wusste. Schließlich konnte es sich ja um einen Spitzel handeln, den der Sanhedrin ihm geschickt hatte.

Johannes nahm die Frage gerne auf und antwortete: „Unser Meister lässt dir ausrichten, dass er dir für deine Hilfe dankbar ist. Allerdings hat er nicht gewollt, dass es so kommen würde. Er hat das Land verlassen und bittet dich, dafür zu sorgen, dass seine Anhänger nicht mehr länger der Willkür der Soldaten des Herodes ausgesetzt sind. Sie töten und foltern, weil sie wissen wollen, was mit ihm geschehen ist. Er bittet dich, alles in deiner Macht Stehende zu tun, um weitere Verfolgungen zu verhindern."

Pontius Pilatus musterte ihn eindringlich. Woher sollte er wissen, dass dieser Mann die Wahrheit sprach und ihn nicht zum Narren hielt? Als habe der Besucher seine Gedanken gelesen, sprach er weiter.

„Er hofft außerdem, dass es dir wieder gut geht und du die Folgen deines Unfalls gut überstanden hast."

Dies war für ihn das Zeichen, dass er die Wahrheit sprach, denn außer seiner Frau und wenigen Soldaten wusste niemand etwas über diesen Zwischenfall.

„Ich will sehen, was ich tun kann, aber allzu große Hoffnung kann ich euch nicht machen. Die neue Glaubensgemeinschaft ist dem Sanhedrin und Herodes ein Dorn im Auge. Sie fürchten Macht und Einfluss einzubüßen und werden alles tun, um eine weitere Ausbreitung dieser in ihren Augen gefährlichen Lehre zu verhindern."

„Die Wahrheit", antwortete Johannes daraufhin, „lässt sich nicht verbieten. Sie wird sich unter den Menschen ausbreiten, und zwar schneller, als so manchem lieb sein wird. Wer Ohren hat zu hören, der höre. Der Meister aller Meister, der Sohn des Herrn, hat die Wahrheit verkündet, und sie wird uns alle frei machen", schloss er seine Ausführungen.

Pontius Pilatus schaute ihn lange an, ohne ein Wort zu sagen. Ja, dachte er bei sich, aber die Wahrheit zu verkünden ist oft nicht erwünscht. Viele vor ihm und viele nach ihm werden dafür ihr Leben lassen müssen.

„Gut, mein lieber Freund, ich verstehe, was du mir sagen willst. Habt ihr etwas von meinem Freund Josef von Arimathäa gehört?"

Johannes blickte ihn lächelnd an.

„Nein, das haben wir nicht. Aber ich bin der festen Überzeugung, dass er sich in Sicherheit befindet und bei guter Gesundheit ist."

Das Eis war gebrochen. Die beiden Männer saßen noch lange beieinander, und Pontius Pilatus fragte den Meisterschüler Jeheshuas vieles, was ihn interessierte. Und auch einiges, das er nicht verstand. Am Ende eines langen gemeinsamen Mahls verabschiedete er sich von Johannes in dem Bewusstsein, viel von ihm gelernt zu haben.

Bruder Adam, der Älteste der Gemeinschaft, blickte Josef ernst und besorgt an. Sie hatten die halbe Nacht beieinander gesessen, nachdem Josef am späten Abend des vorangegangenen Tages eingetroffen war. Er war noch magerer und Sorgenlinien hatten sein Gesicht verändert.

„Wir müssen alle Vorsicht walten lassen, die nur möglich ist. Unsere kleine Gemeinschaft lebt verschwiegen und zurückgezogen, doch kann es wieder vorkommen, dass man auf den Feldern Bauern nach den Fremden fragt, die erst vor kurzer Zeit hier heraufgekommen sind."

Josef nickte zustimmend. „Es muss ein Geheimnis unter uns bleiben und wir müssen Robert fragen, mit wem er über unseren Bestimmungsort gesprochen hat. Ich verstehe jetzt eure Sorge. Ich selbst habe immer wieder kleine Seitenwege auf der Reise zu euch benutzt. Wie lange ist es her, dass man nach uns fragte?"

Der Älteste rechnete die Tage zurück:

„Es war kurz nach eurem Aufbruch, etwa eine Woche später. Ich war damals froh, euch da oben in den Bergen zu wissen. Wir müssen alles genau durchdenken. Die Männer, die nach euch fragten, waren keine Soldaten und sie fragten nicht nur nach euch, sondern interessierten sich für einen Gegenstand, den die Gesuchten offenbar bei sich trugen. Sie suchten nach etwas Bestimmtem, so wurde mir berichtet. Bis jetzt sind sie nicht hier heraufgekommen, aber ich habe allen Bewohnern hier oben strengstes Stillschweigen befohlen. Doch wie ich schon sagte, kann leicht unversehens etwas ausgeplaudert werden, und wir können nie ganz sicher sein, dass sie nicht auch hier oben nach euch suchen werden. Man berichtete mir, dass sie sich besonders für das Kind interessierten. Ich bin zutiefst beunruhigt, lieber Josef. Können wir euer Versteck geheim halten, oder müsst ihr weiterziehen? Aber wohin?" Der Abt fuhr sich mit den Händen durch sein dichtes, graues Haar.

„Aber der Kelch hat mir den Ort gezeigt. Ich bin zuversichtlich, dass wir genau den richtigen Platz gefunden haben. Es stehen mir Möglichkeiten zu Gebote, von denen ich im Notfall Gebrauch machen werde. Ich werde es nie zulassen, dass man Hand an Mutter und Kind legt. Der heilige Kelch ist das Vermächtnis des Meisters und muss unter allen Umständen gut verborgen werden. Vielleicht sollte er an einem anderen Ort aufbewahrt werden. Wir müssen noch nach zusätzlichen Vorsichtsmaßnahmen Ausschau halten."

Die beiden Männer verabschiedeten sich am kommenden Morgen, und Josef brach früh auf, um recht bald zu Maria Magdalena zurückzukehren. Noch einmal hatte er große Mengen von Getreide, Öl und Pergamenten auf seinen Packesel geladen. Sie würden lange Zeit ohne Kontakt zur Außenwelt zurechtkommen müssen. Besorgt machte er sich auf den Weg. Es nieselte, als er in die höheren Ebenen des Gebirges kam. Der Weg war ihm nun schon vertraut, und er vermied es, den einheimischen Bewohnern dieser Bergregion zu begegnen. So wählte er immer wieder Seitenwege, die steinig und schwieriger passierbar waren. Er sehnte sich nach dem Meister. Der hätte jetzt genau gewusst, wohin sie sich wenden mussten. Doch nun war er auf sich allein gestellt und musste sich mit Maria Magdalena beraten, die mit ihrer ursprünglichen Intuition die Dinge oft gut einschätzen konnte.

Der erste Tag war hart und ungemütlich. Er machte in der Schlucht halt, wo sie auch beim ersten Mal übernachtet hatten. Doch er entzündete kein Feuer, um nicht auf sich aufmerksam zu machen. Die folgenden Tage kam er nur mühsam voran. Schon wie bei seinem Abstieg musste er tiefe Schneewehen überqueren, die an den nördlich gelegenen Felshängen liegen geblieben waren.

Maria Magdalena war seit ihrem erschreckenden Erlebnis ängstlicher und aufmerksamer geworden. Schon das kleinste Geräusch ließ sie zusammenzucken. Stets hielt sie das Kind im Auge. Große Greifvögel kreisten jetzt des Öfteren am Himmel, und sie war sich nicht sicher, ob sie David oder den halb erwachsenen Lämmern gefährlich werden konnten. Sie hatte gehört, dass Adler Lämmer holten.

Bei Nacht lag sie oft lange wach, lauschte auf jedes Geräusch und wälzte sich hin und her. Immer wieder kamen ihr die Bilder von den dunklen Schatten in der Höhle in den Sinn. Konnten sie sie auch hier erreichen? Welche Wesen oder was war es, das sie so erschreckt hatte? Oder war es nur Einbildung und Ausdruck ihrer Angst? Sie vermochte es nicht genau zu sagen.

Bei Tage, solange die Sonne schien, war sie frohen Mutes, doch bei Nacht, wenn der Sturm am Dach und den Läden rüttelte, lag sie wach, starr vor Angst.

In einer dieser stürmischen Nächte geschah es, dass sie betete und intensiv an *ihn* dachte. Die latente Angst hatte ihr die Brust abgeschnürt. Es war, wie wenn noch immer ein dunkler Schatten auf ihr ruhte. Dann sah sie ihn vor sich, wie er über staubige Wege marschierte. Und mit einem Mal war sie sich sicher: Er war auf dem Weg zu ihr, er würde kommen.

Jeheshua wusste, dass er nun bald Gallien erreichen würde. Er hatte mit Josef verabredet, dass sie in einem kleinen Dorf Zwischenstation machen würden. Er hatte ihm geraten, nur wenige Menschen in seine Pläne einzuweihen, denn je größer der Kreis der Informierten war, desto eher bestand die Gefahr, dass jemand für eine größere Geldsumme oder unter Androhung von Gewalt bereit war, sein Wissen preiszugeben.

In Saloniki hatte er Nachricht von Josef erhalten, dass alles nach Plan verlief, und er hatte erleichtert aufgeatmet. Wie es Maria Magdalena und dem Kind wohl erging? Und hatte sie dem Kind den verabredeten Namen gegeben? Er war frohen Mutes. Es würde jetzt nicht mehr lange dauern und er würde sie in die Arme schließen können.

Unter einem großen Baum machte er Rast, und nachdem er sich gestärkt hatte, machte er noch eine Meditation, die ihm Kraft und Ausdauer verlieh, indem er sich mit vitalisierender Energie versorgte. Nach einer halben Stunde öffnete er wieder die Augen und machte sich auf den Weg.

Er war noch nicht lange unterwegs, da zog ein Tross Reiter an ihm vorbei. Es handelte sich um merkwürdig aussehende Männer, die spitze Hüte und ihm vollkommen fremde Kleider trugen. Jeheshua sah ihnen nach, als sie hinter der nächsten Wegbiegung verschwanden und eine Wolke aus Staub ihn vollkommen einhüllte. Er musste plötzlich lächeln. Vielleicht sollte er sich auch eines Pferdes bedienen, damit er besser vorankam. Hinter der nächsten Kreuzung stieß er wieder auf die Reiter, die sich dieses Mal am Wegesrand niedergelassen hatten. Im Vorbeigehen sah er, dass einer der Männer sich am Boden wälzte und große Schmerzen zu haben schien.

Er blieb stehen und überlegte nicht lange, sondern ging auf ihn zu, um ihm zu helfen. Einer der Männer zog blitzschnell sein Schwert und stellte sich ihm in den Weg. Jeheshua schaute ihn an und sagte auf Latein: „Ich will ihm nur helfen, nichts sonst."

Der Mann blickte ihn kritisch an. Plötzlich meldete sich ein zweiter zu Wort, der die Situation beobachtet hatte.

„Bist du Heiler?" Jeheshua nickte nur leicht und antwortete: „So etwas Ähnliches."

„Lass ihn passieren", befahl der Mann, und der andere ließ sein Schwert augenblicklich sinken.

Jeheshua kniete sich zu dem Mann hinunter, der eine tiefe Fleischwunde hatte. Er musste im Kampf verletzt worden sein. Ein Tuch, das er zur Seite genommen hatte, war bereits blutdurchtränkt, die Waffe seines Gegners schien ihn durchbohrt zu haben.

„Und kannst du ihm helfen?", hörte er die Stimme aus dem Hintergrund, die er bereits kannte.

Jetzt geschah etwas, das die Anwesenden wohl ihr Leben lang nicht vergessen würden. Er hielt seine Hände über die Wunde, murmelte einige, für die Umstehenden unverständliche Worte, und wie im Zeitraffer schloss sich die Wunde innerhalb weniger Sekunden. Nicht einmal eine Narbe blieb zurück.

Die anderen Männer, die anscheinend einiges gewohnt waren, wichen zurück. Der ursprünglich Verletzte öffnete die Augen, lächelte Jeheshua an und fiel erschöpft in einen tiefen Schlaf.

„Wer, ... wer bist du?", stürzte nun der vermeintliche Anführer auf ihn zu. „Wie hast du das gemacht?"

„Ist das wichtig für dich zu wissen?", antwortete er ruhig und sah den Mann dabei liebevoll an. Dieser wurde sichtlich nervös und erwiderte: „Nein, das ist es nicht. Hauptsache mein Bruder wird wieder gesund."

„Das wird er ganz bestimmt", gab Jeheshua zur Antwort, stand auf und wollte sich wieder auf den Weg machen. Er erwartete keinen Dank, denn einem Menschen zu helfen war für ihn das Selbstverständlichste von der Welt. Es kam nicht darauf an, wer es war oder was er getan hatte. Er behandelte alle Menschen gleich. Für ihn waren sie alle Kinder seines Vaters, Brüder und Schwestern.

Der Mann hielt ihn am Arm zurück. „Kann ich mich irgendwie erkenntlich zeigen? Brauchst du Geld oder etwas zu essen?"

Doch Jeheshua lächelte nur. „Nein danke, ich habe alles, was ich brauche."

„Oder ein Pferd? Brauchst du ein Pferd?"

Jeheshua überlegte einen Moment und antwortete: „Ihr braucht eure Pferde doch selbst. Ich möchte nicht, dass ein anderer um meinetwillen sein Pferd abgeben muss."

„Nein, nein, wir haben zwei Ersatzpferde. Eines davon kannst du haben. Wir brauchen es nicht."

Jeheshua wollte etwas erwidern, doch der Mann ließ ihm keine Gelegenheit dazu. Er hatte sich bereits umgedreht und seinen Männern den Befehl erteilt, ein Pferd zu bringen.

„Bitte nimm mein bescheidenes Geschenk an. Du würdest mich sehr glücklich machen."

Jeheshua legte ihm seine Hand auf die Schulter, bedankte sich für die Großzügigkeit, stieg auf das Pferd und ritt davon.

Die Männer indes saßen noch eine ganze Weile beieinander und versuchten Erklärungen für das zu finden, was sie gerade gesehen hatten. Doch niemand von ihnen wusste letztendlich, was ihnen dort zuteilgeworden war. Tief beeindruckt reisten sie am nächsten Tag weiter, nachdem der verletzte Mann wieder bei Kräften war.

Maria Magdalena hatte ein großes Feuer im Kamin entfacht. Ein Topf mit Suppe brodelte über dem Feuer. Das Wetter war umgeschlagen. Es war nebelig und regnete unablässig. Sie hatte ihren kleinen Gemüsegarten bestellt, und der Regen kam genau zur richtigen Zeit. Sie hatte sich im Inneren der Hütte einen Platz nahe dem Feuer eingerichtet, wo sie schreiben konnte. Immer öfter musste sie an *ihn* denken und konnte es kaum erwarten, ihn wiederzusehen. Sie hatten in dem gallischen Dorf, das ihre erste Station gewesen war, bei den Freunden Josefs eine Nachricht hinterlassen. Er würde den Weg zu ihnen finden. Hellsichtig würde er wissen, wohin er sich richten musste. Manchmal ertappte sie sich dabei, wie sie immer wieder nach draußen spähte, ob Josef vielleicht schon zurückkehrte. Doch es war alles grau und verhangen, sogar die Schafe hatten sich in den Stall zurückgezogen. Sie hatten bereits gelernt, allein zu fressen und bedurften nicht mehr ihrer Hilfe. David krähte und lachte unablässig. Er war ein fröhliches Kind. Immer, wenn sie sich über ihn beugte, lächelte er sie strahlend an. Das Kind ist mein ganzes Glück, so dachte sie oft bei sich. Vor einigen Tagen war ihr die Idee gekommen, einige Hühner zu halten. Im Stall wäre noch genug Platz. Sie plante bereits eine kleine Umzäunung, wo sie scharren und sich Futter suchen konnten. Sie hatte allerlei Ideen entwickelt, das Leben hier oben angenehmer zu machen. An einer geschützten, sonnigen Stelle konnte man Trauben anpflanzen, und auf dem kleinen Acker wollte sie mitten in ihrem Gemüsebeet einen Rosenstock pflanzen. Irgendwann einmal würde sie eine Reise in das Tal unternehmen, aus dem Carlos der Schäfer stammte. Aber das würde noch geraume Zeit warten müssen.

Sie war ganz in ihre Pläne vertieft, als David zu weinen begann. Sie nahm ihn hoch, streichelte sein Köpfchen und wiegte ihn sanft. Doch sein Weinen und Schluchzen wollte nicht enden. Er warf den Kopf unruhig hin und her. Die ersten Zähne waren dabei durchzutreten, und er hatte leichtes Fieber. Sie holte ein mit kaltem Wasser getränktes Tuch, um ihn daran saugen zu lassen. Es sollte ihn ablenken und die Kühle ihm Erleichterung bringen. Wann mochte Josef kommen? Sie spürte, wie ihre Unruhe sich auf das Kind übertrug.

Josef kämpfte sich über die höher gelegenen Passhöhen. Er hoffte, noch am gleichen Tag die Hütte zu erreichen. Er war erschöpft und hungrig. Oft starrte er gedankenverloren in die Tiefe. Was hatte der Schöpfer aller Dinge mit ihnen vor? Wohin führte sie ihr Weg? Er hatte die Verantwortung für Mutter und Kind. Wurde er seiner Aufgabe gerecht? Ein Geräusch schreckte ihn auf. Eine alte Frau in zerlumpten Kleidern stand plötzlich vor ihm. Augenscheinlich sammelte sie Kräuter, denn ein Korb, gefüllt mit frischen duftenden Kräuterbündeln, hing an ihrem Arm. Mit dem anderen stützte sie sich auf einen knorrigen Stock. Sie lächelte ihn unter ihrem dunklen, wollenen Kopftuch an.

„Nun, mein Herr, was treibt Euch in diese Einöde? Sind es die Kräuter, die Euch interessieren?"

Josef war überrascht. Wo war sie so plötzlich hergekommen? Er hatte sie nicht bemerkt, erst, als sie hier neben ihm auftauchte. Sie hielt ihm ein Sträußchen wilden Thymian hin, der mit zarten lila Blüten einen würzigen Duft verbreitete.

„Sehen Sie, Thymian wie diesen gibt es nur hier oben. Nirgends ist seine Heilwirkung so stark wie bei diesem, der hier auf den Felshängen wächst. Ihr solltet Euch reichlich damit eindecken. Er lindert im Winter Husten und Fieber."

Er wollte gerade zu einer Erwiderung ansetzen, da verschwand das Kräuterweib vor seinen Augen. Er blickte sich um, doch sie war nirgends zu entdecken. Ungläubig schüttelte er den Kopf. Sollten ihn jetzt schon Halluzinationen heimsuchen? War er dem geistigen Verfall geweiht, oder war es eine Krankheit, die einen überfiel, wenn man zu lange in großer Höhe lebte?

Gerade wollte er sich abwenden, um den Strick des Esels zu ergreifen, als sein Blick zu seinen Füßen fiel. Ein kleines Bündel blühenden Thymians lag vor ihm, säuberlich zusammengebunden. Er hob es auf und roch an den duftenden Blüten. Fürwahr, das Kraut duftete betörend. Nie hatte er es in solcher Intensität angetroffen. Verwundert verstaute er das Sträußchen in seinem Gepäck und machte sich auf den Weg.

Maria Magdalena war von großer Unruhe erfüllt. Sie war seit Tagen nicht mehr außerhalb der Hütte gewesen. Jetzt wollte sie trotz des unentwegt fallenden Regens einen Ausflug machen. Sie band das Kind in dicke Tücher, nahm ihren Umhang und begann in die Talsenke hinabzusteigen. David war in letzter Zeit weinerlich. Er litt Schmerzen, das war offensichtlich. Sie ging langsam, sog die feuchte, würzige Luft ein und hielt nach ihm Ausschau.

Jeheshua ritt langsam in das Dorf. [.....] kam ihm bereits entgegen, denn er wusste, wer er war, und begrüßte ihn überschwänglich.

Er hielt das Pferd am Zaumzeug und strahlte ihn an. „Dass du endlich gekommen bist, ist eine große Ehre für uns."

Er stieg langsam vom Pferd und begrüßte ihn mit einem Bruderkuss.

„Wir haben uns lange nicht gesehen, mein Freund. Es ist sehr lange her."

„Ja", antwortete [.....] daraufhin, „du warst noch ein Kind."

Jeheshua erinnerte sich. Vor vielen Jahren hatte er mit seinem Onkel eine Reise unternommen, die ihn in dieses Dorf geführt hatte.

„Dieses Dorf", hatte sein Onkel damals gesagt, „wird später einmal eine wichtige Rolle für dich spielen."

Er wusste damals noch nicht, was damit gemeint war, aber er ahnte, dass er einmal hierher zurückkehren würde. Sie hatten mehrere Monate dort gelebt, und er hatte sehr schnell die Sprache erlernt, indem er mit den anderen Kindern spielte und das Umland erkundete. Josef von Arimathäa hatte viel Zeit mit dem Dorfältesten und einigen der Gemeindemitglieder verbracht. Er lehrte sie wichtige Dinge, die in engem Zusammenhang mit seiner essenischen Ausbildung standen. Als sie wieder abgereist waren, hatte Jeheshua das Gefühl, Freunde gefunden zu haben. Und als er und Josef Pläne schmiedeten, wohin Maria Magdalena gehen sollte, waren sie sich ziemlich schnell einig, wohin die Reise führen würde.

Jetzt saßen sie zusammen beim Abendmahl, und Jeheshua brach für alle das Brot und segnete die Speisen. Alle waren tief gerührt, dass dieser gottgesandte Mensch ihr Dorf beehrte, und Jeheshua hatte seit langem einmal wieder das Gefühl, zu Hause zu sein.

„Wie lange sind sie bei euch geblieben?", fragte er [.....], nachdem das Mahl beendet war und sie sich zu einem Zwiegespräch zurückgezogen hatten.

„Nur wenige Tage", antwortete [.....], „dann hielt Josef es für besser, wieder aufzubrechen. Mutter und Kind hatten sich gut erholt, und so hielt Josef es für angebracht, zur Bruderschaft aufzubrechen.

Jeheshua schaute ihn an. Er war der Erste, mit dem er sprach, der seinen Sohn gesehen hatte.

„Wie ist er?", fragte er und tiefes Empfinden schwang in seiner Stimme.

„Er ist großartig", schwärmte [.....]. „Er strahlt immerzu und hat einen ausgezeichneten Appetit." Jeheshua lächelte und konnte es kaum noch erwarten, seinen Sohn endlich in die Arme zu schließen.

Die Zeit verstrich völlig ereignislos. Jeden Tag arbeitete sie ein wenig an den Manuskripten und ging dann in den Garten, um ihre Aussaat zu pflegen. Sie begann Reisig zu schneiden, damit sie auch im kommenden Winter genug Vorrat davon haben würden. Die getrockneten Ginsterbündel brannten gut, jedoch brauchte man große Mengen davon.

Sie war ruhelos und suchte ständig nach Beschäftigung. Wenn sie ihre Arbeiten verrichtet hatte, nahm sie David auf den Arm, um mit ihm kleine Spaziergänge zu unternehmen. Sie machte keinen Versuch mehr, weiter oben in die höheren Gebirgsgegenden emporzusteigen. Sie war mehr als zufrieden, in dem vertrauten Tal umherzustreifen, Pflanzen zu studieren und nach Vögeln Ausschau zu halten. Wenn die Sonne hervorkam, saß sie vor der Hütte und spielte mit ihrem Kind.

Josef hatte viel länger gebraucht, um zurückzukehren. Er hatte den Esel in einem Tal zurückgelassen, wo er genug Futter finden würde. Er schulterte den größten Teil seiner Habe und kam unter der schweren Last nur sehr langsam voran. Den Rest der Nahrungsmittel hatte er unter einem Felsvorsprung deponiert, wo alles vor dem Regen geschützt sein würde. Sein sehnlichster Wunsch war es, die Hütte zu erreichen und eine Weile auszuruhen.

Es dämmerte bereits, als er an ihrem neuen Heim ankam. Der Schornstein rauchte und das Gefühl, in eine warme Hütte zu kommen, erfüllte ihn mit Vorfreude. Er warf die Leinensäcke vor der Hütte von seinen Schultern und trat vorsichtig ein. David schlief fest in seinem Bett, und Maria Magdalena war vor dem Feuer eingenickt. Jetzt ging ein Strahlen über ihr Gesicht, und sie begrüßte Josef, indem sie ihn herzlich umarmte.

„Liebster Josef, komm, setz dich zu mir, berichte mir, oder besser, berichte mir während eines Essens, das ich für deine Ankunft vorbereitet habe."

Sie holte einen großen Brotfladen, in den ein Fisch eingeritzt war, und stellte frische Schafsmilch und eine Paste aus Öl, Zwiebeln und Knoblauch dazu.

Josef ließ sich erleichtert am Tisch nieder und begann genüsslich und heißhungrig zu speisen. Maria Magdalena schaute ihm strahlend zu. Sie war so froh, dass er wieder bei ihr war.

Er erzählte alles, was der Älteste ihm berichtet hatte, und schloss mit den Worten: „Liebste Freundin, ich möchte es deiner Intuition und Einschätzung überlassen, ob wir nach dem Stand der Dinge weiterziehen müssen. Ich bin in dieser Frage ratlos. Sprich, was denkst du darüber? Wie würde *er* entscheiden? Ich vermag die Dringlichkeit und Gefahr für uns und den Kelch nicht einzuschätzen. Offenbar ist man über alles bestens im Bilde. Ich kann mir beim besten Willen nicht erklären, wie man alle diese Einzelheiten in Erfahrung bringen konnte, dass man so genau über uns Bescheid weiß, sogar in die Region vorgedrungen ist, die wir beschritten haben."

Maria Magdalena hatte stumm gelauscht. Sie mochte nicht sofort von ihrem erschreckenden Erlebnis berichten, noch wollte sie vorschnell antworten.

„Lieber Josef, wir sollten keine überstürzten Schlüsse daraus ziehen. Es war abzusehen, dass man uns nachstellen würde, und ich bin sicher, dass wir im Augenblick hier an diesem Ort geborgen sind. Ich habe in inneren Bildern gesehen, dass *er* auf dem Weg zu uns ist. Ich möchte nicht, dass er uns verfehlt. Daher schlage ich vor abzuwarten. Zuerst musst du dich erholen. Ich war erschrocken, als ich dich habe eintreten sehen. Du bist abgemagert. Es ist an der Zeit, dass du dich von all den Strapazen erholst."

Mit diesen Worten bestrich sie ein Brotstück mit frischer Schafbutter und reichte es ihm.

„Hier iss, mein Lieber, ich werde dafür sorgen, dass du wieder zu Kräften kommst."

Sie saßen noch eine Weile beieinander, und David streckte die kleinen Arme nach Josef aus, als er diesen erblickte. Die Müdigkeit überfiel Josef früh, und er zog sich zurück, während sie noch lange vor dem Feuer saß und das eben Gehörte noch einmal durchdachte. Sie war innerlich alarmiert, aber sie wollte besonnen und klug reagieren. Wohin sollten sie sich wenden, wenn sie von hier aufbrachen? Noch höher in die Berge steigen, in ein anderes Land gehen? Sie war im Augenblick ratlos, ebenso wie Josef, der bereits in der Kammer nebenan fest schlief.

Jeheshua schritt durch das große Tor und betrat den Innenhof der Bruderschaft. Er sah sich einen Moment lang um und war erstaunt über die gewaltigen Mauern, die dieses von außen eher unscheinbare Gemäuer umgaben.

Ein Bruder war zuvor zu dem Ältesten der Gemeinschaft gelaufen und hatte ihm berichtet, dass ein Mann mit langen Haaren, einem dichten Bart und ausdrucksvollen Augen um Einlass bat. Der Älteste hatte intuitiv gespürt, wer dieser Mann war. In den Prophezeiungen war zwar nichts darüber geschrieben worden, dass er, der Messias, ebenfalls in ihrem Kloster erscheinen würde, aber es kam ihm vor, als habe er nur darauf gewartet, dass jemand mit dieser Nachricht in sein Zimmer kam.

Der Älteste, Bruder Adam, stand im Zentrum des Innenhofs und kam nun langsam auf ihn zu. Jeheshua lächelte. Er nahm die Nervosität des Mannes wahr.

„Was kann ich für euch tun?", stammelte der Älteste, wohlwissend, dass es sich um eine völlig überflüssige Frage handelte. Er war unsicher, wie er sich verhalten sollte, denn er wusste, dass er diesem Mann vielleicht nur einmal in seinem Leben begegnen würde, und dankte Gott inbrünstig für dieses Geschenk, indem er augenblicklich ein Dankgebet gen Himmel schickte.

Wenige Minuten später saßen sie sich gegenüber. Der Älteste hatte Jeheshua Tee und etwas Gebäck angeboten, das ihm sichtlich mundete, und er freute sich über diese kleine Geste der Gastfreundschaft, die er ihm zuteilwerden lassen konnte.

„Ihr wollt zu *ihr*, nicht wahr?", begann der Älteste zurückhaltend.

Jeheshua nickte nur stumm und nippte an seiner Tasse.

„Ich werde Euch einen Führer zur Verfügung stellen, der auch sie begleitet hat."

„Das ist nicht notwendig", begann Jeheshua nun leise zu sprechen. „Ich finde den Weg auch ohne ihn."

„Aber der Ort ist sehr abgelegen", antwortete ihm der Älteste und Sorge schwang in seiner Stimme mit.

„Ich weiß", sagte Jehshua und schaute den Abt eindringlich an. „Ich war schon einmal dort."

„Ihr wart schon einmal dort?", fragte der Abt erstaunt und kratzte sich dabei am Hinterkopf.

„Ja, aber das ist lange her."

Der Abt stellte keine weiteren Fragen, denn er wollte nicht indiskret wirken.

„Kann ich Euch sonst in irgendeiner Weise behilflich sein?", erkundigte er sich.

„Wenn Ihr mir ein Bett für die Nacht und meinem Pferd etwas Futter geben würdet, so wäre das mehr, als ich erwarten kann."

„Aber selbstverständlich. Es ist zwar nur ein bescheidenes Zimmer, das ich Euch bieten kann, aber es ist sauber und verfügt über ein weiches Bett aus Stroh."

Jeheshua bedankte sich herzlich bei dem Ältesten und bat, sich zurückziehen zu dürfen. Er war müde von der langen Reise und wollte am nächsten Morgen bereits früh aufstehen. Bruder Adam verstand dies nur zu gut und brachte ihn persönlich in seine Bleibe. Als sein Gast sich auf das Strohlager fallen ließ, schlief er augenblicklich ein.

Am nächsten Morgen erwachte er durch lautes Glockenläuten. Der Tag in der Gemeinschaft begann bereits bei Sonnenaufgang, und als er sich an einem kleinen Brunnen das Gesicht mit kühlem Wasser wusch, da spürte er eine unbändige Freude, die in ihm aufstieg. Nun hatte er es bald geschafft und konnte endlich das sein, was er sich so lange gewünscht hatte: Ehemann und Vater. Eine regelrechte Erleichterung übermannte ihn. Erst während seiner langen Wanderschaft war ihm bewusst geworden, als wie belastend er die letzten Monate empfunden hatte. Er liebte seine Anhänger und war dankbar, dass er seine Botschaft in die Welt tragen durfte. Doch nun war er müde geworden. Es war nun die Zeit seiner „Nachfolger" gekommen. Es war nun an ihnen, seine Lehre zu verkünden. Er hatte seinen Teil erfüllt, dessen war er vollkommen sicher.

Als er sich das Wasser von den Händen schüttelte, stand plötzlich Bruder Adam neben ihm.

„Würdet Ihr mir einen Gefallen erweisen?", fragte er und schaute ihn dabei erwartungsvoll an.

„Aber gerne. Es ist mir eine Freude, wenn ich mich erkenntlich zeigen kann", antwortete Jeheshua und legte ihm seine rechte Hand auf die Schulter.

„Würdet Ihr ein paar Worte beim Morgengebet sprechen?", sprach der Älteste weiter und hoffte, nicht zu viel von seinem Gast zu erbitten.

„Das mache ich gerne", antwortete sein Gast und war froh, dass Josef und Maria Magdalena diesen Ort gefunden hatten.

Die Kapelle, in der das Morgengebet stattfand, war ein wunderschöner schlichter Raum, bestehend aus einem Altar, einigen Holzbänken und sechs Säulen aus Granit. Jeheshua segnete das Brot, brach es und reichte jedem der Anwesenden ein Stück davon. Alle waren tief beeindruckt von seiner gütigen Präsenz und zutiefst dankbar für diesen Augenblick, an dem sie teilhaben durften.

Im Anschluss daran taufte er sie, indem er ihnen ein wenig Wasser über den Kopf goss, und küsste jeden Einzelnen auf die Stirn.

Dem Ältesten liefen Tränen über das Gesicht. Er war tief berührt und kniete während der ganzen Zeremonie. Ihn taufte er zuletzt. Er warf sich Jeheshua zu Füßen, doch dieser fasste ihn bei den Schultern und bat ihn aufzustehen.

„Niemand soll vor mir knien. Ich bin nur ein bescheidener Diener, nicht mehr."

Der Abt wischte sich mit einem Ärmel die Tränen ab und wusste, dass dies der wunderbarste Moment in seinem Leben war. Die Taufe selbst war für sie nichts Neues. Schon seit vielen Generationen war sie ein wichtiger Bestandteil der kleinen Gemeinschaft. Aber von diesem, von Gott gesandten Mann getauft zu werden, empfand er als den Höhepunkt seines Lebens und seiner Aufgabe als Vorsteher der Bruderschaft. Die Prophezeiungen, dass ein großer Sohn des Schöpfers die Menschen mit seiner Anwesenheit beehren würde, waren wahr geworden.

Nach einem reichhaltigen Frühstück verabschiedete sich Jeheshua und verließ winkend die Gemeinschaft. Sie hatten ihm noch einen zusätzlichen Esel zur Verfügung gestellt, den sie mit Lebensmitteln und ein paar Schläuchen des selbst hergestellten Weins beladen hatten. Robert erklärte ihm, an welchen Stellen er sich in Acht nehmen musste, und wäre gerne mit ihm gegangen. Aber er spürte und verstand, dass dieser wundersame Mensch auch das letzte Stück des langen Weges alleine zurücklegen wollte. Er stand zwischen all den anderen, als sie ihn winkend verabschiedeten.

Sie werden sich freuen, ihn endlich zu sehen, dachte er sich, sehr freuen.

Jeheshua trieb das Pferd zur Eile an. Er konnte es kaum noch erwarten, über die Schwelle des Hauses zu schreiten, in der sich seine Familie befand. Maria Magdalena und er waren noch nie so lange getrennt gewesen, und es war ihm schmerzlich bewusst geworden, wie sehr sie ihm fehlte, sie, die ihn nun schon so lange begleitet hatte. Einige seiner Anhänger waren oft neidisch auf sie gewesen, weil sie nicht nur seine Frau, sondern auch gleichzeitig engste Vertraute und Schülerin war.

Petrus hatte immer wieder seiner Meinung Nachdruck verliehen, dass er der Auffassung war, es handle sich doch in allererster Linie um die Söhne Gottes, die diese so wichtige neue Lehre verkünden sollten. Doch Jeheshua hatte stets betont, wie wichtig es war, beide göttlichen Aspekte, den männlichen und den weiblichen, zu ehren, zu schätzen und zu leben. Er legte unbedingten Wert darauf, dass der Vater keinen Unterschied machte, wem er seine Liebe schenkte, Mann und Frau ebenso wie jedem Tier, jeder Pflanze, jedem Mineral, jedem Lebewesen auf Erden, sei es noch so klein. Alles wurde von der einen göttlichen Kraft durchdrungen, von ihr erschaffen, belebt und gespeist.

„Dies ist der wichtigste Bestandteil meiner Lehre", hatte er mehr als einmal verkündet. „Liebet euren Nächsten wie euch selbst. Liebet alles, was göttlicher Natur ist, gleichermaßen und macht keinen Unterschied darin, wem ihr eure Liebe schenkt. Denn liebt der Vater aller Dinge nicht alle Lebewesen auf dieselbe allgegenwärtige, göttliche Weise?"

Oft hatten ihn seine Zuhörer bei diesen Worten skeptisch angeschaut. Einer rief sogar während einer solchen Belehrung: „Aber heißt es nicht Gottvater, weil er männlichen Geschlechts ist? Ist es nicht das männliche Geschlecht, aus dem alles hervorgegangen ist?"

Jeheshua wusste sehr wohl um die Schwierigkeit seiner neuen Lehre. Für die Juden war ihr Gott männlich, zürnend und strafend. Ein all-liebender Gott, dem alles entsprang und der das All-Eine verkörperte, war ihnen schwerlich zu verdeutlichen. Denn die meisten waren so fest in ihrem Glauben verankert und eingebettet, dass sie allem Neuen sehr skeptisch gegenüberstanden und erst vieler Beweise bedurften. Wie oft hatte er geheilt? Wie oft Schwerkranke dadurch von ihrem Leid befreit? Und trotzdem glaubten sie ihm häufig nicht, sondern verlangten immer wieder neue Wunder.

Nun jedoch erwartete niemand mehr Wunder und Beweise. Von nun an konnte er Mensch sein, wie alle anderen auch. Aber würde ihm das auch gelingen? Würden die, die von seinem Weiterleben in Kenntnis gesetzt waren, das auch akzeptieren können?

Er wusste es nicht, war sich nicht sicher, wie sich alles entwickeln würde. Doch eines wusste er mit Bestimmtheit, nämlich: Dass er den Rest seines Lebens mit ihr verbringen wollte, mit ihr, die er über alles liebte und die jetzt wahrscheinlich schon sehnsüchtig auf ihn wartete.

Das Wiedersehen mit Josef hatte sie sehr glücklich gemacht. Trotz der unheilvollen Nachricht war sie zuversichtlich, ohne genau zu wissen, warum.

Sie saßen am folgenden Tag lange zusammen, erzählten einander die Ereignisse der vergangenen Zeit und berieten sich, wie sie weiter handeln wollten. Josef hatte die Idee, den heiligen Kelch an einem anderen verschwiegenen Ort zu verstecken. Er wollte ihn sicher verwahrt wissen. Das Augenmerk der Verfolger schien sich ja insbesondere darauf zu richten.

Maria Magdalena hatte Josef die Höhle geschildert, in der sie so erschreckt worden war. Er hatte der Geschichte gebannt gelauscht. Mit einem Mal hellte sich seine Miene auf.

„Maria, ich habe den idealen Ort, um den Kelch zu verbergen. Es ist eben diese Höhle. Wenn dieser Ort so Schrecken verbreitend ist, wird sich niemand dort aufhalten oder tiefer in das Innere vordringen. Ich denke, wir sollten einen Ausflug dorthin unternehmen, um den Ort näher zu inspizieren."

Maria hatte erschrocken aufgeblickt.

„Du willst diesen schrecklichen Ort benutzen, um unsere kostbarste Habe genau dort zu verbergen? Mich schaudert allein der Gedanke, noch einmal diesen Ort aufzusuchen, wenngleich ich in deiner Begleitung wohl weniger ängstlich wäre."

Josef strahlte: „Nun, meine Liebe, lass uns morgen, wenn das Wetter gut ist, einen Vorstoß unternehmen. Es ist einen Versuch wert."

Maria fühlte sich unbehaglich bei dem Gedanken, obwohl Josefs Idee auch einleuchtend war.

Am kommenden Morgen machten sie sich in aller Frühe auf den Weg. Dieses Mal hatte Josef das Kind auf dem Arm und Maria trug einen Beutel mit Proviant. Sie kamen gut voran, denn es war heute trocken und gelegentlich kam die Sonne heraus. Josef war überrascht, dass Maria sich einen so unwegsamen Pfad für ihren Ausflug ausgesucht hatte. War es Fügung, dass sie diese Höhle fand?

Gegen Mittag hatten sie die Stelle erreicht, wo Maria beim ersten Mal von dem Unwetter überrascht worden war. Sie fröstelte unwillkürlich, als sie am Fuße des Felsens, wo sich der kleine Durchlass befand, ankamen. Bevor sie in die Höhle hineingehen wollten, machten sie noch eine kurze Rast, verspeisten einiges von ihrem Proviant und ruhten sich in der warmen Sonne aus. Es würde einige Zeit dauern, die Höhle zu inspizieren. Sie hatten Öllichter mitgenommen, um damit Fackeln anzuzünden. Maria zögerte einen Augenblick. Sie legte David an einem sicheren Ort ins warme Gras, um ihn nicht wieder diesem unwirtlichen Ort auszusetzen. Dann entzündete Josef eine Fackel, und sie tasteten sich vorsichtig durch den schmalen Spalt, der ins Innere der Höhle führte. Wie beim ersten Mal schlug ihr modriger Geruch entgegen. Die Fledermäuse blieben allerdings aus. Maria deutete auf den Felsblock, auf dem sie gesessen hatte, als das Unwetter tobte. Jetzt, im hellen Schein der flackernden Flamme, sah die Höhle nicht mehr ganz so gespenstisch aus wie beim vorigen Mal. Doch ihr Unbehagen wuchs, als sie sich tiefer ins Innere vortasteten. Unwillkürlich hielt sie inne, legte die Hand auf Josefs Arm und stotterte:

„Josef, ich glaube, ich bleibe besser hier am Eingang. Wenn David weint, werde ich ihn hier drinnen nicht hören."

Josef nickte nur stumm. Er schritt weiter voran, immer tiefer ins Innere, das schwarz vor ihm lag. Unzählige Felsbrocken bedeckten den Boden, und über ihm ragten feuchte, modrige Felsen empor, aus denen Wasser tropfte. Ein wirklich schauriger Ort, dachte er bei sich. Er hielt die Fackel höher, um besser vorausschauen zu können, als er eine Bewegung wahrnahm. Wahrscheinlich ist die Höhle Unterschlupf für allerlei Tiere, die das Tageslicht scheuen, ging es ihm durch den Kopf.

Maria hatte die Höhle wieder verlassen. Sie wollte nach David sehen und bevorzugte das helle Tageslicht, um auf Josef zu warten. Dieses Mal hatte sie Gelegenheit, die Umgebung näher zu betrachten. Alles war mit großen Felsblöcken übersät, niedrige Sträucher und Dornen wuchsen zwischen den Steinen, und das Bachbett war der einzige passierbare Weg. Der Eingang war ein schmaler Spalt, der erst aus der Nähe betrachtet erkennbar war. Alles in allem ein ausgezeichneter Ort, trotz der seltsamen Umstände ihres ersten Besuches.

Nervös wartete sie auf Josef. Vielleicht war sie wirklich ihren eigenen Ängsten aufgesessen, denn Josef schien durch nichts vertrieben zu werden. Die Zeit verstrich, und sie fragte sich, wie weit er wohl in das Innere vorgedrungen war? Der schrille Schrei eines Raubvogels dicht über ihr ließ sie zusammenfahren. Dieser Ort war seltsam, Angst hin oder her, so ging es ihr durch den Kopf. Heute führte der Bach wenig Wasser. Es plätscherte munter dahin, und sie folgte dem Wasser mit ihren Blicken. In ihrem Augenwinkel nahm sie eine Bewegung wahr, ein Huschen wie ein Lichtblitz. Sie blickte sich um, doch nichts war zu sehen. Wind kam auf und rüttelte in den dürren Sträuchern. Eine Schar kleiner Vögel flog zwitschernd auf.

Josef war immer weiter hinuntergestiegen. Der enge Durchlass war noch ein wenig gekrümmt, dann führte eine Passage bergab. Immer enger wurde der Gang. In der Ferne hörte er Wasser rauschen. Die Luft war feucht und die Steine glatt und schlüpfrig. Geröll machte ihm den Abstieg schwer. Solange seine Fackel leuchtete, wollte er so weit wie möglich das Innere erkunden. Für den Rückweg hatte er eine zweite Fackel bei sich.

Er musste sich ducken, um durch einen weiteren Engpass zu kommen. Das Innere wurde nun trockner, und die Farbe des Gesteins änderte sich. War es am Anfang schwarz-gräulich, so nahm es hier eine hellere, bräunlichere Farbe an. Er fragte sich, wie weit er sich vorwagen konnte, da hörte er ein Geräusch. Erst ein leises Wispern, dann ein Scharren. Ihm war unwohl. Obwohl er nicht von ängstlicher Natur war, hielt er inne und lauschte. Es schien sich um mehrere Stimmen zu handeln. Dann fuhr ein starker Windzug aus dem Inneren hervor, der seine Fackel fast zum Verlöschen brachte. Er begriff jetzt, was Maria beschrieben hatte. Diese Höhle war bevölkert, von wem oder was auch immer. Er sendete mental starke Gedanken der freundlichen Absicht und der Liebe aus, eine bewährte Methode, sich der eigenen Ängstlichkeit zu erwehren, denn auch ihn ergriff immer mehr ein Gefühl der Furcht. Sollte er umkehren oder sich noch einige Schritte weiter hinabtasten? Er zögerte. Maria würde sich sorgen, wenn er sehr lange fortblieb, doch war der Anlass ihres Unternehmens zu wichtig, um Aufschub zu dulden. So tastete er sich immer weiter voran, vorsichtig einen Fuß vor den anderen setzend.

Die kühle Luft, die ihm nun entgegenschlug, war wie ein starker Luftzug. Schützend senkte er die Fackel. Wie konnte hier so tief im Inneren ein so starker Luftzug entstehen? Er folgte dem Gang, der immer noch eng und unwegsam war. Es gab keine Spuren von Tieren, noch hatte jemals jemand vor ihm einen Fuß hierher gesetzt.

Plötzlich vernahm er wieder Stimmen. Zuerst vor sich, tiefer im Gang, dann auch hinter sich. Ein Murmeln und ein unverständliches Wispern. Er hielt inne und stellte gedanklich die Frage, ob er weitergehen dürfe? Er lauschte mit seinen inneren Sinnen, doch er vernahm keine Antwort. Wenig später löste sich vor ihm ein Felsstück und fiel krachend vor seinen Füßen zu Boden. Das Gestein war brüchig und konnte leicht über ihm nachgeben. Doch er wollte nicht umkehren.

Etwas trieb ihn weiter voran, wie wenn es einen ganz bestimmten Grund gab, weiter zu forschen. Seine Bedenken wuchsen mit jedem Augenblick, doch seine Füße tasteten sich weiter voran. Das, was ihn zuvor abgeschreckt hatte, war nun zu einer magnetischen Anziehungskraft geworden. Welche Kräfte waren hier im Spiel? Er begann leise zu beten und spürte, wie die Worte und Silben ihn beruhigten, seinen angespannten Geist besänftigten. Die Fackel flackerte nun bedenklich und drohte zu verlöschen. Er musste die lange Strecke auch wieder zurückgehen. Immer wieder hörte man von Menschen, die im Labyrinth eines Höhlensystems auf immer verschwanden. Einen Moment zögerte er, dann entschied er sich, noch bis zu einem kleinen niedrigen Loch vorzustoßen, das er nur kriechend passieren konnte. Langsam schob er sich durch die niedrige Öffnung, die Fackel vorsichtig vor sich haltend. Die Felsen rückten immer näher an ihn heran, und der Schacht wurde immer enger. Unwillkürlich stieß er einen Schrei aus, etwas hatte ihn berührt. Waren es Ratten, die hier lebten, oder was war es? Er hielt wie versteinert inne und lauschte, doch nichts war zu hören. Nun öffnete sich der Schacht wieder, und er erreichte eine steinerne Pforte, die so geformt war, wie wenn Menschenhand sie bearbeitet hätte, gleichmäßig und symmetrisch.

Maria schien die Zeit endlos lang. Sie betete, dass ihm nichts zugestoßen sei und hoffte, dass er bald wohlbehalten zu ihr zurückkehren würde. David schlief fest in ihren Armen, und so saß sie da und ließ ihren Blick schweifen. Vielleicht war es die Müdigkeit, aber auch sie war einen kurzen Moment eingeschlafen. Plötzlich hatte sie das Gefühl, jemand nähere sich dem Eingang der Höhle. Es war so eine Art unbestimmte Empfindung, und sie entschied, dem keine Aufmerksamkeit zu schenken. Doch nach einer Weile hatte ihre Unruhe weiter zugenommen. Immer wieder schoben sich Bilder aus der Vergangenheit vor ihr Gesichtsfeld. Sie erinnerte sich plötzlich an den Tag der Verhaftung und der bangen Stunden der nachfolgenden Tage, an ihre überstürzte Abreise und die Geburt Davids in dem kleinen

Stall. Mit einem Mal stürzten all die Trauer und Trostlosigkeit über sie herein. Alles, was sie bisher gut gehütet und kontrolliert hatte, kam mit solcher Wucht über sie, dass sie laut zu schluchzen anfing. David erwachte und begann ebenfalls zu weinen. Sie drückte ihn fest an sich, herzte und küsste ihn. Ohne ihn hätte sie all die Strapazen nicht überstanden, so dachte sie bei sich.

Josef hatte den Engpass hinter sich gebracht. Seine Anspannung wuchs. Er fühlte sich regelrecht vorangetrieben. Einen kurzen Moment zögerte er, ob sich hier im Inneren gefährliche Dämpfe befanden, die seinen Geist vernebeln könnten? Doch er roch nur den dumpfen, modrigen Geruch feuchten Gesteins. Er stolperte über eine Geröllhalde, die in dem nun weiter werdenden Schacht bergab führte. Einige Sekunden rutschte er mitsamt den losen Steine in die Tiefe, dass ihm angst wurde. Doch es dauerte nur einen kurzen Moment und er hatte wieder festes Gestein unter seinen Füßen. Er entzündete die zweite Fackel, die eigentlich für seinen Rückweg gedacht war. Zu weit war die erste heruntergebrannt und drohte zu verlöschen. Angstschweiß trat auf seine Stirn. Was wäre, wenn beide verlöschten? Wäre sein Ende besiegelt? Noch einer Biegung des Tunnels wollte er folgen und dann umkehren.

Das Rauschen des Wassers hatte sich verstärkt. Feuchte Luft schlug ihm entgegen. Er erreichte den Felsen, um den sich der Weg schlängelte, und war zutiefst erstaunt, was er in diesem Augenblick sah. Eine große offene Höhle breitete sich vor ihm aus, so hoch wie ein großes Bauwerk und so überwältigend wie nichts, was er je gesehen hatte. Ein riesiger Wasserfall stürzte herab in einen großen See, an dessen Ufer er stand. Die Höhle öffnete sich noch weiter, doch der schwache Schein der Fackel vermochte die Weitläufigkeit der Höhle nicht zu erleuchten. Wie gebannt stand er da von einem Naturschauspiel, wie es seinesgleichen suchte. Sein Herz schlug höher. Er hatte den richtigen Ort gefunden. Hier und nirgends sonst war der passende Ort für das heilige Gefäß. Er stieg weiter über Felsblöcke an den gewaltigen Wasserfall heran. Feiner Nebel schlug ihm entgegen. Das Wasser war klar und wohlschmeckend. Eine Weile stand er stumm da, lauschte dem herabfallenden Wasser und betrachtete den schwarz schimmernden See zu seinen Füßen. Er wusste nicht, wie lange er so dagestanden hatte. Etwas rief ihn zur Eile, den Rückweg anzutreten. Er hatte noch eine lange Wegstrecke vor sich, und er musste sich entlang der von ihm vorgenommenen Markierung über widrige Wegstrecken emporkämpfen.

Maria war von so großer Unruhe erfüllt, dass sie erwog, selbst in die Höhle zu steigen, um ihm entgegenzugehen. Nur ihre Erinnerung an die schwarzen Schatten hielten sie davon ab. Sie begann zu singen, was David beruhigte und ihn wieder einschlafen ließ. Sie saß mittlerweile so lange da, dass die Sonne allmählich um die Felsen herumwanderte und sie im Schatten zu frösteln begann. Wieder versank sie in Tagträume.

Sie sah *ihn* vor sich, wie er den Weg ins Gebirge antrat. Er hatte ein Pferd dabei, das gemächlich hinter ihm hertrottete. Ab und zu blieb er stehen und blickte sich um, wie um sich zu orientieren. Dann wanderte er weiter. Hatte der Älteste des Klosters ihm den Weg gewiesen, oder war es ihr Wunschdenken, das so lebendige Bilder hervorrief? Sie zog ihren Umhang fester um sich und betrat das Innere der Höhle. Sie lag still und dunkel da. Dieses Mal, so nahm sie sich vor, würde sie sich nicht mehr erschrecken lassen. Sie hatte das Kind vor sich in feste Tücher gewickelt und eine der Fackeln genommen, um Josef entgegenzugehen. Vielleicht würde es ihm helfen, sich zu orientieren, wenn er auf dem Rückweg war. Er hatte von Zeit zu Zeit einige Getreidekörner hinterlassen, die auf den dunklen Steinen gut zu erkennen waren. Doch weit kam sie nicht. Sie stolperte über einen losen Steinbrocken und verlor das Gleichgewicht. Sie stürzte vornüber auf das Geröll vor ihr. Die Fackel verlosch und völlige Dunkelheit umgab sie. Einen Moment lang war sie wie benommen. Ihr Handgelenk, das sie sich schon einmal verletzt hatte, schmerzte erneut. Sie versuchte, sich zu orientieren, doch das erschreckte Weinen Davids lenkte sie ab. In der Dunkelheit betastete sie sein Köpfchen und fühlte, dass er unverletzt sein musste. Vorsichtig erhob sie sich. Ihre Schienbeine bluteten. Sie fühlte, wie warmes Blut daran herunterrann. Sie versuchte, Halt zu finden und wiegte David beruhigend in ihren Armen. Nur keine Angst aufkommen lassen. Ich bin noch nicht weit vom Eingang entfernt, so dachte sie bei sich. Sie versuchte, sich an die Lage des Ganges zu erinnern. Wenn sie sich nicht irrte, so musste Josef diesen Weg zurückkommen. Oder hatte sie einen Abzweig übersehen? Gab es ein Labyrinth von Gängen und Stollen? Sie überlegte. Noch hatte sie die Orientierung, aus welcher Richtung sie gekommen war. Sie überlegte fieberhaft. Dabei sang sie leise an Davids Ohr. Er war so erschreckt, dass er sich kaum beruhigen ließ. Sie machte, eine Hand vorgestreckt, einen Schritt in die Richtung, aus der sie gekommen war. Doch ihre Hand fühlte nur feuchten Stein. Sie hatte die Orientierung verloren. Sie versuchte, sich seitlich weiterzutasten, doch auch hier war nur Felswand. Weinend tastete sie nach einem Steinblock, auf den sie sich setzen konnte. Nicht weit von hier hatten sie einige Öllichter zurückgelassen. Vielleicht konnte sie einen schwachen Lichtschein ausfindig machen?

Josef kam sehr viel langsamer vorwärts als erwartet. Er musste bergan kriechen, weil das Geröll unter seinen Füßen nachgab. Tastend und mit einer Hand Halt suchend, bewegte er sich voran. Von Zeit zu Zeit fand er eine kleine Menge Getreidekörner und wusste damit, dass er auf dem richtigen Weg war. Immer hatte er das Gefühl in seinem Rücken, dass er beobachtet wurde, doch wenn er sich umwandte, war da nichts, nur morsches, nasses Felsgestein. Er hatte die niedrigste Stelle, die er durchkriechen musste, gerade erreicht, da glaubte er, Stimmen zu hören. Rief Maria nach ihm? Er hatte jedes Zeitgefühl verloren. Vielleicht war er schon eine Ewigkeit fort. Er wusste es nicht. Er rief laut nach Maria, und seine Stimme hallte durch den Gang. Dann war alles still. Er musste sich getäuscht haben. Nach wenigen Metern legte er eine kleine Rast ein. Er fühlte, wie seine Kräfte nachließen und sich Hunger bemerkbar machte. Nach seinem Empfinden hatte er die Hälfte des Weges zurückgelegt, aber er hatte nicht viel Zeit zu verweilen, denn die Fackel brannte bereits herunter und so tastete er sich, so schnell er es vermochte, vorwärts.

Maria hatte einen Felsblock gefunden, der ihr Halt gab und auf dem sie sich niederkauerte. Sie begann zu frieren. Es war kälter hier drinnen als draußen und sie wickelte sich und das Kind eng in ihren Umhang. David hatte sich wieder beruhigt und lutschte an seinem kleinen Daumen. Sie war froh, dass ihm nichts geschehen war. Vorsichtig betupfte sie mit ihrem Gewand ihre Beine. Die kleinen Rinnsale aus Blut waren zum Stillstand gekommen. Es ist alles gut, so beruhigte sie sich. Josef wird bald kommen. Um sie herum war alles tiefschwarz, und auch als ihre Augen sich an die Dunkelheit gewöhnt hatten, vermochte sie nichts wahrzunehmen. Tiefste Schwärze umgab sie. Sie begann zu beten. Es half immer, die Gedanken auf ein Gebet zu lenken. Sie rezitierte alle Verse, die sie kannte, und lauschte dem gleichmäßigen Atem des Kindes. Geduld, Geduld, beruhigte sie sich. Er wird bald kommen. Dieses Mal geschah nichts Schreckenerregendes. Sie hörte kein Wispern und auch kein Murmeln. Sanft wiegte sie sich hin und her. Die Kälte und Feuchtigkeit krochen an ihr hoch. Die Wunden und ihr Handgelenk waren ein einziger pochender Schmerz. Sie weinte still vor sich hin.

Josef kam jetzt besser voran. Der Gang war geräumiger und das Gestein fest. Die Fackel näherte sich ihrem Ende. Er wusste, dass ihm nur noch wenig Zeit blieb, um zurückzufinden. Er hatte laut gezählt, um sich zeitlich zu orientieren. Er hatte jedes Mal bei der Zahl hundert einige Getreidekörner hinterlassen. Jedes Mal eines mehr als beim vorigen Mal. Er zählte. Er hatte zwölf Körner vor sich. Wenn er sich beeilte, würde er rechtzeitig zurückfinden.

Die Fackel war bereits weit heruntergebrannt. Josef beeilte sich nach Leibeskräften, um vorwärtszukommen. Immer wieder stieß er auf die hinterlegten Getreidekörner und wusste, dass er auf dem richtigen Weg war. Doch es lag noch eine enge und niedrige Felspassage vor ihm. Schweiß rann ihm von der Stirn, trotz der Kälte. Er hörte sein Herz schlagen. Immer wieder beruhigte er sich in Gedanken. Hunger und Durst hatten ihn geschwächt und er spürte, wie seine Kraft allmählich nachließ. Er griff in seinen Beutel, um ein letztes Stück des Brotfladens zu essen. Doch der Beutel war leer. Er musste es verloren haben. Immer wieder gab das Geröll unter seinen Füßen nach.

Maria saß zitternd in der Dunkelheit und wartete. Sie hatte den Umhang so fest um sich gewickelt wie möglich, doch die Kälte kroch an ihr empor. David schlief und sie merkte, wie sie auch allmählich müde wurde. Sollte sie wirklich hier warten oder doch einen Versuch unternehmen, zurückzufinden? Sie ermaß noch einmal alle Möglichkeiten und entschied sich dafür zu bleiben, wo sie war. Zu groß war die Gefahr, dass sie die verkehrte Richtung einschlug oder erneut stürzte. Sie rief laut nach Josef, doch alles, was sie hörte, war der hohle Klang ihrer eigenen Stimme, die gespenstisch widerhallte.

Josef hatte jetzt den größten Teil des Weges zurückgelegt. Erleichtert stellte er fest, dass nur noch eine kurze Strecke vor ihm lag. Er begann schneller zu laufen. Maria schreckte auf. Sie hatte Geräusche gehört. Etwas regte sich. Sie rief laut, und dieses Mal hörte sie die vertraute Stimme Josefs. Sie fielen einander glücklich in die Arme. Aber sie mussten zuerst noch die zweite Fackel entfachen, bevor das Feuer endgültig erlosch. Erleichtert machten sich die beiden auf den Rückweg.

Als sie aus der Höhle traten, dämmerte es bereits. Sie hatten kein Gefühl dafür gehabt, wie viel Zeit verstrichen war. Die Wunden an Marias Beinen waren nicht sehr schlimm und David war völlig unverletzt. Aber ihr Handgelenk war angeschwollen und schmerzte sie sehr. Sofort machten sie sich auf den Heimweg. Josef ging voraus. Er war erschöpft und sie sprachen wenig. Erst später, als sie nach einem stärkenden Mahl am Kamin saßen, erzählten sie einander ihre Gedanken und Erlebnisse. Josef berichtete ausführlich von dem See und dem Wasserfall. Maria erzählte von ihren Befürchtungen und ihrem Missgeschick. Sie waren froh und glücklich, wieder daheim in ihrer Hütte zu sein.

„Die entscheidende Frage, Maria, die ich mir stelle, ist: Sollen wir diesen Ort wählen, um den Kelch zu verstecken oder sollen wir hier in der Hütte ein Versteck einrichten? Es lässt sich auch hier mit Hilfe von Steinblöcken ein künstlicher Felsen errichten, der dem Unkundigen völlige Natürlichkeit vortäuscht. Sag, was denkst du darüber?"

„Nun, die Höhle ist mit großer Sicherheit ein geeigneter Platz. Doch macht mir der schwere Zugangsweg Sorgen. Was, wenn ein Schacht verschüttet wird oder ein Felsen ins Rutschen kommt? Damit ist unser heiligster und kostbarster Gegenstand auf immer verloren. Ich bin mir nicht sicher. Am liebsten wäre es mir, wenn wir warten, bis *er* da ist. Ich spüre, dass er kommt."

„Maria, willst du damit sagen, dass er wirklich auf dem Weg zu uns ist, oder ist es dein intensives Wünschen, das dir diese Gewissheit eingibt? Und wie lange wollen wir auf sein Eintreffen warten? Können wir überhaupt warten, oder sind uns bereits Verfolger auf der Spur? Ich bin sehr besorgt um dich und das Kind. Und der Kelch birgt große Kraft und darf niemals in falsche Hände geraten. "

Sie beratschlagten noch eine Weile, bis Müdigkeit und Erschöpfung sie überwältigten.

Der nächste Morgen brachte Nebel und Regen. Sie blieben den ganzen Tag in der Hütte und Josef versuchte, eine Karte seines Weges in dem Höhlensystem zu zeichnen. Er hatte eine grobe Skizze angefertigt, aus der hervorging, wie der Weg aus seiner Erinnerung verlief. Maria sah, dass es eine gewaltige Strecke war, die ins Innere des Berges führte. Sie machte sich so ihre Gedanken, ob dieser Ort tatsächlich nur ihnen bekannt war, oder ob auch andere bis dahin vorgedrungen waren? Oder waren sie wirklich die Einzigen, die diesen Ort kannten?

Das Feuer war längst heruntergebrannt, und noch immer diskutierten sie über alle Möglichkeiten und Risiken ihres Handelns. Maria hatte ihr Handgelenk mit heilenden Kräutern bandagiert, doch pochend machte sich der Schmerz immer stärker bemerkbar. Sie konnte den Arm nicht bewegen, ohne vor Schmerz zusammenzuzucken. Josef begutachtete die Wunde und entschied, ein wenig heißes Olivenöl darauf zu träufeln. Keine sehr angenehme Prozedur, aber sehr hilfreich.

Sie waren zu keinem endgültigen Schluss gelangt und wollten noch ein wenig Zeit verstreichen lassen. Josef schüttelte besorgt den Kopf. Er hatte das Gefühl, dass man ihnen bereits auf der Spur war. Es waren viele Quellen möglich, bei denen Informationen einzuholen waren. Die Einheimischen kannten diesen Ort. Wenn man bis hierher vordrang, würde es leicht sein, die Menschen nach verschwiegen liegenden Gehöften auszuhorchen.

Innerlich zutiefst beunruhigt, machte er am kommenden Morgen wieder einen Vorstoß, nach einem geeigneten Ort zu suchen. Vielleicht gab es ein anderes Versteck, ebenso tauglich wie die Höhle.

Er hatte bis Mittag bereits eine große Strecke zurückgelegt. Die Felsen wurden immer schroffer und unzugänglicher. Er hatte einen Pfad der Bergziegen entdeckt und war diesem gefolgt.

Der kalte Wind blies heftig hier oben, und er suchte eine geschützte Stelle, um zu rasten. Der Blick auf die Berggipfel um ihn herum war atemberaubend schön. Alle hatten noch schneebedeckte Gipfel, und das Licht ließ sie in allen Farben erstrahlen. Er fühlte sich hier oben in der Einöde dem Herrn näher. Seine Präsenz war deutlicher spürbar. Dankbar faltete er die Hände zum Gebet. Es war Zeit, die täglichen Gebete zu verrichten, so, wie er es immer tat.

Sein Blick glitt noch einmal nach rechts, als er einen Schatten bemerkte. Etwas hatte sich bewegt, auch wenn er nichts entdecken konnte, war er sich sicher, dass dort eben noch etwas weggehuscht war. Ein Schatten oder ein wildes Bergtier, dachte er bei sich. Er schloss die Augen und begann zu beten. Er war ganz in sein Gebet vertieft und bemerkte nicht, wie sich ihm ein bedrohlicher Schatten näherte. Ein Bär hatte seine Spur aufgenommen und richtete sich drohend vor ihm auf. Josef erschrak zutiefst, als er die Augen öffnete. Das Tier beäugte ihn mit gierigem, wildem Blick und stieß abscheuliche Laute aus. Der Bär senkte den Kopf und schoss blitzschnell auf ihn zu. Die Zeit reichte nicht mehr, eine kabbalistische Formel zu formen. Josef sprang auf, so schnell er konnte, stieß ebenfalls einen markerschütternden Schrei aus und, indem er sich duckte, entging er nur knapp einem Prankenhieb des Tieres. Der Bär grunzte und setzte erneut zum Sprung an. Dieses Mal sichtlich gezielter und blitzschnell in seiner Bewegung. Josef hatte die Hand in die richtige Stellung gebracht und gebrauchte die Notfallformel, die nur in besonderen Fällen erlaubt war zu benutzen. Sie umgab ihn mit einem starken energetischen Schutz, der ihn unantastbar machte. Der Bär wich zurück, als hätte er sich verbrannt, schüttelte den Kopf und torkelte rückwärts. Er stieß noch einen lauten Schrei aus und machte dann kehrt, um zwischen den Felsen zu verschwinden. Josef machte die Handbewegung, um zum Normalzustand zurückzukehren. Er war erschüttert. Er hatte nicht mit Bären in dieser Region gerechnet. In den ausgedehnten Wäldern gab es sie gewiss, doch hier oben? Erleichtert ließ er sich auf den Felsen sinken und schickte ein Dankgebet für seine wunderbare Rettung zum Himmel. Dann setzte er seinen Weg fort.

Maria hatte den ganzen Tag mit dem Kind am Feuer gesessen. Die Wunden an ihren Beinen hatten sich geschlossen, doch ihr Handgelenk schmerzte sehr. Sie fror und hatte sich in ihren Umhang und eine dicke Decke gewickelt. Sie fühlte sich schwach und ausgelaugt.

David lag auf seinem Schaffell und spielte mit seinen Händen. Er lallte glücklich und wackelte lebhaft mit den Armen. Maria war mehr als erleichtert, dass ihm nichts bei ihrem Sturz geschehen war. Sie würde von nun an vorsichtig sein müssen, so schwor sie sich. Der Wind heulte um die Hütte und sie schlief am Feuer.

Die fünf Männer, die sich zu einem geheimen Treffen an einem seltsam anmutenden Ort zusammengefunden hatten, diskutierten heftig über die vergangenen Monate.

„Wir hätten viel eher zugreifen müssen", schimpfte der Älteste von ihnen, der mit einem langen Bart und buschigen Augenbrauen unter einer dunklen Kapuze hervorsah.

„Ich war damals bereits der Auffassung, dass wir nicht mehr länger hätten warten sollen", dabei schlug er mit der Faust auf den stabilen Holztisch, der unter dem kräftigen Hieb erbebte.

Die anderen vier schauten sich verlegen an. Ja, es stimmte, sie hätten damals zuschlagen sollen. Aber zum damaligen Zeitpunkt hätten sie zwar die Möglichkeit gehabt, ihn und seine Frau festzusetzen, doch was wäre mit dem magischen Kelch des König Salomon gewesen? Ihr Informant hatte ihnen den Ort und den Zeitpunkt des Treffens verraten. Ob aber der Kelch dabei zugegen war, konnte er nicht mit Bestimmtheit sagen.

„Was hätten er und seine Frau uns genutzt?", versuchte nun einer der anderen seine Entscheidung zu rechtfertigen.

„Sie hätten uns niemals das Versteck preisgegeben, unter keinen Umständen!"

„Doch, hätten sie", warf jetzt wieder der Älteste unter ihnen ein. „Unsere Methoden hätten sie schon zum Reden gebracht. Gerade die Frau wäre den Schmerzen erlegen und hätte geplaudert wie ein altes Weibsbild."

„Da kennst du sie aber schlecht", meldete sich jetzt ein dritter Mann zu Wort. „Sie ist eine äußerst starke, mutige und energische Person. Mit ihr hätten wir unsere Schwierigkeiten gehabt."

„Vielleicht hätte sie geredet, vielleicht aber auch nicht. Es macht keinen Sinn mehr, darüber zu debattieren. Lasst uns lieber nach einer Lösung suchen. Wenn wir uns streiten und gegenseitig Vorwürfe machen, kommen wir auch nicht weiter."

Die anderen schauten [.....] an. Er war mit seinen dreißig Jahren der Jüngste von ihnen, wurde aber von den anderen nicht selten wegen seiner Raffinesse und seiner Verschlagenheit beneidet. Er war erst vor wenigen Jahren zu ihnen gestoßen. Sein Vater hatte einstmals die Gruppe gegründet, und nach seinem Dahinscheiden trat sein Sohn an seine Stelle. Er war zwar schon lange in die Vorhaben und Ziele der Gruppe eingeweiht worden und wusste um deren Gründungsgrund. Aber erst nach dem Tod seines Vaters trat er als voll akzeptiertes Mitglied der geheimen Organisation bei. Ihr Ziel war es, die uralten Herrschaftsansprüche des einstmals so mächtigen [.....] wieder geltend zu machen. Doch dazu brauchten sie den Kelch des Messias, der den Menschen so viel Macht verlieh.

„Wir werden sie schon ausfindig machen. Unsere Spione sind ihren Spuren bis nach Gallien gefolgt. Dort verlieren sie sich. Aber ich bin sicher, dass wir sie finden werden, und dann gibt es nur ein Ziel: Sein Kind und seine Frau zu töten und den Kelch in unseren Besitz zu bringen. Alles andere ist dann ein Kinderspiel", sagte [.....] und ballte dabei siegesgewiss die Faust.

„Wir werden sehen", erwiderte [.....], stand auf, erhob sein Glas und sagte, indem er den anderen nacheinander in die Augen schaute: „Auf unseren Anspruch auf die Macht, die uns seit tausend Jahren zusteht!"

Die anderen erhoben sich ebenfalls, nahmen ihre Gläser und nickten ihm nur stumm zu.

Die Fensterläden bewegten sich leicht im Wind. Sonnenlicht fiel durch die geöffnete Tür.

Maria und David waren in ihrem kleinen Garten und beobachteten Hummeln, die sich auf den Blüten der wilden Kräuter niedergelassen hatten. Sie hielt die Hand über ihre Stirn, um im hellen Sonnenlicht besser sehen zu können. Irgendwie wurde ihre Aufmerksamkeit immer wieder auf die Stelle gelenkt, wo der Weg hier herauf in diese Talsenke führte. War es Josef, der zurückkehrte? Verwirrt wandte sie sich wieder David zu, der fröhlich und jauchzend die Hummeln betrachtete. Immer wieder blickte sie in dieselbe Richtung, so, als müsse jeden Moment jemand dort erscheinen. Doch der Platz blieb leer. Wer sollte auch ausgerechnet jetzt in diesem Augenblick dort auftauchen? Sie nahm das Kind auf den Arm und erhob sich. Es gab noch viel zu tun und sie wollte ihren Gemüsegarten bearbeiten, solange das Wetter so schön war. Die Schafe sprangen munter um sie herum. David saß in einem kleinen Korb aus Weidengeflecht. Es befanden sich weiche Felle in seinem Rücken, und er schaute Maria bei der Arbeit zu. Er hatte wache Augen und war stets vergnügt.

Sie fühlte eine Unruhe, die sie sonst nicht an sich kannte. Lag es daran, dass Josef bald zurückkehren würde, oder waren ihre Verfolger tatsächlich hier herauf unterwegs? Sie setzte sich einen Moment ins Gras, schloss die Augen und versuchte, sich darauf zu konzentrieren, was die Ursache ihrer Unruhe war. Sie sah sofort Bilder aufsteigen, zuerst unzusammenhängende Szenen von Menschen auf einem Marktplatz. Dann drei Männer mit Gewändern, wie sie in ihrer Heimat getragen wurden. Sie bestanden aus grober Wolle, mit Walnussfarbe braun gefärbt. Dann sah sie das Gesicht eines Mannes. Er hatte harte Züge mit stechenden schwarzen Augen, buschigen Augenbrauen und einem dichten Bart. Sie erschrak. Dieser Mann führte Böses im Schilde.

Sie schloss erneut die Augen und sah *ihn*. Er durchschritt ein Tal, ähnlich dem, das sie auf dem Weg hier herauf durchwandert hatten. Eine Woge tiefer Freude lief durch ihren Körper. Sie fühlte, wie ihr Herz zu klopfen begann. Sollte er schon hier in ihrer Nähe sein? Sie raffte ihr Gewand und lief ins Haus.

„Er wird kommen. Wir müssen ein Festmahl vorbereiten, David!"

Der Kleine blickte neugierig auf seine Mutter, die geschäftig damit begann, Brotteig zu bereiten und Gemüse zu schneiden. Sie hatte Zwiebeln und Knoblauch in einen Topf gegeben, um eine kräftige Suppe zu bereiten. Sie verfügten noch über getrocknete Bohnen, die Josef mitgebracht hatte. Es sollte ein Festmahl werden, wie sie es schon lange nicht mehr gegessen hatten. Dann, einen Moment später, sank sie traurig auf einen Stuhl. War all das nur ihre eigene Schöpfung? War es nur ihr Wunschdenken? Sie stützte die Arme auf den Tisch und vergrub ihr Gesicht in den Händen. Wieder stiegen Bilder vor ihren Augen auf. Dieses Mal sah sie ihn ganz klar. Er war auf dem Weg zu ihr, das spürte sie ganz deutlich. Der Weg war der, den sie kannte, und sie fühlte wieder diese unbändige Freude, die sie durchflutete. Sie überlegte, wann er bei ihr sein würde, und versuchte sich zu erinnern, wie weit der Weg war, der noch vor ihm lag. Morgen, dachte sie, morgen wird er hier sein, wenn alles, was ich sehe, der Wahrheit entspricht. Dann werde ich ihn in meine Arme schließen.

Als Josef am Abend zurückkehrte, war die Hütte feierlich mit Blumen geschmückt. Überall standen Öllichter, und es duftete köstlich nach frisch gebackenem Brot und einer guten Suppe. Er ließ sich erschöpft auf einem Stuhl niedersinken. Maria umarmte ihn zärtlich.

„Lieber Josef. Er ist auf dem Weg zu uns. Ich spüre es ganz deutlich. Morgen wird er hier eintreffen." Ein Leuchten glitt über sein Gesicht. Ja, das war sein innigster Wunsch, ihn jetzt wiederzusehen, ihn bei sich zu haben, sich mit ihm beraten zu können. Solange hatte er ihn nicht mehr gesehen. Er erzählte Maria nichts von dem Bären. Er wollte sie nicht ängstigen. Aber er wusste, dass die Berge hier oben nicht ungefährlich waren durch herabstürzende Felsen und wilde Tiere. Es war Vorsicht geboten. An diesem Abend saßen sie voller Vorfreude beieinander am Kamin. Sie hatten ihre besten Gewänder angelegt, denn bald würde er bei ihnen sein.

Jeheshua ging langsam auf das Haus zu. Er war nervös und seine Hände zitterten ein wenig. Würde er sie hier antreffen? Seine Frau, seinen Sohn und seinen Onkel Josef, dem er so viel verdankte?

Schritt für Schritt näherte er sich dem kleinen Gebäude, das wie im Nebel lag. Er lächelte und konnte es kaum noch erwarten, nach der langen Zeit der Trennung endlich wieder mit ihr zu reden, sie in die Arme zu schließen und von ihr liebkost zu werden. Die stillen Stunden, die sie gemeinsam verbracht hatten, waren die schönsten seines Lebens gewesen. In ihren Armen einzuschlafen und die Welt um sich herum für eine kurze Zeit vollkommen zu vergessen waren die intensivsten Erfahrungen, die er gemacht hatte. Dabei gelang es ihm, die Schwierigkeiten und Probleme, die mit seiner großen Aufgabe gezwungenermaßen einhergingen, für kurze Zeit zu vergessen. In ihrer Gegenwart durfte er Mensch und Mann sein.

Seine Anhänger und Schüler erwarteten immer Übermenschliches von ihm.

„Ihr könnt das Gleiche tun wie ich, und mehr", war nicht nur eine leichtfertig dahingesagte Aufforderung, sondern ein Hinweis darauf, dass jeder Mensch besondere Kräfte in sich barg, die nur geweckt und genutzt werden mussten.

„Jeder Mensch verfügt über das Erbe göttlicher Schöpferkraft. Ihr alle seid da keine Ausnahme", hatte er seinen engsten Schülern immer wieder zu vermitteln versucht. „Die Kraft des Geistes schlummert in jedem von euch, ihr müsst sie nur entdecken!"

Die Wenigsten verstanden, was er damit wirklich zum Ausdruck bringen wollte. Für sie war er ein Gottmensch, Gottes Sohn. Sie hatten ihn auf ein Podest gestellt, das sie ihm zuvor errichtet hatten. Er sollte unerreichbar sein für die normalen Menschen.

„Ich bin wie ihr", hatte er auf die Frage eines Zuhörers geantwortet. „Ich esse, trinke, schlafe und ich liebe. Ich lache, weine und tausche mich gerne mit meinen Mitmenschen aus. Und ich bin ein Mann. Mein Leben ist kein Geheimnis. Ich bin von dieser Welt, genau wie ihr."

Viele hatten sich nach solchen Worten enttäuscht von ihm abgewandt. Sie erwarteten einen alles wissenden, herrschenden Gott, der weit über ihnen stand; dem man sich nicht so einfach nähern konnte. Sie betrachteten sich als getrennt von ihm, dem Übermenschen.

„Auch ich mache Fehler. Auch ich stelle mir oft Fragen, die unbeantwortet bleiben. Der Vater spricht durch mich genau wie durch euch. Ihr müsst nur genau zuhören, was er euch sagen will."

Johannes lächelte ihn bei solchen Gelegenheiten mitfühlend an. Er wusste um die fast übermenschliche Aufgabe, die er sich gestellt hatte.

„Du bist kein Mensch, Meister", hatte er eines Abends zu ihm gesagt, als sie zusammen an einem Feuer saßen und miteinander sprachen, während die anderen bereits schliefen.

„Doch, das bin ich, mein Freund", hatte er ihm geantwortet und ihm dabei in die Augen gesehen. In diesem Moment verstand er, was sein junger Schüler ihm sagen wollte. Die Menschen wollten in ihm einen Abgesandten Gottes sehen. Immer perfekt, immer gütig, allwissend und stets kontrolliert. Doch sie vergaßen oft dabei, dass auch er Empfindungen hatte, Trauer und Enttäuschung empfand. Doch das waren Gefühlsregungen, die er nur mit ihr teilen konnte. In den wenigen gemeinsamen Stunden, die sie alleine verbracht hatten, konnte er wieder Kraft schöpfen und sich regenerieren, um sich wieder erstarkt seiner Aufgabe zu stellen. Sie war der einzige Mensch, dem er sich vollkommen anvertraute. In ihren Armen weinte er, mit ihr sprach er über seine Zweifel, die ihn ab und zu übermannten. Niemand sonst verstand ihn so wie sie. Und jetzt war er kurz davor, sie wiederzusehen.

Vorsichtig hob er seine rechte Hand und klopfte mehrmals an die verwitterte Holztür. Nichts regte sich. Er lauschte an der Tür und glaubte, Feuer knistern zu hören. Abermals klopfte er. Dieses Mal etwas kräftiger. Schließlich war es bereits spät und er vermutete, dass sie schlafen gegangen waren. Er hielt einen Moment inne und glaubte dann Geräusche von innen vernehmen zu können. Er trat einen Schritt zurück. Er wollte nicht, dass sie sich erschreckte, wenn sie die Tür öffnete. Da hörte er ihre Stimme. Sie benutzte scheinbar die Sprache dieser Gegend. Josef musste sie ihr beigebracht haben. Was hatte er erwartet? Welche Sprache sollte sie sprechen? Aramäisch? Er musste über seine Erwartungen lächeln. Da stand er vor der Tür seiner Angebeteten, war nervös und brachte kein Wort heraus. Ihre Stimme, die abermals erklang, holte ihn in die Realität zurück. Er ging wieder einen Schritt auf die Tür zu und sagte: „Mimi, ich bin's." Mimi war der Kosename, den er benutzte, wenn sie alleine und ungestört waren. Niemand außer ihr wusste, dass er sie so nannte.

Mit einem plötzlichen Ruck wurde die Tür aufgerissen. Für einen kurzen Moment blickten sie sich in die Augen. Sie hatte ein Öllicht erhoben, und er sah all die Trauer und die Sehnsucht, die aus ihren Augen sprach. Dann gab es kein Halten mehr. Sie stürzten einander in die Arme und weinten Freudentränen. Es war, als wenn Dämme brachen. Ihre ganzen Anspannungen, Ängste, Sorgen und Zweifel schienen von den Tränen weggeschwemmt zu werden. Sie schluchzten beide wie kleine Kinder. Minutenlang sprachen sie kein Wort, hielten sich nur fest umklammert, als wenn sie einander nie mehr loslassen wollten. Jeheshua nahm ihr Gesicht in seine Hände und sagte: „Geliebte, wie habe ich dich vermisst. Von nun an bleiben wir zusammen. Wir und ..." Als er das letzte Wort ausgesprochen hatte, brach er ab und schaute sie nur an. Maria konnte ihn kaum erkennen. Sie sah ihn durch ihre tränenverhangenen Augen nur wie durch einen Schleier.

„Unser Sohn, Geliebter, dein Sohn", sagte sie mit tränenerstickter Stimme, nahm seine Hand und führte ihn langsam in das kleine Haus. Im Feuerschein sah Jeheshua die Wiege stehen und ging wie in Trance darauf zu. Maria blieb stehen und schlug die Hände vor ihr Gesicht. Er kniete sich vor die Wiege, hielt sich mit beiden Händen daran fest und weinte leise vor sich hin.

„Danke, Vater, danke, dass du sie beschützt hast", sprach er leise und legte seinen Kopf dabei in den Nacken. Maria kam langsam auf ihn zu und schlang ihre Arme um seinen Hals.

„Er heißt David, mein Geliebter, David", flüsterte sie ihm ins Ohr. Er legte seine linke Hand auf die Ihre, streckte seine rechte vorsichtig in die Wiege und streichelte die Wange seines Sohnes, der leise, kaum hörbar, atmete und zu lächeln schien.

„Ob er weiß, dass ich da bin, was meinst du?", fragte er leise.

„Ganz sicher, mein Liebster, ganz sicher", und schnürte ihm dabei fast die Luft ab, so fest drückte sie ihn an sich. Sie wussten nachher nicht mehr, wie lange sie so verharrt hatten. Aber das war auch nicht wichtig. Sie waren wieder beieinander und würden von nun an eine Familie sein.

Die Tage, die nun folgten, waren von großer Freude und Glückseligkeit geprägt. Sie saßen beieinander, erzählten von all den Ereignissen der Vergangenheit, und schließlich schilderte Josef, wie es zu der Kreuzigung kam, die ihm das Leben retten sollte.

Jeheshua war mit dem Verlauf der Ereignisse am allerwenigsten einverstanden. Er machte Josef Vorhaltungen darüber, dass er es nicht habe dulden dürfen, dass ein unschuldiger Mann, auch wenn er beseelt davon war, dies als seine Aufgabe zu übernehmen, gekreuzigt wurde. Josef kamen die Tränen.

„Du weißt, ich liebe dich wie meinen eigenen Sohn. Ich habe dir von Kindesbeinen an beigestanden, habe deine Ausbildung überwacht, dich auf deine Aufgabe vorbereitet. Sollte ich mit ansehen, wie man den Menschen, den ich am meisten liebe, den religiösen Eiferern und habgierigen Nichtsnutzen opfert? Sprich, mein Geliebter, wie hättest du an meiner statt gehandelt?"

Jeheshua nickte stumm. Er verstand genau, worum es Josef ging, aber er konnte es nicht ertragen, dass ein anderer in seinem Namen gelitten hatte. Es schmerzte ihn zutiefst. Für ihn war ein solches Opfer nie nötig gewesen und entsprach in keiner Weise seiner Lehre und seiner Auffassung vom Umgang mit Menschen.

„Du hast mir mein Leben gerettet, Josef, und ich bin voller Liebe und Dankbarkeit dafür. Aber ich bin unduldsam und spüre, wie diese

Wendung der Ereignisse wie eine schwere Last auf mir ruht. Verzeih mir, liebster Onkel, ich werde von nun an nie mehr in der Öffentlichkeit meine Worte erklingen lassen, noch werde ich als Übermittler der göttlichen Botschaft jemals wieder in Erscheinung treten. Ich werde von nun an Vater und Ehemann sein und ein gottgefälliges Leben führen. Dem Mann, der an meiner statt gemartert wurde, werde ich ewig Dank schulden, denn er war es, der es mir ermöglichte, dass ich heute hier bei meinem Kind und meiner Frau sitze. Ich segne dich, Josef, aber das Unrecht wird große Folgen haben für uns und für die, die nach uns kommen. Denn ein Unrecht wird das andere nach sich ziehen. Alles wird von einer Lüge durchdrungen sein, an der ich nicht teilnehmen werde."

Josef hatte still zugehört. Tränen rannen in seinen dichten Bart.

„Nun, ich vernehme deine Worte, und ich verstehe und empfinde, wie es für dich sein mag, in diese Wendung der Ereignisse verwickelt zu sein. Doch ich beschwöre dich, verwirf nicht ganz und gar deine Aufgabe, das göttliche Wissen zu lehren. Tu es im Verschwiegenen, in einem kleinen Kreis von Menschen. Lass es uns aufschreiben für die, die nach uns kommen. Und vergib mir, ich habe unrecht gehandelt und es lastet schwer auf mir. Aber ich bin nur ein Mensch, und meine Absicht war nicht zerstörerisch, sondern sollte dich retten. Sei gnädig mit mir, mein erhabener Sohn, denn als solcher betrachte ich dich, und ich liebe dich wie ein Vater."

Langsam erhob er sich von seinem Schemel und blickte traurig auf Jeheshua und Maria, die den kleinen Knaben auf ihrem Schoß hatte. Erschrocken blickte sie auf.

„Aber Josef, was gedenkst du zu tun? Du willst uns doch nicht verlassen? Bitte setz dich nieder, lass uns über all das sprechen und unsere gemeinsame Zukunft planen."

Josef nickte nur stumm. Er umarmte Jeheshua, Maria und das Kind und verließ ohne ein Wort die Hütte. Er war zutiefst betroffen und verletzt. Er sehnte sich nach Ruhe und Geborgenheit und wollte eine Weile in dem Kloster leben oder an einen anderen Ort gehen. Seine Aufgabe war beendet, so dachte er. Langsam ging er auf einen Felsen zu, von wo die Aussicht ins Tal besonders schön war. Lange blickte er hinab. Wohin würde sein Weg ihn wohl führen? War er noch würdig, in seiner Nähe zu sein? Zu groß war sein Schmerz.

Maria und Jeheshua unterhielten sich noch eine Weile.

„Sei nicht zu streng mit ihm, Liebster, er hat es in bester Absicht getan, um dich zu schützen. Kannst du das nicht verstehen?"

„Doch", antwortete er ihr und nahm dabei ihre Hand. „Aber ich habe nicht gewollt, dass so etwas geschieht."

„Viele deiner Anhänger erwarteten es regelrecht von dir. Sie wollten, dass sich die Prophezeiungen unbedingt erfüllen."

„Ich weiß, Liebste, ich weiß. Aber das ist kein Argument, ein solches Geschehen in Szene zu setzen."

„Der Sanhedrin wollte deinen Kopf. So oder so."

„Ja, das wollten sie, doch was ist jetzt, frage ich dich? Was haben wir wirklich damit erreicht? Meine Anhänger werden verfolgt, gedemütigt und getötet. Ich habe nicht gewusst, dass meine Lehre so krasse Maßnahmen seitens unserer Gegner auslösen würde. Ich hegte die tiefe Hoffnung, dass sie verstehen würden, was ich ihnen zu sagen hatte."

„Einige von ihnen haben das sicherlich. Viele jedoch empfinden deine Lehre als zu tolerant, Andersgläubigen und jedweden Gruppierungen gegenüber. Sie erwarten rigide Veränderungen, und wenn es sein muss, mit Gewalt."

„Das ist etwas, mit dem ich nicht gerechnet habe. Ich glaubte, sie würden verstehen."

„Ja, mein Liebster, ich weiß, doch denke einmal daran zurück, wie alles begann. Josef hat dich gewarnt. Er wusste, dass so krasse gesellschaftliche Veränderungen, wie du sie gefordert hast, nicht einfach hingenommen würden. Er wusste, wovon er sprach. Schließlich war er selbst ein Mitglied des Sanhedrin und kannte dessen verkrustete Strukturen und dessen Bereitschaft, seine Machtposition mit allen Mitteln zu verteidigen. Du warst für sie ihr größter Feind, den es zu vernichten galt. Josef hat nur getan, was er für richtig hielt. Der für dich gekreuzigte Mann war leicht verwirrten Geistes. Er glaubte, die Prophezeiungen erfüllen zu müssen. Niemand hat ihn dazu gezwungen. Er hatte selbst entschieden, diesen Weg zu gehen. Es war von Anfang an geplant, dass er an der Folter und den Folgen der Kreuzigung nicht sterben würde. Und ich glaube sogar, und bitte verzeih meine Meinung, dass ihm dieses Geschehen die Augen geöffnet und eine neue Sichtweise hat entwickeln lassen. Er wäre früher oder später den Opfertod gestorben, weil er so stark von diesem Gedanken beseelt war. Glaube mir, Liebster, Josef hat nichts Böses getan. Und außerdem wissen wir alle, dass es Pläne seitens einer Gruppe gegeben hat, die eine Kreuzigung plante, um die Prophezeiungen in allen Details zu erfüllen. Dieses Geschehen hätte definitiv damit geendet, dass der Mann, den sie dafür ausersehen hatten, am Kreuz gestorben wäre. Josef hat mir anvertraut, dass er ihnen auch deswegen zuvorgekommen ist, weil er verhindern wollte, dass ein Mensch in deinem Namen sein Leben lassen musste."

Jeheshua schaute sie liebevoll an. Wieder einmal hatte sie kluge Worte gefunden, wieder einmal seinen Geist beruhigt und ihm wichtige Denkanstöße gegeben.

„Du bist die klügste und mutigste Frau, der ich jemals begegnet bin." Er stand auf, umarmte sie und küsste sie auf die Stirn.

Das ganze Zimmer war in das warme Licht des Feuers getaucht. Sie hatten lange zusammen gesessen, nachdem Josef am Abend in die Hütte zurückgekehrt war. Er war entschlossen, eine Weile eigene Wege zu gehen. Es lastete schwer auf ihm, von Jeheshua gemaßregelt worden zu sein, aber tief in seinem Inneren empfand er genauso. Er hatte immer gewusst, dass es nicht in *seinem* Sinne war, so zu handeln, und doch hatte er entschieden, dass es genau so passierte. Der

Druck war zu groß und die Zeit zu kurz gewesen, um eine andere Rettung zu inszenieren. Er wich dem Druck aus und gab sich alle Mühe, seine innere Verfassung zu verbergen.

Jehshua blickte ihn lange stumm an, nachdem Josef ihnen seine Pläne unterbreitet hatte. Er wollte zuerst zurück zu der Bruderschaft und dann weiterziehen. Vorerst wollte er nicht nach Jerusalem zurückkehren. Zu gefährlich wäre seine Anwesenheit dort, aber er wollte eine kleine Gruppe von Menschen um sich scharen, die wie er eingeweiht waren in die innersten Mysterien. Zu diesem Zweck wollte er verschlüsselte Nachrichten an seine Freunde senden, die, wenn sie es wollten, hier in der Ferne mit ihm gemeinsam eine neue Heimat finden würden.

„Auf diese Weise könnte ich euch weiter von Nutzen sein, wenn ihr meiner bedürft und eine Unterkunft braucht. Es bliebe ein Hort des Wissens in einer Zeit, wo alles, was bereits entstanden war, zu erlöschen droht."

Er wusste, dass die Jünger ausgezogen waren, um das Wissen weiterzugeben, und er wollte auf seine Weise dazu beitragen.

Jeheshua nickte: „Du willst uns also verlassen, lieber Josef? Ich kann deine Beweggründe gut verstehen, dennoch höre meine Worte. Du bist der Mensch, dem ich am meisten vertraue. Ich habe dir meine Frau und mein Kind anvertraut, und das wird auch auf immer so bleiben. Du bist es, der mir am nächsten steht, als Freund und Vertrauter. Ich will nicht, dass du in dem Gedanken fortgehst, dass wir deine Anwesenheit nicht mehr wünschten. Es wäre uns nichts lieber, als dass du bei uns bleibst. Die Ereignisse sind nicht mehr zu ändern, aber wir können daraus lernen und neue, andere Wege einschlagen. Wir brauchen deine Unterstützung. Niemals möchte ich, dass etwas zwischen uns steht."

„Ich weiß deine Worte wohl zu schätzen, doch ich glaube, es ist Zeit, dass ich eine Weile meiner Wege gehe. Maria und das Kind sind nun mit dir vereint, und es bedarf nicht mehr meiner Fürsorge. Ich werde mich morgen nach Tagesanbruch auf den Weg machen. Es wird mir guttun, eine Weile ganz bei mir selbst zu sein und der großen Verantwortung enthoben. Ich hoffe, ihr versteht meinen Entschluss."

Maria blickte mit tränenerfüllten Augen zu Josef. „Ich werde dich sehr vermissen. Niemals werde ich vergessen, was du für mich und das Kind getan hast. Du warst in den schwersten Stunden meines Lebens bei mir, und du bist mein Vertrauter und Lehrer. Ich verzichte nur ungern auf dich, jetzt, wo mein Glück so groß ist und ich so erleichtert bin."

Tränen rannen über ihre Wangen. Josef küsste sie still auf die Stirn. „Meine Liebste, wir werden einander wiedersehen. Und unsere inneren Bande werden niemals zerreißen. Es ist besser so, glaub mir."

Er ging still in seine Kammer, um sich zur Ruhe zu begeben, als Jeheshua ihn bat, doch noch eine Weile zu warten.

„Ich möchte dich um einen Dienst bitten, der mir sehr am Herzen liegt, liebster Josef. Ich möchte dich bitten, das hier an dich zu nehmen. Niemand könnte das besser verwahren als du. Es soll der Grundstock der neuen Gemeinschaft sein, die du gründen möchtest. Bitte nimm ihn an dich."

Damit hielt Jeheshua den Kelch hoch, ihm entgegen. Der Glanz und das Leuchten des Kelchs hatte das ganze Zimmer erfüllt und spiegelte sich auf den Gesichtern. Josef strahlte. Seine Augen leuchteten.

„Du willst, dass ich ihn nehme? Gehört er denn nicht zu euch und bedarf eurer Anwesenheit?"

„Nein, Josef, jetzt ist es Zeit, dass er in deine Obhut übergeht. Du hast dafür gesorgt, dass er bis hierher gebracht wurde, und du wirst auch in Zukunft dafür sorgen, dass er wohl verwahrt wird. Ich bitte dich darum."

Mit diesen Worten legte er den Kelch in Josefs Hände. Der schaute still auf das leuchtende, geheimnisvolle Gefäß.

„Nun denn, wenn es dein Wille ist, so werde ich dem entsprechen. Ich werde ihn wohl verwahren, aber wann immer du seiner bedarfst, wirst du ihn bei mir finden."

Tränen standen in seinen Augen. Er schlug das Leinentuch darum und trug ihn in seine Kammer.

Mehrere Monate waren seit der Kreuzigung vergangen, und er hatte immer wieder Gelegenheitsarbeiten angenommen, um dafür Nahrung und manchmal auch Unterkunft zu erhalten. Einige hatten ihn zwar wegen seiner Narben kritisch beäugt, doch fragte ihn niemand danach, und er war froh, dass er nicht darüber reden musste. Das Geschehen hatte ihn nachdenklich werden lassen. Aus heutiger Sicht würde er eine solche Marter nicht mehr auf sich nehmen; zu groß waren die Schmerzen, zu unmenschlich die Folter. Damals jedoch war er von dem Gedanken beseelt, die Rolle für den Erlöser zu übernehmen. Eigenartig, dachte er, ich habe ihn nie kennen gelernt. Was mag er für ein Mensch sein? Wie sieht er aus und wie klingt seine Stimme? Er hätte ihm zu gerne ein paar Fragen gestellt, die nun unbeantwortet blieben und auf die er eine eigene Antwort finden musste. Der Schmerz in den betroffenen Gliedmaßen hatte nachgelassen, und er vermochte sie wieder voll und ganz zu gebrauchen. Doch niemals mehr würde er nach Palästina zurückkehren. Er wollte seine Vergangenheit hinter sich lassen und ein neues Leben beginnen.

Den Grund, warum sie ihn nicht am Kreuz sterben ließen, hatte ihm Josef von Arimathäa offenbart, als er wieder ansprechbar und enttäuscht war, dass er den Weg nicht bis zum Ende gehen durfte. Doch er verstand auch die Haltung dieses außergewöhnlich freundlichen und wissenden Mannes, der die Lehre des großen Weisen von Nazareth nicht damit beenden wollte, indem ein Mensch am Kreuz starb. Er verstand nun, dass es nicht in die Vorstellung dieser Menschen passte, ein Opfer in dieser Form zuzulassen. Wenn er ehrlich war, so empfand er heute sogar Dankbarkeit dafür, dass sie ihn gerettet hatten. Er wusste nun, dass das Leben ein großes Geschenk war und man es niemals und unter keinen Umständen einfach wegwerfen durfte. Es war viel zu kostbar. Vielleicht in ferner Zukunft werde ich ihm einmal begegnen, ihm, den sie den Erlöser und Sohn Gottes nennen.

Mit diesem Gedanken schlief er ein, denn er hatte es sich am Wegesrand unter einem knorrigen Olivenbaum bequem gemacht. Er träumte von einem Gespräch, das er mit dem Mann führte, für den er geglaubt hatte, sich opfern zu müssen.

☆ ☆

Josef erreichte die Bruderschaft nach einem mühevollen Abstieg. Das Wetter war umgeschlagen, und immer wieder gingen heftige Regenschauer nieder. Er war erschöpft und durchnässt, als er das Anwesen erreichte. Der Älteste, Bruder Adam, war sehr fürsorglich. Er gab ihm die wärmste Zelle und versorgte ihn mit dem Nötigsten.

Josefs Atem ging schwer. Schweißglänzend lag er in seiner Bettstatt. Die Decken bis hinauf ans Kinn gezogen. Hohes Fieber schüttelte ihn. Er verlor zeitweilig das Bewusstsein. In seinem Fieberwahn verfolgte ihn die Vorstellung, dass der Kelch in falsche Hände geriet, und immer wieder schüttelte er widerwillig den Kopf, um diese Gedanken und Bilder abzuschütteln.

Bruder Adam saß still an seinem Lager und betete. Ein Öllicht erhellte den kleinen Raum, in dem sich außer dem Bett, einem Schemel und einer Holztruhe keine Gegenstände befanden. Weit oben an der Decke war ein kleines Fenster, das nur wenig Licht durchließ. Josefs Habe lag sicher verwahrt in der Truhe. Der Älteste selbst hatte Josef in diese Zelle geführt, denn sein Zustand war bereits bei seiner Ankunft besorgniserregend. Jetzt öffnete Josef die Augen.

„Wo bin ich?" flüsterte er.

Bruder Adam legte sanft seine Hand auf Josefs Arm.

„Ihr seid bei uns in unserer Gemeinschaft, liebster Josef. Wir haben für euch gebetet, dass das Fieber vorbeigehen möge, und wie es scheint, sind unsere Gebete erhört worden."

Rasselnd und flach ging der rasche Atem Josefs. Allmählich erinnerte er sich seines Vorhabens. Und er erinnerte sich an die seltsamen Kräuter, die die Alte ihm in den Bergen einst gab.

„Bitte, Bruder Adam, ich danke euch für eure Vorsorge. Aber seid doch so lieb und bereitet mir einen Aufguss aus den Kräutern, die ich dort in meinem Beutel bei mir habe. Ich glaube, das würde mir guttun."

Josef schloss wieder die Augen. Es kostete ihn zu viel Kraft, den Ältesten anzublicken. Sofort versank er wieder in wilde Fieberträume von Verfolgung und Bedrohung, sodass er sich unruhig hin und herwarf, als wenig später eine Schwester mit einem Krug heißen Tees die Zelle betrat.

„Josef, hört ihr mich? Ich bringe den Tee, nach dem ihr verlangt habt."

Josef blickte mit fieberglänzenden Augen auf. Die Frau erschrak. Er war noch magerer geworden, und tiefe Sorgenfalten durchzogen sein Gesicht. Es ist gewiss die Krankheit, versuchte sie sich zu beruhigen. Vorsichtig flößte sie dem Kranken etwas von dem Tee ein. Josef hatte innerlich damit abgeschlossen, wieder gesund zu werden. Ein starkes Bedürfnis, mit dieser Krankheit für immer die Welt zu verlassen, hatte sich seiner bemächtigt. Er war es müde, umherzuziehen, vor Verfolgern zu fliehen, jeden Moment mit der Entdeckung rechnen zu müssen und für all das Wissen die Verantwortung zu tragen. All die Jahre, als sie noch im Verborgenen lehrten, hatte er es gehütet. Hatte für alle und jeden gesorgt, die Versammlungen ausgerichtet, die Einweihungen vorgenommen. Stets war er zur Stelle gewesen, wenn es Unstimmigkeiten unter den Anhängern gab und wenn Jeheshua ihn wieder einmal damit überraschte, an einen anderen Ort zu ziehen, um zu predigen. Immer war er vorausgeeilt und hatte für Unterkunft und Sicherheit gesorgt.

Jetzt, so spürte er, war es Zeit, all dem enthoben zu werden. Seine Gedanken kreisten um den heiligen Kelch, der sich in seinem Gepäck befand. Immer wieder sah er ihn vor sich, wie er auf einem Tisch stand, an dem er lehrte. Waren es Bilder der Vergangenheit oder der Zukunft? Er vermochte es nicht zu sagen. Er war nur unendlich müde und wollte schlafen bis ans Ende aller Tage, so schien es ihm.

Wieder hob jemand seinen Kopf, um ihm etwas von dem Tee einzuflößen. Er war zu müde, um zu trinken. Warum ließ man ihn nicht einfach in Ruhe? Wieder versank er in Traumbilder. Er sah einen einsamen Wanderer, der auf einer Straße nach Norden zog. Ein einsamer Mensch allein in der Wildnis. War das er selbst? Wohin zog er? Wie durch einen Nebel sah er einen riesigen Steinblock vor sich aufragen. Dann einen zweiten. Und wie ein Vogel im Wind schwebte er mit seinem Bewusstsein über einen riesigen Steinkreis. Er fühlte sich angezogen von der Kraft dieses Ortes. Mit seinem Traumkörper stand er plötzlich in dessen Zentrum, umgeben von einem Kreis weiß gewandeter Männer. Verwirrt blickte er sich um. Wozu war er hier? Einer der Männer trat vor und legte ihm die Hand auf sein Haupt. Sofort verstand und wusste er, wozu er sich hier befand. Sein Körper und sein Geist erfuhren eine Kraft, die ihn stärkte und seinen Körper heilte. Er wusste in diesem Moment, dass es noch eine Aufgabe auf Erden für ihn gab.

Als er erwachte, fühlte er sich gestärkt und klar. Seine Gliedmaßen schmerzten nicht mehr, und er hatte großen Hunger. Strahlend brachte Bruder Adam ihm persönlich eine Schale Suppe und Brot, was er sofort heißhungrig verzehrte.

„Nun, mein Freund, die Kräuter scheinen eine große Heilkraft zu besitzen. Wir hatten uns schon um Euer Wohlbefinden gesorgt. Einmal schien es, als gäbe es keine Hoffnung mehr für Euch. Wie schön, dass es Euch heute so wohl ergeht. Wir haben für Euch noch weitere stärkende Speisen bereitet und hoffen, dass Ihr bald vollkommen genesen seid. Ich will Euch bald einen Gast vorstellen, der wie Ihr aus Judäa kommt. Er sagt, er sei Euch bereits begegnet. Ich habe bis jetzt behauptet, Euch nicht zu kennen, aber wenn Ihr es wünscht, werde ich ihn zu Euch führen. Sein Name ist Abdul Ben Massa. Und er sagt, er sei Eurem Meister begegnet, kurz bevor die Ereignisse eingetreten seien, wegen derer Ihr geflohen seid."

Josef blickte verwirrt auf. Ausgerechnet der Fremde, der ihnen mit seinen Tinkturen geholfen hatte, war hier? Wie konnte er den Weg finden? Niemand wusste um diesen Ort, außer dem Meister und Miriam.

Jeheshua und Miriam verbrachten einige sehr schöne Tage, die geprägt waren von gemeinsamen Spaziergängen und intensiven Gesprächen.

Miriam erzählte ihm von den bedrohlich wirkenden Männern, die sie in ihrer Vision erschaut hatte. Jeheshua wusste sofort, von wem sie sprach. Es gab eine Gruppe von Männern, die sich die Befreier Palästinas nannten. Ihr Ziel war es, die alten Mysterien des ägyptischen Zeitalters wieder aufleben zu lassen und das Land von der römischen Besatzungsmacht zu befreien, und sei es mit Gewalt.

Sie hatten schon mehrmals Spione zu ihm geschickt, um festzustellen, welche Ziele Jeheshua mit seiner Lehre verfolgte. Als sich jedoch herausstellte, dass er es nicht darauf abgesehen hatte, Palästina vom Joch der Römer zu befreien, sondern seine Botschaft vor allem von der Verkündung der Liebe und des Friedens geprägt war, setzten sie alles daran, seine magischen Kräfte ebenfalls erlernen zu wollen, um sie für ihre Zwecke einzusetzen.

Jeheshua entdeckte frühzeitig dieses Vorhaben und lehnte mehrere junge Männer ab, die sich unter dem Vorwand, sich für seine Lehre zu interessieren, Eingang in sein Gedankengut und seine besonderen Fähigkeiten erhofften. Doch das hatte sie nur wütend gemacht, und von nun an beobachteten und verfolgten sie ihn und seine Anhänger auf Schritt und Tritt. Wer nicht ihr Freund und Mitstreiter war, den betrachteten sie als Feind, und Feinde galt es zu vernichten.

Jeheshua machte sich Sorgen. Dass ihr Arm auch bis hierher reichte, ließ erkennen, über welche Mittel diese Organisation verfügte, und er wusste, dass, wenn sie ihrer habhaft würden, sie mit ihnen nicht gerade zimperlich umgehen würden. Er ahnte, dass sie den heiligen Kelch in ihre Gewalt bringen wollten und war froh, dass sie entschieden hatten, sich von ihm zu trennen. Sie überlegten lange, was zu tun sei, und schließlich beschlossen sie, diesen Ort zu verlassen. Die Wahrscheinlichkeit, hier aufgespürt zu werden, war zu groß.

So verbrachten sie die nächsten Tage damit, alle Vorbereitungen zu treffen, und hofften, wenn sie das Kloster erreichten, Josef noch vorzufinden, um sich mit ihm zu beratschlagen.

Miriam fiel es nicht leicht, diesen Ort zu verlassen. Er gab ihr eine gewisse Geborgenheit und einen Schutz, dessen sie so dringend bedurfte. Doch sie wusste auch, dass sie hier nicht mehr sicher waren. Schweren Herzens verließen sie eines Morgens das kleine Häuschen und machten sich auf den Weg zu dem Kloster.

Die ganze Nacht hatte Abdul Ben Massa am Bett Josefs gesessen. Er hatte vieles aus der Heimat zu berichten. Das meiste davon war Schrecken erregend, und Josef war zutiefst bestürzt, mit welcher Härte man Jeheshuas Anhänger verfolgte. Man hatte beobachtet, wie Menschen aus ihren Häusern getrieben, gepeitscht und getreten wurden. Wie man Hütten der Ärmsten zerstörte und jeden der Verschwörung bezichtigte, der irgendwann einmal Sympathie für den Mann aus Nazareth geäußert hatte. Spitzel und Spione tauchten überall auf. Niemand war mehr sicher, einfach in eines der zahlreichen Gefängnisse verschleppt zu werden und auf immer zu verschwinden. Wie gelähmt blickte Josef in die Flamme des kleinen Öllichts, das auf einem Mauersims brannte.

„Was glaubt Ihr, Abdul, werden sie ihre Spitzel und Spione auch schon hierher ausgesandt haben? Ihr habt schließlich auch den Weg hierher gefunden. Gottlob seid Ihr ein Freund. Aber ist es nicht möglich, sich der magischen Kraft zu bedienen, um uns ausfindig zu machen? Und gibt es überhaupt einen Ort, an dem sie uns nicht folgen könnten? Allmählich bin ich verzweifelt, wohin sollen wir uns wenden? Und muss ich den Meister nicht warnen, auch die Einöde zu verlassen, die er jetzt bewohnt? Ich bin ratlos. Sprecht, mein Lieber, wie denkt Ihr darüber?"

Abdul Ben Massa schwieg eine Weile. Er hatte so viele Folterungen auf öffentlichen Plätzen und weitere Kreuzigungen gesehen. Das ganze Land glich einem Hexenkessel. Wie sollte er sich ausdrücken? Er suchte nach Worten.

„Nun, ich denke, vorerst ist dieser Ort sicher. Ihr solltet die Kleider und Landestracht dieser Gegend tragen, Bart und Haar stutzen, so, wie es hier üblich ist, und vielleicht auch einen anderen Namen annehmen. Aber wirklich sicher seid Ihr tatsächlich nirgendwo. Desto mehr Menschen Eure wahre Identität kennen, desto eher besteht die Gefahr, dass Spitzel sich Euren Anhängern nähern und sie aushorchen. Es sollte wirklich nur ein kleiner Kreis von zuverlässigen Menschen um Euch sein, und man sollte alle Spuren verwischen, indem man falsche Fährten legt. Dazu müsste man einen gezielten Plan ausarbeiten, der es den Vertrauten und Freunden erlaubt, Euch zu finden, während Uneingeweihte zu falschen Wegen geführt werden. Ich denke, wir sollten noch heute beginnen, solch einen Plan auszudenken und uns dabei eines Doppelgängers bedienen. Dieser könnte ich sein. Ich könnte unter Eurem Namen und in Eurer Landessprache, die ich ja mittlerweile erlernt habe, falsche Fährten legen."

Die Glocken läuteten zum Abendgebet, als Miriam und Jeheshua durch die hintere Pforte unbemerkt die Gebäude betraten. Müdigkeit und Erschöpfung waren in ihren Gesichtern zu lesen. Sie hatten meist nur in den frühen Morgenstunden und in der Abenddämmerung ihre Wanderschaft aufgenommen. Es wäre zu gefährlich gewesen, wenn beide auf ihrem Weg zur Bruderschaft miteinander gesehen worden wären. Miriam war in weite Tücher gehüllt, und Jeheshua trug eine

Kappe aus Filz, wie sie von fahrenden Handwerksgesellen getragen wurde. Dennoch konnten sie nie sicher sein, nicht entdeckt zu werden.

Bruder Adam schloss sie herzlich in seine Arme. Er war hocherfreut, die beiden in seiner Bruderschaft begrüßen zu können. Jetzt, wo Josef sich von seiner schweren Erkrankung erholt hatte, freute er sich umso mehr, sie alle beieinander zu wissen. Er holte Josef aus dessen Zelle, wo er sich, sehr zurückgezogen von den anderen Bewohnern, eingerichtet hatte. Er hatte begonnen, die Ereignisse aufzuschreiben, so, wie er sie erlebt hatte.

Als er von der Ankunft Jeheshuas und Marias hörte, sprang er von seinem Stuhl auf. Die Wiedersehensfreude war groß. Alle lagen sich weinend in den Armen.

Josef zog Jeheshua und Miriam sogleich zur Seite. „Wir müssen miteinander reden. Es gibt Neuigkeiten", flüsterte er.

Jeheshua nickte. Er wirkte müde und abgezehrt, doch seine Augen leuchteten vor Freude. Maria wurde in die Gastgemächer geführt, wo ein Zuber mit heißem Wasser und etwas Brot und Suppe schon bereit standen. Sie ließ sich erleichtert auf das Bett aus Stroh und Leinentüchern fallen. Ich möchte nie mehr aufstehen, dachte sie, und betrachtete ihre wunden und staubigen Füße. Sie waren über unwegsame Gebirgspässe gewandert. Manchmal waren sie nur den Wegen der Tiere gefolgt. Bei Tage hatten sie geruht, um dann in der Dämmerung bis zum Anbruch der Nacht weiterzuziehen. So hatten sie viele Tage auf der Wanderschaft verbracht. Sie streifte ihre Kleider ab. Heißes Wasser – wie lange hatte sie nicht mehr darin gebadet? Sie ließ sich in den Zuber gleiten und nahm David vor sich auf die Knie. Er war entzückt von dem warmen Wasser und begann zu planschen und zu jauchzen.

Jeheshua saß unterdes in der Kammer Josefs. Er hatte dessen sorgenvolle Miene sofort bemerkt. Er schien seit ihrem letzten Treffen gealtert zu sein. Jeheshua legte die Hand auf Josefs Haupt und segnete ihn.

„Josef, geliebter Freund, wie ist es dir ergangen? Hast du dich entschieden, hier in der Gemeinschaft zu bleiben?"

Josef nickte bedächtig. „Zuerst hatte ich vor, sogleich weiterzuziehen, um nach einem Ort Ausschau zu halten, wo ich eine neue Gemeinschaft gründen könnte. Doch meine schwere Krankheit hat mich lange ans Bett gefesselt. Immer wieder habe ich Pläne gemacht und wieder verworfen. Abdul Ben Massa, der uns half, dem Gekreuzigten das Leben zu retten, hat mich hier gefunden. Und so berieten wir uns, wie wir den Kelch am besten verbergen können. Er hatte die Idee, falsche Fährten auszulegen, um mögliche Verfolger in die Irre zu führen. Darum ist er in meinen Kleidern nach Norden gezogen und nahm einen falschen Kelch mit sich. Wir haben ihn bei einem Silberschmied erstanden, und er sieht dem echten zum Verwechseln ähnlich. Er ist nun schon lange fort, und ich habe bisher keine Nachricht von ihm erhalten. Er sagte, es gäbe Freunde im Norden, wo er untertauchen könne, nachdem er die Verfolger erst einmal fortgelockt habe. Aber sprich, warum seid Ihr aus Eurer Einöde fortgezogen? Glaubt Ihr Euch dort nicht mehr sicher?"

Jeheshua nickte. „Nun, mein Freund, es ist nicht nur eine Frage der Bedrohung, sondern auch der anstehenden Aufgabe. David soll in einer Gemeinschaft aufwachsen. Er soll lernen, wie es alle Kinder tun. Es steht uns nicht an, ihn zu isolieren und weltfremd zu machen. Er wird mein Werk auf seine Weise weiterführen. Aber darauf muss er vorbereitet sein. Wir wollen uns an einem Ort niederlassen, der uns ein normales Leben ermöglicht. Ich werde einer Arbeit nachgehen, und wir werden so leben, wie viele Familien es tun. Wenn du an meiner Stelle wärst, Josef, was würdest du tun?"

Josef blickte ihn still an. Er hatte verstanden. Jeheshua würde nicht mehr predigen und auch nicht mehr lehren. Er war jetzt in erster Linie Vater und Ehemann, und in diesem Sinne Lehrer seines Sohnes. Das musste er einsehen, auch wenn es ihm schwerfiel.

„Du hast ein großes Werk hinterlassen, auch wenn die Ereignisse sich nicht so entwickelt haben, wie du es dir gewünscht hast. Aber soll deine Lehre denn nicht weiter verbreitet werden? Soll alles jetzt zu Ende sein?"

„Josef, du weißt so gut wie ich, dass jetzt erst alles anfängt. Die Jünger werden die Lehre Gottes weiter verkünden, und meine Aufgabe ist beendet. Es werden andere kommen, die daran weiterarbeiten. Ich bin nicht in diesen Teil der Welt gekommen, um hier ein weiteres Kreuzigungsgeschehen zu erleben. Es ist schon zu viel Blut geflossen. Lass uns eine Vereinbarung treffen. Wenn du die Gemeinschaft gründest, wie du es planst, so werde ich dort lehren, aber im Verborgenen. Niemals mehr werde ich öffentlich lehren. Dafür sind die Ereignisse zu weit fortgeschritten."

Josefs Augen glänzten. „Dann wirst du mit dabei sein, wenn die neue Gemeinschaft entsteht?"

„Das werde ich, Josef. Aber ich werde nicht ständig zur Verfügung stehen, sondern von Zeit zu Zeit euer Gast sein und lehren. Dafür will ich meine Kraft einsetzen. Aber nur unter der Bedingung, dass ich ein namenloser Meister bin, dessen Identität für immer im Verborgenen bleibt."

Josef fasste Jeheshuas Hand und drückte sie innig. „Du machst mich sehr froh, geliebter Neffe. Ich werde deinen Wünschen folgen. Lass uns einen Ort auswählen, wo die Gemeinschaft sich begründen kann."

An diesem Abend war die kleine Kapelle mit besonders vielen Öllichtern geschmückt. Die Mitglieder der Bruderschaft waren schon zur Ruhe gegangen. Nur der Älteste und seine Gäste knieten vor dem kleinen Altar, wo frische Blumen einen zarten Duft verströmten. Jeheshua hatte den Kelch mit Wasser gefüllt, das er nun segnete. Maria hielt das Kind in ihren Armen. Neugierig blickte der Kleine sich um. Sie begann leise zu singen, und Josef fiel in den Gesang ein. Jeheshua hielt den Kelch hoch und murmelte leise die magischen Laute, die das Wasser verwandelten. Dann benetzte er die Stirn des Kindes und taufte es, so, wie sie dies in der Gemeinschaft immer taten. Er segnete

Mutter und Kind und beendete die Zeremonie mit dem dreieinigen Zeichen, das den Bund Gottes mit den Menschen symbolisierte. Der Älteste war tief ergriffen von der heiligen und feierlichen Atmosphäre, die in diesem Moment den Raum erfüllte.

4. Gemeinschaft

Das Land war wild und von undurchdringlichem Buschwerk überzogen. Auf einer kleinen Anhöhe waren einige Steinhäuser lose angeordnet und wie zufällig in die Landschaft gestellt. Das Größte von ihnen hatte ein schadhaftes Dach und kleine, schmale Fenster, die von verwitterten Fensterläden eingerahmt wurden. Die beiden Kleinen waren weniger verfallen. Das Dach des einen sah intakt aus, und das Mauerwerk wirkte stabil und solide. Sie hatten lange gebraucht, um bis hier vorzudringen. Schon der Weg bis in diese unwirtliche und unbesiedelte Bergregion war schwierig, und sie brauchten mehr als eine Tagesreise, um an den Fuß des Gebirges zu gelangen. In der Ferne sah man die hohe Bergkette der Pyrenäen. Zur anderen Seite öffnete sich nach Norden eine weite Ebene. So weit das Auge reichte, waren hier nichts als Dorngestrüpp und vereinzelte Steineichen, die knorrig und verdorrt im Wind standen, der hier besonders rau und heftig blies.

Josef inspizierte die Gebäude, während Jeheshua sich auf einem Stein niedergelassen hatte. Seinen Wanderstab hielt er in der rechten Hand. Mit der Linken beschattete er seine Augen, um im hellen Sonnenlicht besser sehen zu können. Der Ort strahlte Friedlichkeit und Freundlichkeit aus. Wie lange schon mochte es her sein, dass hier Menschen gelebt hatten? Und warum hatten sie diesen Ort verlassen? Josef kam mit lachendem Gesicht auf ihn zu.

„Die Häuser sind noch in gutem Zustand. Mit etwas Arbeit kann man sie bewohnbar machen. Die einzige Frage ist nur, wo wir hier Wasser finden?"

Jeheshua nickte. Nirgendwo war ein Brunnen oder eine Quelle zu sehen, keine gemauerte Zisterne und auch kein Bach. Alles war trocken und steinig. Sie zogen etwas von ihrem Proviant hervor und begannen sich zu stärken.

Josef sagte: „Es wird nicht leicht sein, hier Felder und Gärten anzulegen. Der Boden ist sandig und trocken. Wie es scheint, regnet es sehr selten in dieser Gegend."

Jeheshua nickte gedankenverloren. Es erinnerte ihn an die Zeit, als er allein in die Berge des Sinai gegangen war. Es gehörte zu seiner Ausbildung, eine Zeit lang abseits der Gemeinschaft zu leben und ganz auf sich selbst gestellt zu sein. Er hatte damals lange nach einer Quelle gesucht und viel Zeit dafür aufgewendet, nach wilden Früchten und essbaren Wurzeln zu suchen. Auch hier würde irgendwo Wasser zu finden sein. Da war er sich sicher. Er fühlte die von der Sonne erwärmten Steine. Kleine Salamander huschten darüber hinweg. Ein Greifvogel kreiste am Himmel. Die Esel hatten sich im Schatten eines Baumes niedergelassen. Jeheshua fühlte die Qualität des Ortes und kam zu dem Ergebnis, dass es sich lohnen würde, diesen Ort urbar zu machen. Sie wollten die Nacht hier verbringen und Pläne machen, was für die Instandsetzung notwendig sein würde. Josef schnitt gemächlich das Brot in Stücke. Wie immer segnete er es, bevor sie es verzehrten.

Was bedeutete es, hier an diesem Ort beieinander zu sein? Fast war es so, als lägen die schweren Ereignisse in ferner Vergangenheit oder hätten niemals stattgefunden.

„Wie weit ist es bis zum Meer, Josef?" fragte Jeheshua

„Ich denke, es sind drei Tagesreisen, vielleicht aber auch mehr. Man kann dem Fluss im Tal folgen. Wenn er kein Hochwasser führt, gibt es einen Pfad, der genau nach Osten führt. Irgendwann erreicht man eine kleine Hafenstadt, die von Weinbergen eingerahmt ist. In jungen Jahren habe ich diesen Ort einmal besucht. Damals begleitete mich mein Onkel, so, wie ich dich damals mit auf Reisen nahm."

Jeheshua lächelte. Er dachte gern an die Zeit zurück, lange bevor er erkannte, was seine Aufgabe sein würde. Damals glaubte er, er würde wie sein Onkel reisen und Handel treiben. Aber dann war es ganz anders gekommen. Kaum, dass er die Bruderschaft kennen gelernt hatte, war er von dem Gedanken besessen, dort in der Wüste bei ihnen zu leben und zu lernen. Er wusste, es würde nicht leicht sein, alles zurückzulassen. Aber er war so beseelt von dem Gedanken, zu ihnen zu gehören, dass es in seinem Denken für nichts anderes mehr Platz gab. Wie überrascht war er, dass seine Mutter ihn so selbstverständlich ziehen ließ, obwohl sie doch sonst so streng über ihn wachte. Als er ihr damals seinen innigsten Wunsch vortrug, nickte sie nur und lächelte ihn an. „Ich weiß, mein Sohn, ich weiß."

Schon kurz darauf hatte er seinen Esel genommen und war mit einer Karawane mitgezogen, die das Gebiet im Jordanland durchquerte. Sie hatte ein Abschiedsfest veranstaltet, und am kommenden Morgen hatte er sich von seiner Familie verabschiedet. Er wusste damals noch nicht, dass es für immer sein würde, aber wer konnte das damals schon ahnen? Gedankenversunken blickte er ins Tal, wo ein schmaler Fluss sich dahinschlängelte.

„Josef, wir werden eine Quelle finden. Morgen früh mache ich mich daran, das Gelände zu erkunden. Ich bin sicher, dass dieser Ort der Gemeinschaft alles Nötige zukommen lässt. Sieh nur die wilden Pfirsichbäume. Wir werden roden und pflanzen, und schon bald werden hier Menschen miteinander leben. Ich sehe es schon vor mir. Maria wird dieser Ort gefallen. Sie liebt die Pflanzen und die Bäume."

Nachdem das Feuer heruntergebrannt war, wickelten sie sich im hohen Gras in ihre Decken. Der Himmel war klar, und unzählige Sterne funkelten über ihnen. Grillen zirpten, und ein lauer Wind strich nun über das Land, der sie sanft einhüllte. Schon im Morgengrauen entfachte Josef erneut das Feuer und bereitete eine Suppe aus Gerste und wilden Kräutern, die hierzulande wuchsen.

Jeheshua kniete sich nieder, um zu beten, so, wie er es jeden Morgen bei Tagesanbruch tat. Tiefer Frieden erfüllte sie. Die kommende Zeit würden sie hier leben und arbeiten. Vielleicht würde Maria schon bald mit ihnen hierher umsiedeln. Sie hatte sich ja schon einmal in der Einöde zurechtgefunden. Josef blickte sich zufrieden um. Ja, dieser Ort gefiel ihm. Hier würde er bleiben.

Die Sonne stand bereits tief am Himmel, als sie am nächsten Tag zur Ruhe kamen. Sie hatten eines der kleineren Gebäude vom Staub und Unrat gereinigt. Ein wuchtig wirkender Kamin war unter Laub und Geröll zum Vorschein gekommen. Jetzt wollten sie sehen, wie gut er funktionierte. Josef hatte einen großen Reisighaufen in der Feuerstelle errichtet und Jeheshua auf einem Stein ihre Vorräte platziert. Es war ein Festessen, denn sie hatten beim Durchstreifen des Geländes einige wilde Feigenbäume und aromatische Brombeeren gefunden.

Die Früchte würden ihr Mahl bereichern. Sie hatten bisher noch keine Quelle finden können, und so mussten sie mit ihren Wasservorräten in den Kürbisflaschen vorsichtig umgehen. Sollten sie keine Quelle finden, so bedeutete dies einen langen Marsch zum Fluss zu unternehmen, um ihre Vorräte wieder aufzufüllen. Jeheshua segnete die Speisen und sah zu, wie Josef das Reisigbündel entzündete. Vor seinem inneren Auge sah er bereits die Bewohner dieses Ortes. Er sah Johannes und Simon Petrus und einen fremden Römer, der ihnen nachgefolgt war. Er wusste, dass dieser Mann tatsächlich existierte. In manchen Träumen hatte er ihn schon gesehen. Allerdings war seine Gesinnung in diesen Träumen zerstörerisch und fanatisch. Er sah, wie er die kleine Gemeinde von Anhängern seiner Lehre verfolgte und, wenn er ihrer habhaft wurde, auch gnadenlos der Folter aussetzte. Was bedeutete dieser Mann? Warum sah er ihn hier? War es eine ferne Zukunft?

Josef sah an Jeheshuas entrücktem Blick, dass er mit seinen Gedanken ganz woanders weilte. Er hatte immer noch viele Fragen an ihn. Wie war er aus dem Kerker entkommen? Und wohin war er damals gegangen? Wo war er, als alle auf ihn warteten und um ihn bangten? Auch er wusste es nicht, obwohl ihm sonst jeder seiner Schritte vertraut gewesen war. Irgendwann würde er darüber sprechen, das wusste er.

Das Feuer brannte lichterloh, und das Knistern des Reisigs erinnerte ihn daran, wie sie früher am Feuer gesessen hatten, um zu diskutieren und mit dem Meister zu sprechen. Er hatte sich selbst nie als Lehrer gesehen. Seine Aufgabe war es, ihn zu schützen und seine Wege zu ebnen. Auch heute würde es nicht anders sein. Er hatte einen Kessel mit etwas Wasser über das Feuer gehängt. Mit den vielen aromatischen Kräutern, die hier wuchsen, konnten sie sich ein herrliches Getränk bereiten. Nach einer Weile schaute Josef auf und sagte: „Glaubst du, dass der Kelch an diesem Ort gut aufgehoben ist?"

Jeheshua blickte ihn verwundert an. „Zweifelst du daran, Josef? Jetzt, wo du dich für diesen Ort entschieden hast?"

„Ich bin immer auf der Hut. Eine innere Stimme sagt mir, dass ich für den Kelch einen ganz besonderen Ort finden muss. Es gibt in der Zukunft noch einen wichtigen Grund, den Kelch zu benutzen. Du weißt, wovon ich spreche."

Jeheshua nickte still. Nur zu gut kannte er den Grund, den Josef da ansprach.

„Bist du sicher, dass es notwendig ist, ihn so zu verbergen? Sollte er nicht allen Bewohnern dieses Ortes als Kraftquelle und heiliges Gefäß zur Verfügung stehen?"

Josef sah auf. „Ich bin zu sehr mit Verfolgung und Bedrohung in Berührung gekommen, als dass ich mir jetzt friedliche Zeiten und völligen Schutz vorstellen könnte. Offenbar hat die göttliche Vorsehung uns an diesen Ort geführt. Aber zu meiner Aufgabe gehört es auch, euch alle zu beschützen und für euch zu sorgen, so, wie es immer war. Darum gönne mir meine Zweifel an der völligen Geborgenheit, die dieser Ort ausstrahlt. Es ist noch nicht die Zeit gekommen, die Zeremonien wieder so sorglos zu feiern, wie wir es früher taten, als wir noch umherzogen. Noch ist es nicht so weit."

„Nun, lieber Josef, dann lass uns darangehen, das Haus für unsere Lehre und den Kelch zu bereiten. Wie soll unsere Zukunft hier aussehen?"

Josef dachte einen Augenblick nach. „Nun, wir könnten zunächst mit wenigen Vertrauten hier beisammen lehren. Wir haben oft im Verborgenen deine Schritte geplant, dein öffentliches Wirken vorbereitet. Vielleicht ist dieser Ort eine Stätte des Geistes und der Erneuerung für die Unseren, die nun in alle Welt ausziehen, um dein Erbe anzutreten. Könnte es nicht ein verschwiegener Ort der Kraft und der Regeneration sein für die, die dir nachfolgen?"

Jeheshua schüttelte stumm den Kopf. „Du weißt, Josef, dass dieses Kapitel beendet ist. Wir werden nicht mehr wie früher zusammenkommen. Dazu sind die Ereignisse zu weit fortgeschritten. Aber eine neue Epoche des Denkens, Handelns und Bewahrens ist nun gekommen. Wir werden sehen, Josef, was unser aller Vater mit uns vorhat. Wir werden sehen…"

Sie beteten miteinander, bevor sie sich zur Ruhe begaben. Das Feuer glühte matt und tauchte den Raum in ein warmes Licht. Der Duft blühender Kräuter wehte herein, und das Zirpen der Grillen glich einem Konzert der Natur.

Die Baumaßnahmen machten gute Fortschritte. Josef hatte einige Balken erneuert, die dem Dach nun ausreichend Stabilität gaben. Nachdem die Wasservorräte zur Neige gingen, machten sie sich auf den Weg zurück zum Kloster. Die Zeit der gemeinsamen Arbeit war seit langem die glücklichste für Josef gewesen. Sie hatten über vieles aus der Vergangenheit sprechen können. Nur über die Zeit nach Jeheshuas Verhaftung sprachen sie nicht. Er wurde sofort einsilbig und wortkarg, wenn das Gespräch in diese Richtung verlief. Auf dem Rückweg begegneten sie einem Trupp römischer Soldaten, die jedoch weiterzogen, ohne von ihnen Notiz zu nehmen. Jeheshua sehnte sich nach dem Meer. Zu gerne wäre er nach Osten gezogen, dem Verlauf des Flusses folgend, doch ihr Weg zurück zum Kloster kostete schon genug Zeit, und ihre Vorräte waren aufgebraucht.

Ihre Ankunft wurde freudig begrüßt. Sie hatten dort schon seit Tagen mit ihrer Rückkehr gerechnet, und man sah Miriam an, dass sie schon in Sorge war, nachdem sie ausgeblieben waren.

Bei einem üppigen Mahl berichteten sie von dem Platz, den sie gefunden hatten, und ihren ersten Reparaturarbeiten.

„Und nun, Josef, wie stellst du dir die Besiedelung des Ortes vor? Willst du Schüler aussuchen oder Menschen aus der Fremde holen? Sag, was ist dein Plan?", fragte Miriam.

Josef zögerte einen Moment. Dann berichtete er von einem Traum, einer Vision, die er während seines langen Krankenlagers gehabt hatte. Er sah damals einige der Schüler Jeheshuas, aber er sah auch einen Fremden mit wirren braunen Locken. Zuerst vermochte er den Fremden nicht einzuschätzen, aber dann sah er, dass der Mann ihnen nachfolgen würde. Noch immer wusste er nicht, wer der Mann war, aber er spürte, dass eine besondere Kraft von ihm ausging.

„Du willst die alte Gemeinschaft an diesen Ort holen?"

„Ja, ich glaube, wir brauchen eine Rückenstärkung, einen Ort der Erneuerung und Regeneration für die, die sich auf den Weg machen, die Lehre zu verkünden. Sie sollen diesen Ort, der so verschwiegen wie möglich und nur den Mitgliedern der Gruppe bekannt sein sollte, als Rückzugsort und Zentrum des Wissens betrachten. Außerdem soll hier die Lehre für alle bewahrt und aufgeschrieben werden, die nach uns kommen. Es soll ein Hort der Wahrheit und Weisheit werden. Ich werde niemals mehr in meine Heimat zurückkehren. Seit Martha starb, hatte ich nur noch wenig Freude daran, das wisst ihr. Darum soll hier eine Bastion des Wissens und des Friedens entstehen."

Miriam nickte mit leuchtenden Augen. Ja, wieder eine Gemeinschaft haben, einen Ort, wo man zu Hause ist, dachte sie bei sich. „Es klingt traumhaft, aber könnte das möglich sein? Sorglos und zufrieden leben?"

Josef blickte Miriam an. „Ja, meine Liebe, das wünsche ich mir zutiefst. Auch wenn es keine öffentlichen Vorträge Jeheshuas mehr gibt, so will er doch von Zeit zu Zeit an diesem Ort lehren."

Fragend blickte sie Jeheshua an. „Heißt das, mein Liebster, dass wir nicht an diesem Ort leben werden?"

Jeheshua nickte und verneinte zugleich. „Ich wollte mich erst mit dir besprechen, bevor wir eine Entscheidung treffen. Können wir lange an einem Ort bleiben, oder müssen wir ständig unseren Aufenthaltsort aus Sorge vor Entdeckung ändern? Ich bin im Zweifel, dass es möglich ist, immer umherzuziehen. Sag, Josef, was rätst du uns?"

„Ich habe schon viel darüber nachgedacht. Zuerst glaubte ich euch in den Bergen am sichersten. Doch mittlerweile glaube auch ich, dass ihr immer Gefahr laufen werdet, gefunden zu werden. Hat man erst einmal eine Spur entdeckt, seid ihr zutiefst gefährdet."

Das Feuer beleuchtete ihre Gesichter. Miriam musste zurückdenken an die warmen Abende unter dem mächtigen Feigenbaum in ihrem Garten. Sie hatten oft dort beieinander gesessen, dem Meister gelauscht oder einfach nur miteinander geträumt von einer Zukunft, in der jeder die Kraft und Verbundenheit Gottes in sich spürte und den Gesetzen der Liebe und Achtsamkeit folgte. An diesen stillen Abenden am knisternden Feuer hatte sie alle Bedrohung um sich vergessen, als ob hinter den hohen Mauern, die ihren Garten umgaben, eine andere Welt abseits der Unruhe und des Hasses herrschte. Immer, wenn sie hier im kleinen Kreis beieinandersaßen, wurde ihr schmerzlich bewusst, dass sie niemals wie andere Familien leben, sondern immer auf der Wanderschaft sein würden.

Sie war ganz in ihre Gedanken versunken und ihr Blick in die Unendlichkeit gerichtet. Sie hatte das Gespräch nicht weiter verfolgt. Tief in ihrem Inneren spürte sie große Zuversicht und Lebensfreude. Wie auch immer die göttliche Vorsehung entschied, dachte sie, sie waren beieinander, und das war das Einzige, was wirklich zählte. Gedankenverloren drückte sie Jeheshuas Hand.

Josef, Jeheshua und Adam hatten viele Möglichkeiten besprochen. Zunächst wollten sie die Restaurierung der Gebäude beenden, bevor sie genaue Pläne der Besiedelung machen konnten. Josef spürte, dass die Vertrauten aus alten Tagen wieder zu ihnen finden würden. Wer zu ihnen kommen sollte, würde sie finden. Jeheshua war schweigsam. Er hörte still zu und ließ die Bilder verschiedener wahrscheinlicher zukünftiger Ereignisse an seinem inneren Auge vorüberziehen. Ein Mann erregte besonders seine Aufmerksamkeit. Warum tauchte er immer wieder in seinen Visionen auf? War es der gleiche Mann, den Josef als den mit dem braunen lockigen Haar beschrieb? Er spürte, dass dieser Mann, augenscheinlich ein Römer, eine wichtige Rolle spielte. Aber worin bestand seine Aufgabe? War er eine Bedrohung oder ein Segen? Die Gefühle, die in ihm aufstiegen, verhießen einen eifrigen Verfechter seiner Ideen, aber auch einen fanatischen Zerstörer. Er wusste nicht, ob er diesem Mann tatsächlich begegnen wollte.

Josef gähnte. Es war Zeit, zur Ruhe zu gehen. Zumindest war das Kloster ein Ort, wo sie sich geborgen fühlten und ohne Angst in ihre Lager schlüpfen konnten.

Schon am nächsten Tag rüsteten sie sich für den Aufbruch. Dieses Mal begleitete sie Bruder Thimon. Er war Kenner der Region, Steinmetz und bewandert in Maurerarbeiten. Er würde helfen, die Gebäude wieder so herzurichten, dass alle Mauern in ihren alten Zustand versetzt wurden. Er verstand es wie kein anderer, Steine zu spalten und genau die Formen entstehen zu lassen, die sich so dicht aneinander fügten, wie es bei einem soliden Mauerwerk sein sollte. Er war ein humorvoller und fröhlicher Mann. Die ganze Zeit gab er Geschichten zum Besten und brachte alle mit seinen lustigen Anekdoten zum Lachen. Besonders David mochte den kräftigen Mann mit dem runden Gesicht und dem herzlichen Lachen.

Dieses Mal hatten sie mehrere Esel mit Proviant, Hausrat und Werkzeugen beladen. Miriam wollte die Männer unbedingt begleiten. Sie würde für die Zubereitung des Essens sorgen und wilde Früchte sammeln.

Schon wenige Tage später machten sie sich auf den Weg. Josef ritt voraus, Jeheshua und Miriam folgten, und den Schluss bildete Thimon, der einen Packesel am Zaumzeug mit sich führte.

Die Sonne schien, und die mittägliche Hitze zwang sie, in einem niedrigen Hain den Schatten aufzusuchen. David blickte sich neugierig um. Sein Interesse an allem, was sich bewegte, war groß, und er krabbelte im Gras umher, um Schmetterlinge zu jagen. Miriam hatte Brot und Früchte geschnitten. Die Wasserflasche stand im Gras, und sie streckten sich aus, um ein wenig zu schlafen.

Mit einem Schrei fuhr sie erschrocken hoch. Eine kleine, schwarzgraue Schlange kroch langsam über ihr Gewand. Sie wollte aufspringen, doch etwas sagte ihr, ruhig zu bleiben und das Tier weiterziehen zu lassen. Einen Moment lang wandte die Schlange Miriam ihren schön gezeichneten Kopf zu und blickte sie mit glitzernden Augen an. Sie züngelte die ganze Zeit und schien sich auf dem Umhang wohlzufühlen. Dann schlängelte sie sich davon und verschwand im hohen Gras. Jeheshua hatte David auf den Arm gehoben. Neugierig war er zu ihr gekommen, doch die Schlange war schon verschwunden.

„Sie hat dich begrüßt, Mimi. Nimm es als gutes Zeichen. Sie war dir freundlich gesonnen. Aber wir sollten nun aufbrechen. Unser Weg ist noch weit."

Sie banden die Esel los und setzten wie eine kleine Karawane ihren Weg fort.

Die Sonne stand schon tief, als sie einen kleinen Fluss erreichten. Sein Bett aus grobem Kies lag trocken, denn der Fluss führte nur wenig Wasser. Sie schlugen hier zwischen den Bäumen ihr Lager auf. Ein winziges Zelt für David und Miriam und einige Decken und Felle für die anderen. Der Abend war bezaubernd. Sie beobachteten den Sonnenuntergang und entfachten später ein wärmendes Feuer. Die Grillen zirpten und der Duft wilder Kräuter erfüllte die Luft. Sie waren bisher niemandem begegnet und die Landschaft wirkte wild und ursprünglich. Die Begegnung mit der Schlange machte Miriam vorsichtig. Alle Decken und Tücher wurden von ihr genau untersucht, bevor sie David darin schlafen legte.

Die kleine Karawane traf am Morgen des sechsten Tages in dem Tal ein, das zu Füßen des Anwesens lag. Josef war voller Freude. Noch nie hatte er sich so auf ein Vorhaben gefreut wie darauf, diesen Ort erschaffen zu können. Miriam hatte das Kind vor sich auf ihrem Esel, der außerdem noch mit Gepäck beladen war. Jetzt, am Fuße des Berges, führte sie den Esel an einem Strick und trug das Kind auf dem Arm. Sie kamen nur langsam vorwärts. Geröll und dornige Sträucher machten ihnen das Fortkommen schwer. Sie hatten etwa die Hälfte des Weges hinter sich, als der Himmel sich verdüsterte und die ersten dicken Regentropfen fielen. Um ein Dach aus Leinentüchern aufzuhängen, war es schon zu spät, und so suchten sie unter den dichtesten Bäumen Schutz. Ganz in der Nähe gingen grelle Blitze nieder und der Donner hallte in dem weiten Tal.

Jeheshua brach das Brot, und sie beteten miteinander. Die Gegend war trocken und nur mit knorrigen niedrigen Bäumen bewachsen. Sie hatten ihre Vorräte hervorgeholt, um die unwillkommene Rast wenigstens zur Stärkung zu benutzen. Der plötzliche Regenguss endete so abrupt, wie er begonnen hatte, und wenig später trat zwischen den Wolken schon wieder die Sonne hervor. Sie setzten ihren Weg fort, dieses Mal zwischen herabstürzenden Wassermassen, die nicht in der trockenen Erde versickerten, sondern in wilden Sturzbächen zu Tal rauschten.

Hätten wir nur schon eine Zisterne für unsere Wasservorräte, dann wäre uns dieses Wetter willkommen gewesen, dachte Josef.

Am Abend erreichten sie den versteckt zwischen Steineichen liegenden Platz. Das Dach hatte dem Regen getrotzt. Nicht ein Tropfen war in das Gebäude gelangt. Sie hatten gute Arbeit geleistet.

Miriam begann sofort, in dem großen Kamin ein Feuer zu entfachen. Sie hatten lange keine warmen Speisen mehr gehabt, und sie wollte zur Nacht noch ein Willkommensmahl bereiten. Sie blickte sich in dem großen Raum mit der hohen Balkendecke um. Ja, hier würde es ihr gefallen. Die alten Steine an Wand und Fußboden wirkten mit ihrem hellbraunen Farbton freundlich. Und wenn die letzten Sonnenstrahlen durch die Fensteröffnungen fielen, so, wie es jetzt der Fall war, strahlte der Raum in einem warmen Licht.

Josef versorgte die Tiere und führte sie zu einem Pferch, wo sie, bis ein Stall für sie gebaut war, bleiben mussten. Jeheshua hatte David auf dem Arm und spazierte mit ihm auf dem Gelände zwischen den Gebäuden umher. Er zeigte ihm die Gebäude und erklärte ihm, wo sie in Zukunft schlafen würden. David blickte sich neugierig um. Mit seinem kleinen Zeigefinger wies er auf etwas, das die Wand empor kroch. Es war ein kleiner Salamander, der blitzschnell durch eine der Fensteröffnungen verschwand.

Bevor sie sich zu ihrem stärkenden Mahl aus Suppe und Brot niederließen, segnete Jeheshua das Haus und seine Bewohner.

„Möge in diesen Mauern stets Freude und Harmonie herrschen."

Die Nacht brach schnell herein und sie bereiteten sich vor dem Kamin ein Lager.

„Ich werde für David ein Bett bauen, in dem er gut und sicher vor Schlangen schlafen kann. Schon morgen werde ich nach Holz dafür auf die Suche gehen", sagte er und strich seinem Sohn dabei liebevoll über den Kopf.

Josef kratzte sich nachdenklich an seinem dichten Bart.

„Wird es nicht besser sein, wenn wir mit den Ausbesserungsarbeiten beginnen? Bevor die Herbststürme einsetzen, müssen wir damit fertig werden. Wir sind nur zu dritt, und es wird lange dauern, bis alles für den Winter gerüstet ist."

Jeheshua nickte. Er lächelte Josef strahlend an. „Zweifelst du daran, dass wir alles, was wir vorhaben, rechtzeitig erledigen können?"

Josef lachte. Natürlich, mit dem Meister unter ihnen würde alles leichter vonstattengehen. Schon einmal hatte er gesehen, wie er mit der Kraft seiner Gedanken schwere Steinblöcke zu bewegen vermochte.

Sie legten sich an diesem Abend erleichtert und friedlich zur Ruhe. Sie waren schon tagelang niemandem begegnet. Hier würden sie sicher sein, das spürten sie ganz deutlich.

Der kommende Morgen brachte Wind und unstetes Wetter. Mal schien die Sonne und schon kurz darauf regnete es wieder. Miriam hatte in einem kleinen Raum eine Speisekammer hergerichtet, in der sie in den Mauernischen ihr Küchengerät und in den Leinensäcken, die von einem Balken herabhingen, ihre Vorräte aufbewahrte. Sie war ganz erfüllt von ihren Plänen und Überlegungen, wie sie die Räume einrichten und ausstatten konnten. Am liebsten hätte sie alles gleichzeitig in Angriff genommen, die Möbel gebaut, den Acker gerodet und die Kräuter gesammelt, die hier so vielfältig und üppig wuchsen. Sie hatte sich unter dem großen wilden Feigenbaum niedergelassen, der sie an ihr Zuhause erinnerte und den sie sofort in ihr Herz schloss. Es ist beinahe so schön wie zu Hause, dachte sie. David war ganz versessen auf die reifen, süßen Früchte des Baumes. Sie hatte ihre Sandalen abgelegt und kniete mit ihm im hohen Gras, um Heuschrecken zu fangen. Er liebte dieses Spiel. Die Männer waren zu einem Steinbruch aufgebrochen, um Steine zu schlagen. Sie schloss die Augen und stellte sich vor, wie dieser Ort aussehen würde, wenn die ersten Gäste hier eintrafen. Zu gern wäre sie dabei und würde für immer hier bleiben. Vielleicht würden weitere Kinder da sein, mit denen David spielen konnte. Und vielleicht würden sie am Abend wieder so am Feuer sitzen, wie sie es früher getan hatten. Sie sehnte sich schmerzlich nach einem Zuhause.

Während David sich weiter im hohen Gras vergnügte, sammelte Miriam Beeren und pflückte so viele Feigen, wie sie tragen konnte. Die reifen Früchte waren gut geeignet, um daraus ein Festessen zu machen. Gedankenverloren wanderte sie zurück zum Haus. Sie malte sich bereits aus, wo man Wege und Beete anlegen konnte. David krähte vor Vergnügen. Eine Schar bunter Vögel hatte sich in einem wilden Rosenbusch niedergelassen. Sie stellte den schweren Korb mit Früchten ab und hielt David so hoch, dass er die Vögel ganz nah sehen konnte. Seine Augen leuchteten und er zappelte wild mit Armen und Beinen. Die Vögel waren äußerst zahm und kamen auf den Zweigen des Busches so nah an ihn heran, dass er kaum zu bändigen war, so sehr bereitete der Anblick der Vögel ihm Vergnügen.

Sofort stiegen in Miriam Bilder auf. Sie musste an die Marktplätze denken, wie sie kurz vor dem Passah-Fest alljährlich aussahen. In kleinen, engen Käfigen wurden da ganz ähnliche Vögel zum Kauf angeboten, entweder als Zierde des eigenen Heims oder als Opfergabe für die bevorstehenden Feierlichkeiten. Mit Abscheu musste sie daran denken, wie viele Tiere täglich im Tempel geopfert wurden. Sie selbst verabscheute Fleisch sehr, aber zum Passah-Fest wurden so viele Lämmer geschlachtet, dass das Blut in den Rinnsteinen der Gassen stand und die Stadt von dem Geruch erfüllt war. Nie hatte sie verstanden, dass in der jüdischen Gottesvorstellung solche Opfer notwendig waren. Sie konnte nie glauben, dass Gott solches forderte, wo er doch selbst all die wunderbaren Geschöpfe erschaffen hatte. Sie glaubte schon lange, bevor sie Jeheshua fand, dass es widernatürlich war, Gott solch grausige Opfer zu bringen. Voller Freude betrachtete sie die Vögel. Sie zwitscherten so munter, dass man glauben konnte, sie verständigten sich untereinander. Was sie wohl zu erzählen haben, fragte sie sich. In diesem Moment erklang eine Stimme in ihrem Kopf: „Hör genau zu, Miriam, sie sprechen mit dir."

Sie sprechen mit mir, wiederholte sie im Geiste. Was sollten sie mir sagen wollen? Sie lauschte angestrengt, sogar David schien den Vögeln zuzuhören. Ganz still hielt er den Blick auf einen Vogel gerichtet, der sehr nah an ihn herangekommen war. Sofort vernahm sie eine Stimme, zart und leise: „Wir bewohnen diesen Ort schon seit langer Zeit. Wir freuen uns, dass ihr hierhergekommen seid. Wir haben schon lange auf euch gewartet."

Dann plötzlich, wie auf ein gemeinsames Zeichen, flogen sie auf und verschwanden in einem Schwarm im nahe gelegenen Wäldchen. Miriam blickte ihnen verwirrt nach. Sie hatte schon des Öfteren das Gefühl gehabt, dass Tiere, die ihr begegneten, ihre Gedanken verstanden und dass sie wiederum fühlte, was in ihnen vorging. Aber so direkt hatte sie noch niemals die Botschaft eines Tieres empfangen. Beglückt kehrte sie ins Haus zurück, um von ihrem sonderbaren Erlebnis zu berichten.

Jeheshua lächelte: „Nun, glaubst du jetzt endlich an deine Gabe, meine Liebe?" Damit schloss er sie in die Arme und schaute sie liebevoll an.

„Es hat immer Menschen gegeben, die die Sprache der Tiere verstanden. Und immer gab es Tiere, die sich den Menschen verständlich machen wollten. Nimm es als ein Geschenk unseres Vaters. Und achte von nun an darauf, was die Tiere dir zu sagen haben." Sie lächelte glücklich. Ja, das würde sie von nun an tun.

☆☆

Die Diener verschlossen am Abend jedes Tor, und nur dann fühlte er sich sicher. Seit dem Erlebnis des geheilten Fußes gab es für ihn keine Zweifel mehr – dieser Meister war von Gott gesandt.

Pilatus hatte alles daran gesetzt, mit seinen Anhängern Kontakt aufzunehmen. Sie trafen sich nur im Verborgenen, und es war schwierig gewesen, sie von der Ernsthaftigkeit seiner Absicht zu überzeugen. Zu sehr litten sie unter Verfolgung und Angst. Er hatte einige Male ihren geheimen Versammlungen beiwohnen können, aber sie misstrauten ihm weiter. Immerhin hatten sie sein Kommen erlaubt, aber er sah es an ihren Gesichtern: Es missfiel ihnen, den Mann unter sich zu haben, dem sie alle Gräuel anlasteten.

Schon längst hatte er seine Befugnisse verloren. Es war nur noch eine Frage der Zeit, wann sie ihn nach Rom berufen würden. Jetzt, wo alles anders geworden war, lauerten überall Gefahren und Hinterhalte, auch in den eigenen Reihen. Das Spitzeltum blühte, und er konnte niemandem mehr vertrauen. Schmerzlich vermisste er Josef. Mit ihm hätte er alles besprechen können. Zu jeder Frage wusste er Rat und Hilfe.

Innerlich hatte er längst mit seinem Amt abgeschlossen. Er war es müde, sich fortwährend mit Rom, den Juden und all den Unruhen zu befassen, die täglich über ihn hereinbrachen. Dauernd wurde er mit Schriftstücken überhäuft, worin Herodes von ihm forderte, was eigentlich seine eigenen Angelegenheiten waren.

Er hatte für den Fall, dass er fliehen musste, immer einige leichte Gepäckstücke und etwas Gold und Silber parat. Es drohte auch ihm Verfolgung, wenn herauskam, dass auch er sich mit den Anhängern des Meisters traf.

Procula hatte ihrer Familie geschrieben. Sie würde dafür sorgen, dass sie irgendwo unerkannt unterkommen konnten. Insgeheim wünschte er sich, endlich von hier fortzukommen. Manchmal träumte er davon, auf einem großen Schiff nach Westen zu segeln und Josef wieder zu begegnen. Aber er wusste, dass es für immer ein Wunschtraum bleiben würde.

Leise klopfte es an seine Tür. Er war so schreckhaft geworden, dass auch das leiseste Geräusch ihn zusammenfahren ließ. Ein Bote hatte ein Schreiben aus Rom gebracht, das siebte in dieser Woche. Immer wieder ging es um Direktiven und Forderungen, noch mehr Geld einzutreiben. Dabei reichte das Aufkommen von Steuern und Abgaben gerade, um die Truppen und alle stationierten Römer zu unterhalten. Er selbst hätte eine kleinere Behausung vorgezogen, aber der Palast gehörte nun mal zum Amt des Prokurators. Erschöpft ließ er sich in seinem Sessel zurücksinken. Schon wieder ein Schreiben. So konnte es nicht weitergehen. Er legte es ungeöffnet zur Seite und trat an das geöffnete Fenster. Die Stadt lag ruhig da im Dämmerlicht der untergehenden Sonne. Nur einige Esel schrien in der Ferne. Der Bezirk des Palastes war bewacht, und nach Sonnenuntergang durfte niemand mehr den Platz betreten. Es verschaffte ihm ein wenig Ruhe und Abstand. Herodes hatte sich offiziell in Rom über ihn beschwert, was nicht ohne Folgen geblieben war. Man hatte ihm einen Sekretär zur Seite gestellt, angeblich, um ihn von der Arbeit zu entlasten. In Wahrheit war der Mann ein Spitzel. Gelang es ihm, ihn in Rom zu unterminieren, war es möglich, dass er selbst das Amt des Prokurators annehmen konnte. Nur, wer wollte schon freiwillig nach Judäa?

Er grübelte noch eine Weile nach und schloss dann das Fenster. Am liebsten wäre er noch heute Nacht aufgebrochen. Er blickte sich in seinem Amtszimmer um. Alles war ihm fremd geworden. Ja, er würde noch heute Nacht sein Rücktrittsgesuch schreiben. Es war das Mindeste, was sie ihm schuldeten, ihn ohne Schmach davonziehen zu lassen. Immer mehr beseelte ihn der Wunsch, Josef nachzufolgen. Wenn er unbeschadet aus seinem Amt ausscheiden konnte, gab es keinen Grund, sich zu verstecken. Jetzt gleich wollte er zur Feder greifen. Was hielt ihn noch? Waren es die Anhänger, denen er noch ein wenig Freiraum verschaffen konnte? Jedes Mal, wenn es Pläne zur Durchsuchung einer Region gab, so ließ er es ihren Anführer wissen. Damit konnten sie sich rechtzeitig in Sicherheit bringen.

Manchmal fragte er sich, was wohl geschehen wäre, wenn man den echten Meister gekreuzigt hätte. Würden dann auch diese exzessiven Verfolgungen stattfinden? War es nicht gerade das Gerücht, dass der Meister überlebt habe, das die Verfolgung so anheizte? Wie viele Sekten und Gruppierungen gab es in Judäa und Galiläa? Niemand wurde so unbarmherzig verfolgt wie die Anhänger des Meisters. Es hieß, seine Meisterschüler seien längst fortgezogen, um anderswo zu predigen. Mochte ihnen die Verfolgung erspart bleiben.

Einmal war er zum Haus Josefs gewandert. Er hatte es längst gelernt, sich bei Dunkelheit unbemerkt in der Stadt zu bewegen. Doch die Söhne hatten keine Nachricht erhalten. Und wenn, würden sie es ihm nicht sagen. Entmutigt war er wieder in seinen Palast heimgekehrt. Ein prächtiges Gefängnis, dachte er. Keine Macht der Welt konnte ihn mehr aufhalten. In schnellen, hastig geschriebenen Sätzen brachte er das Gewünschte zu Papier. Einer seiner Schreiber würde es morgen in die offizielle Fassung bringen. Damit würde die Kunde dann auch die Runde machen. Sollten sie doch, dachte er bei sich. Was gibt es jetzt noch zu verheimlichen? Mit dem Ausscheiden aus seinem Amt war er nicht länger Zielscheibe der Angriffe. Das Schriftstück des Kaisers lag noch immer ungeöffnet auf dem kleinen Tisch neben seinem Sessel. Er war längst zu Bett gegangen, als sich jemand diesem Tisch näherte. Rasch verschwand das Schriftstück im Ärmel des nächtlichen Besuchers.

Der kommende Morgen brachte weitere Neuigkeiten. Es hieß, einer der engsten Begleiter des Meisters sei gefasst und hingerichtet worden. Herodes' Soldaten taten alles, um ihren König zu besänftigen. Auch völlig Ahnungslose wurden Opfer des Terrors, den sie verbreiteten. Es wurde erzählt, der Gefangene habe bis zu seinem Ende gebetet und mit dem Herrn gesprochen, was die Henker einigermaßen verunsicherte. Jedenfalls beschleunigten sie die Hinrichtung, um zu vermeiden, dass dieser Gefangene sich ebenfalls in Luft auflöste. Die Menge grölte, und wieder hatten sie einen Triumph zu feiern.

Die Nachricht löste bei Pontius Pilatus noch größere Betrübtheit aus. Er war nicht mehr willens, länger in dieser Stadt zu bleiben. Er hatte offiziell seinen Legaten und den engsten Mitarbeitern seine Absicht kundgetan. Ein Murren war durch die Reihen gegangen. Unverständnis war auf den Gesichtern zu lesen. Warum gerade jetzt, so fragten sie sich, wo doch das Chaos täglich zunahm? Manchen war anzusehen, dass sie ihm am liebsten folgen würden. Aber wer einmal hier landete, war schon in Rom in Ungnade gefallen. Da gab es selten ein Zurück, und wenn, so war sein Los dort auch nicht besser.

Procula hatte schon Gepäckstücke vorbereitet, die sie noch heute verschiffen wollte. Ihrer Familie hatte sie schon signalisiert, dass man wisse, was zu tun sei. Das war die einzige gute Fügung in diesen Tagen. Den Göttern sei Dank, sie hatte die Lehre Jeheshuas voll verinnerlicht, aber die Vielzahl römischer Gottheiten wollte sie nicht aufgeben. Sie sagte sich, es sei einerlei, ob man alles einem großen Schöpfer zuschrieb oder ihm untergebene Götter zur Seite stellte.

Sarah hatte sie eins ihrer schönsten Schmuckstücke vermacht. Sie strahlte, als sie sich das Collier anhielt, und sagte etwas irritiert: „Aber Herrin, werde ich nicht mit Euch reisen? Wollt Ihr mich jetzt hier zurücklassen?"

„Du wirst eine neue Herrin bekommen", antwortete Procula. „Auch der nächste Prokurator wird mit seiner Gattin hier leben, und du gehörst zum Hofstaat des römischen Statthalters. Aber wenn es dich bedrückt, hier zu bleiben, so wirst du uns folgen. Ich bin sicher, schon bald werden wir ein neues Heim finden, und du sollst dann wieder bei uns leben."

Sarah lächelte bedrückt. Zu gern wäre sie mitgezogen. Sie hatte in der Gruppe gehört, dass manche in ein fernes Land im Westen gereist seien, weit über das Meer. Dorthin wollte auch sie gehen.

Pontius Pilatus hatte soeben den Boten mit dem wichtigsten Schreiben verabschiedet, nicht ohne ihn großzügig dafür zu entlohnen, das Schriftstück so sicher und schnell wie möglich nach Rom zu transportieren. Es war, als fiele ihm ein Stein vom Herzen. Wie lange schon hatte er sich diesen Augenblick gewünscht. Auch wenn Rom sein Gesuch ausschlagen würde, er hatte seinen Entschluss gefasst und würde Judäa verlassen, für immer. Er lehnte sich in seinen Sessel zurück. Sein Blick fiel auf das kleine Tischchen daneben. Hatte er nicht gestern dort ein Schriftstück hinterlassen? Er suchte auf dem Tisch, blickte darunter, aber es war nirgendwo zu entdecken. Die Diener wurden gerufen, doch niemand vermochte zu sagen, wohin der Brief verschwunden war. Nachdem man lange genug gesucht hatte, wurde die Suche aufgegeben. Und wenn schon, dachte er bei sich, auch das ist jetzt einerlei.

Die Menschenmenge hatte sich vor dem Palast versammelt. Schnell hatte sich die Kunde von seinem Rücktritt verbreitet. Es traf ihn völlig unerwartet. Früher war er doch der verhasste römische Prokurator gewesen. Niemand nahm Notiz von ihm, wenn er sich bei offiziellen Anlässen auf dem Balkon des Palastes zeigte. Was war geschehen? Die Menge rief seinen Namen, Geschrei und Grölen waren zu hören. Finster blickte er sich um. Wollten sie jetzt im letzten Moment eine Revolte? Nutzte man die Gunst der Stunde, jetzt, wo der Machtwechsel unmittelbar bevorstand? Düstere Gedanken stellten sich ein. Wollten sie etwa den Palast stürmen? Musste er mit dem Schlimmsten rechnen? Er spähte durch die Läden der Palastfenster. Sie riefen seinen Namen, vehement und fordernd. Doch niemand warf Steine oder war bewaffnet. Was hatte das zu bedeuten? Sein Sekretär war zu ihm getreten, der ihn jetzt so eng begleitete.

„Versteht Ihr nicht, Prokurator? Man ruft Euch, weil man Euch hier behalten möchte! Sie wollen nicht, dass ein anderer kommt. Schließlich könnte das größere Veränderungen bedeuten. Ich wusste gar nicht, dass Ihr beim Volk so beliebt seid. Wollt Ihr Euren Entschluss nicht noch einmal überdenken?"

Pontius Pilatus blickte ihn missmutig an. „Soll das Euer Ernst sein? Sie wollen, dass ich meinen Rücktritt zurücknehme? Es ist nicht zu fassen. Ich werde dieses Volk nie verstehen."

„Nun, wir sind eine gehörige Gegenkraft gegen Herodes Antipas. Wenn dieser Platz frei wird oder schwach besetzt ist, wird er an Kraft gewinnen. Was das bedeutet, ist dem Volk klar", vernahm er die Stimme seiner Gemahlin, die in das große Amtszimmer getreten war. Sie lehnte sich an seine Schulter und hatte Tränen in den Augen. „Sie fordern, dass du bleibst", sagte sie mit tränenerstickter Stimme.

„Ich glaube kaum, meine Liebste, dass sie mich wollen! Sie wollen einfach keine Veränderung."

Das letzte Licht erlosch und tiefe Dunkelheit legte sich über das Land. Der Raum war nur schwach erleuchtet. Er war ihr neues Zuhause geworden. Karg und grau waren die Mauern, und die Balken rochen nach frischem Harz. Die Maisbrote lagen vor ihnen, und Jeheshua segnete sie so, wie er es immer tat. Irgendetwas war heute anders als in den letzten Tagen der geschäftigen Renovierungsarbeiten. Sie hatten den ganzen Tag über geschuftet, um dann am frühen Abend müde und erschöpft in ihre Lager zu kriechen. Ein sonderbares Leuchten lag auf dem Gesicht des Meisters. Wenn es um die tägliche Arbeit ging, war er still und zurückhaltend gewesen. Josef leitete die Arbeiten, teilte die Aufgaben ein und gab die nötigen Anweisungen. Jetzt war es umgekehrt. Josef saß still und in sich gekehrt am Tisch, und Jeheshua überstrahlte mit seiner ihm eigenen Heiterkeit den ganzen Raum. Es gab Neuigkeiten und es war wie das Tosen des Meeres. Eine Woge der Unruhe war über sie hereingebrochen. Der Besucher war von weit her gekommen und hatte gute wie schlechte Nachrichten gebracht. Dass sich die Anhänger weitertrafen, gehörte zu den guten Nachrichten, die grausamen Verfolgungen zu den schlechten, die sie traurig gemacht hatten.

„Es war zu erwarten, dass sie das ganze Werk auslöschen wollen. Aber es wird ihnen nicht gelingen. Dazu sind wir hier. Wir werden diesen Ort als einen Hort des Wissens bewahren. Alles soll hier aufgeschrieben und sicher verwahrt werden. Miriam und ich haben schon viele Seiten gefüllt. Wir werden dafür sorgen, dass dein Werk alle Zeit überdauert", sagte Josef eindringlich.

Jeheshua sah ihn nachdenklich an. „Denkst du, dass eine Lehre, die so viel Blutvergießen verursacht hat, wirklich von Dauer sein kann? Wird sie nicht immer Widersacher auf den Plan rufen, die sie entstellen werden und zum Anlass nehmen, Gräueltaten zu vollbringen?"

„Du meinst, dass dieser Weg längst entschieden, dass dies der Weg der Entwicklung ist, eindeutig und unabänderlich?", fragte Josef und schaute ihn dabei sichtlich traurig an.

„Nun, es scheint, dass mein Werk und meine Lehre nicht so verstanden wurden, wie es gewünscht war. Es wird Jahrhunderte, vielleicht Jahrtausende dauern, ehe ihr eigentlicher Inhalt verstanden und gelebt werden wird. Ihr alle gehört zu meinen engsten Begleitern. Niemandem sonst würde ich dies anvertrauen, aber der Weg ist noch sehr weit. Seid durch meine Worte nicht entmutigt. Aber noch vieles geschieht, welches der sichere Ausdruck des fehlenden Wissens um Leben und Tod ist. Und solange die wichtigsten Lektionen nicht gelernt werden, werden Schmerz und Schmach all die ereilen, die sich aufmachen, die Lehre zu verbreiten. Ich möchte nicht, dass auch euch so ein Schicksal ereilt, indem ihr dies zu einer Bastion meines und des Werkes unseres Vaters macht. Seht, er hat alles erschaffen. Er will seine Kinder glücklich sehen. Sollte nicht gerade jetzt größte Vorsicht walten, um nicht die Macht der Zerstörung auf diesen Ort zu lenken? Sollte dies nicht einfach ein Ort der Freude und Geborgenheit sein, wo die Lehre gelebt wird, statt sie in Worten zu verbreiten?"

„Du meinst", fragte Josef, „dieser Ort sollte im Stillen erblühen, in Einfachheit, ohne groß in Erscheinung zu treten?"

„Genau dies, lieber Josef, möchte ich sagen. Ganz gleich, wo du dich niederlässt, wenn du anfängst zu lehren, werden sie kommen, um dich zu ergreifen und zu knebeln. Die wahre Lehre besteht darin, auf rechte Weise zu leben und die Gebote des ewigen Seins zu befolgen, ohne gegen die Gebote der Liebe und Achtsamkeit zu verstoßen. Lass uns einen Bund begründen im Bewahren des Werkes im Wort, aber ohne dies zu predigen und kundzutun, so, wie ich es tat. Es ist die Zeit des gelebten Wortes. Und in diesem Sinne möchte ich diesen Ort als eine Lebensstätte begreifen, die in ihrem Sosein ihre innere Bedeutung in sich birgt."

Der Besucher, der still dem Gespräch gelauscht hatte, blickte auf.

„Meister, willst du damit sagen, dass alles, was du in deinen Lehren verbreitet hast, nun nicht mehr ausgesprochen, sondern in ein lebendiges Handeln umgesetzt wird?"

„Genau dies, mein Freund. Wenn es etwas gibt, das alle Zeit überdauert, so ist es die Liebe unseres Vaters, die alle Zeit zu uns fließt. Die Lehre lebendig zu machen heißt, sich in den Fluss dieser Liebe zu geben. Mehr braucht es nicht."

Der junge Mann nickte. Er war bis zum Kloster vorgedrungen, wo er als enges Mitglied der Gemeinde den Ort erfuhr, wo er sie fand. Sein Gesicht leuchtete. „Heißt das, Meister, dass wir hier miteinander leben werden?"

Jeheshua blickte ihn liebevoll an. „Wenn es dein Wunsch ist, dann soll es so geschehen."

Josef nickte andächtig. „Wir wollen das Wort leben, mit Leben erfüllen. Nur so wird es überdauern."

„Es wird nur ein kleiner Teil meiner Lehre überdauern. Und auch das Wenige wird noch entstellt. Aber der Funken, der das Wissen in jedem Menschen enthüllt, der wird bleiben und unzerstörbar sein." Damit hob er den heiligen Becher, segnete den Wein und reichte ihn den anderen.

Der Weg war staubig und von Geröll übersät. Zu spät hatten sie bemerkt, dass sie von einer Gruppe von Reitern, die wie Berber gekleidet waren, verfolgt wurden. Man hörte immer wieder von Wegelagerern und Tagedieben, die den unbewachten Reisenden überfielen und sogar Karawanen ausraubten. Immer blieben sie in Sichtweite hinter ihnen, machten Rast, wenn sie es taten, zogen weiter, wenn sie ihre Habe zusammenpackten. Es war wie ein bedrohlicher Schatten, der ihnen folgte.

In der Nacht suchten sie Schutz in einem kleinen Dorf unweit der großen Handelsstraße. Es hieß, man habe dort den besten Honig weit und breit und bereite daraus köstliche Speisen. Sie hatten einen Platz für die Tiere am Dorfrand gefunden und zogen nun nur mit ihrer Habe beladen ins Dorf, um nach einem stärkenden Mahl und einem Nachtlager Ausschau zu halten. Der Älteste von ihnen war es gewohnt, als Sprecher aufzutreten, und so verhandelte er jetzt mit dem Wirt einer kleinen Herberge über den Preis für Essen und Obdach. Wild gestikulierend verfiel der Mann in den üblichen Jammerton, wenn sein Preis nicht akzeptiert wurde. Ja, man kannte das Spiel. Ein Ritual, ohne das kein Handel, ganz gleich welcher Art, zustande kam.

Schon wenig später saßen sie unter freiem Himmel am Feuer, aßen frische Sesamfladen und Bohnensuppe, die ihnen vorzüglich schmeckte. Ihre Verfolger schienen verschwunden zu sein. Vielleicht warteten sie im Schutz der Nacht in der Wüste, die sie morgen passieren mussten. Es sei denn, sie zögen zurück in die Richtung, aus der sie gekommen waren. Römer verirrten sich selten hier in diese Einöde, aber es war der einzige Weg, um ins Reich der Pharaonen zu gelangen, den es gab. Nur der Weg über das Gebirge blieb noch, doch selten wählte jemand diesen beschwerlichen Auf- und Abstieg durch die Berge.

Die letzten Sonnenstrahlen erloschen und sie krochen in ihre Decken, denn in der Nacht fiel die Temperatur beträchtlich. [.....], ihr Anführer, hatte Wachen eingeteilt, denn man wollte im Schlaf vor Überraschungen sicher sein.

Der nächste Morgen war mild und trocken. Die Sonne erwärmte die Erde so schnell, dass sie ihr Morgengebet im Schatten einer mächtigen Palme verrichteten. Wie immer brachen sie das Brot, wie der Meister es tat, und segneten es. Es war ihre Verbindung zu ihm, den sie noch immer schmerzlich vermissten. Ihre kleine Gruppe war wild zusammengewürfelt. Phillipus und Makeba waren aus dem Norden Galiläas und über Nacht zu ihnen gestoßen. Sie waren Weber von Beruf und hatten Wolle und Webrahmen auf ihre Esel geladen. Wo immer sie sich niederlassen würden, sie würden sofort beginnen, ihrer Arbeit nachzugehen.

Stephanus war Rabbiner in einer kleinen Gemeinde in Judäa, die zu den ältesten im Lande gehörte und bekannt dafür war, die Thora besonders streng auszulegen und somit das Leben sehr stark zu reglementieren. Es war kein Wunder, dass er dort nicht lange bleiben konnte, nachdem bekannt wurde, dass er den fremden Meister kannte und sogar seine Lehre verbreitete. Nur knapp war er der Steinigung entkommen.

Karim war Händler seines Zeichens und verschiedener Sprachen mächtig. Er war stets viel gereist, um Gewürze im Osten einzukaufen, und gehörte schon von Anbeginn an zu der Gruppe von Anhängern, die ihm gefolgt waren. Sein Wesen war immer fröhlich und sein Humor weithin bekannt. Auch in den schwersten Stunden war er es, der die Gruppe mit seinem grenzenlosen Optimismus beieinander hielt. Er war es, der die Lehre des Meisters am stärksten verinnerlicht hatte und darum an ihren Fortbestand fest glaubte. [.....], seine Schwester, war mit ihren zwei halbwüchsigen Söhnen mitgereist. Sie war die einzige Frau in der Gruppe und war geflohen, nachdem man ihren Mann vor aller Augen ermordet hatte. Er hatte sich der Durchsuchung ihres Hauses widersetzt und den Eingang zum Hof versperrt. Kurzerhand hatte der Anführer sein Schwert gezogen und zugeschlagen. Sie befand sich seit diesem Ereignis in tiefer Trauer und sprach mit niemandem mehr. Ihre Söhne, die den Tod des Vaters mit ansehen mussten, wirkten etwas stabiler, doch auch ihnen waren der Schock und die Trauer anzusehen. Sie lachten selten und waren still und in sich gekehrt. Nicht einmal Karim gelang es, ihnen ein Lächeln zu entlocken.

[.....], ihr Anführer, war der älteste der Gruppe und Silberschmied. Er verlor seine Habe, weil er bei den Versammlungen war, die die Anhänger des Meisters als öffentlichen Protest auf dem Vorhof des Tempels abgehalten hatten. Eine kleine Gruppe von Anhängern, die den Mut fassten, öffentlich gegen das Urteil zu protestieren. Dass er dem Kerker entkommen war, hatte er seiner Schmiedekunst zu verdanken. Er konnte die Wärter mit Schmuckstücken kaufen, die seine Frau in den Kerker schmuggelte. Wieder in Freiheit, hatte er sofort die Gruppe verständigt und den Plan zur Flucht gefasst. So waren sie aufgebrochen, ohne zu ahnen, was sie in dem fremden Land erwarten würde, denn sie waren Juden und damit nicht sonderlich erwünscht. Es würde eine Weile dauern, bis sie einen Ort fanden, an dem sie sich niederlassen konnten.

Das Schiff verließ am frühen Morgen mit der ersten Flut den Hafen. Karim stand nachdenklich an der Reling und blickte auf den sich entfernenden Küstenstreifen. Er verließ seine Heimat für immer, das spürte er deutlich. Zu gern hätte er weiter innerhalb der Gemeinschaft gelebt, gelehrt und das Wissen des Meisters weitergegeben. Warum nur, so fragte er sich schon unzählige Male, war alles so gekommen? Es gab so viele Gemeinschaften, Sekten mit selbsternannten Führern, die ebenso umherzogen, predigten und teilweise sehr unverhohlen zum Widerstand gegen die römische Besatzung aufriefen. Ja, auch sie wurden zuweilen verhaftet oder verjagt, aber keine Gemeinschaft wurde so unbarmherzig verfolgt wie die, die sich um Jeheshua versammelt hatte.

Dabei hatte der Meister nie zum offenen Widerstand aufgerufen und niemals hätte er Gewalt als das Mittel der Wahl propagiert. Für ihn war Gewalt Ausdruck von Unwissenheit und Ohnmacht, und genau das war es, was er beseitigen wollte. Wie oft hatte er in den Gleichnissen von der von Gott gewollten eigenen Schöpferkraft eines jeden Menschen gesprochen. Wenn er wieder einmal geheilt hatte, sagte er: „Ihr könnt all dies ebenso und noch viel mehr. Begreift euch endlich als göttliche Wesen, nach seinem Bilde ausgestattet, mit schöpferischer Kraft, die Welt zu erschaffen, die ihr euch wünscht."

Stattdessen war nun alles ein großer Scherbenhaufen. Der Meister getötet oder vertrieben und seine Anhängerschar in alle Winde zerstreut. Jetzt, wo alle so dringend seiner Kraft bedurften. Er blickte sich verstohlen auf dem Schiff um. Überall vermutete er Spitzel oder Verfolger. Niemals schlief er ruhig. Immer hatte er mit einer Hand den Schaft seines Kurzschwertes umklammert. Sein Blick glitt zurück über das Wasser in Richtung Osten. Die Küste war nur noch ein heller Streifen am Horizont. Tiefe Trauer stieg in ihm auf. Was würde die Zukunft bringen? Gab es überhaupt eine Zukunft? War das Leben ohne die Gemeinschaft überhaupt lebenswert?

Er hatte viele Reisen unternommen, in alle möglichen Länder, um die begehrten Gewürze einzukaufen. Immer wusste er, dass er zurückkehren würde, und immer war seine Freude so tief und innig, wenn er die Mauern seiner Stadt von Ferne erblickte. Nun würde er niemals mehr zurückkehren. Seine Augen füllten sich mit Tränen. Was mochte aus den anderen geworden sein? Waren sie den Verfolgern entkommen?

Als sie sich trennten, waren sie noch immer in der Nähe. Er war allein über das Gebirge gewandert, ohne Esel und nur auf sich selbst gestellt. Zuerst fühlte er sich erleichtert und frei und war froh, nun ohne Verfolger nach Westen zu wandern. Doch schon nach wenigen Tagen fehlten ihm die anderen. Er hatte sie so sehr vermisst, dass er schon mit sich selbst redete und einen wilden umherstreifenden Hund anlockte, der tatsächlich einige Zeit mit ihm zog. Scheu wie er war, blieb er immer auf Distanz. Aber jeden Abend, wenn er am Feuer saß und Fladen buk, kam das Tier ein wenig näher, betrachtete ihn wachsam und schnappte geschickt jeden Happen auf, den er ihm hinwarf. Ja, auch du bist ein Geschöpf Gottes, dachte er und streckte die Hand nach ihm aus. Sein Fell war grau und zottelig und eins seiner Ohren blutverkrustet. Der Hund musterte ihn forschend. Dann, nach einer Weile, streckte er seinen Kopf vor, sodass sie einander fast berührten. Er beschnüffelte seine Finger und legte die Ohren an. Karim sprach von nun an mit dem Hund, und dieser lauschte ihm mit schief gelegtem Kopf. Wo mochte er hingegangen sein, nachdem er das Schiff bestiegen hatte? Vom Schiff aus hatte er ihn zwischen den Menschen am Hafen verschwinden sehen.

Der Wind blähte die Segel, und das Schiff pflügte geschwind durch die Wellen. Eine Frau stand jetzt neben ihm, das Gesicht mit einem Tuch verhüllt und ein kleines Kind im Arm haltend. Er sah ihre schlanken Handgelenke und den seltsamen Schmuck, den sie am Arm trug. Sie stand still da, genau wie er, und blickte aufs Wasser. War das Zeichen an ihrem Handgelenk nicht ein kleiner silberner Fisch, der ihr Armband schmückte? Sofort begann sein Herz schneller zu schlagen. Sollte auch sie, wie er selbst, zu den Verfolgten gehören? Langsam drehte sie ihren Kopf zur Seite und streichelte mit der Hand das Gesicht des Kindes.

„Erkennt ihr mich nicht mehr, Karim?", sprach sie leise.

„Wie sollte ich? Ihr seid von Kopf bis Fuß verhüllt. Wer seid Ihr?"

Langsam schob sie den Schleier zurück, und eine Fülle dunkelbraunen, lockigen Haares fiel ihr in die Stirn.

„Ich bin es, Harah. Die ‚Seherin' nannte man mich, bevor ich in dem Kerker landete. Danach änderte ich meinen Namen und bin nach Westen gezogen. Dies ist das Kind von Freunden, die bei den Durchsuchungen ums Leben kamen. Ich nahm es an mich, bevor ich meine Flucht antrat."

Karim fühlte eine große Freude in sich aufsteigen. Ja, er hatte von Harah gehört und auch davon, dass sie eine Weise und Seherin war, hoch geachtet und verehrt von jedermann. Erst als auch sie mit dem Meister mitgezogen war, wurden Gerüchte laut, dass sie schwarze Magie praktiziere und die Menschen und das Vieh krank mache. Von da an wollte niemand mehr etwas mit ihr zu tun haben. Das war kurz bevor der Meister verurteilt wurde. Auch sie wurde zu Verhören und Anklagen in Herodes' Palast geschleppt.

Karim hatte sie nur ein einziges Mal gesehen, als sie an der Seite des Meisters saß und half, ein schwer verletztes Kind zu behandeln. Auch sie verfügte über die Gabe zu heilen, wenngleich sie es anders tat als der Meister. Er erinnerte sich noch genau, wie sie die Wunden des Kindes säuberte, erinnerte sich, wie sie sich über das Kind beugte, ihm Trost zusprach und es behutsam in ihre Arme bettete. Das Kind war von einem hohen Felsen gestürzt. Arme und Beine waren gebrochen und aus einer tiefen Kopfwunde sickerte Blut. Niemand glaubte, dass der Meister es fertig bringen würde, diese schweren Verletzungen zu heilen. Und doch war das Kind bereits wenige Tage später auf Krücken umhergewandert, hatte gelacht und gespielt. Selbst der Verband am Kopf war überflüssig, weil sich die Wunde bereits geschlossen hatte. Niemals würde er ihr Gesicht vergessen; das Leuchten ihrer Augen, als der Junge aufstand. Unsicher, aber ohne Schmerzen, konnte er sich auf seine Krücken stützen. Viele Male hatte er den Meister heilen sehen, aber dieses Mal war sie dabei gewesen.

Das Schiff schaukelte leicht im Wind. Die Brise hatte nachgelassen und die Meeresoberfläche war fast spiegelglatt. Alle warteten gespannt auf das Auffrischen des Windes, damit sie ihrem Ziel näherkamen. Doch Karim und Harah saßen dicht beieinander auf einem zur Acht geformten Tau und erzählten einander all ihre Erlebnisse mit dem Meister und redeten über die Zeit nach seinem Verschwinden in den Wirren der Verfolgung. Über ihre Zeit im Kerker erzählte sie nichts. Die Erfahrung war noch zu frisch und zu schmerzlich für sie, um darüber sprechen zu können. Es interessierte sie wenig, ob der Kapitän endlich Segel setzen konnte und wie lange sie so untätig dahindümpelten. Beide spürten den Seelengefährten im anderen, und beide waren froh, nun nicht mehr alleine zu sein. Der kleine Junge mit Namen Matthias war ein stilles Kind. Er spielte versonnen mit dem Tau, indem er es zu immer anderen Formen zusammenlegte und mühsam darüber hinwegkletterte.

Harah hatte einen Korb mit Brot und Früchten geholt und zauberte wahre Gaumenfreuden daraus hervor. So speisten sie, erzählten und lachten miteinander, denn Karim verstand es wie kein anderer, lustige Anekdoten zum Besten zu geben. Gegen Abend kam Wind auf, und sie konnten die Fahrt fortsetzen. Das Schiff ächzte und knarrte bei jeder Bewegung, und die Segel blähten sich lautstark im Wind. Man würde über eine Woche brauchen, wenn das Wetter so bliebe, und Karim war froh darüber, denn diese Zeit konnten sie uneingeschränkt miteinander verbringen. Die Vertrautheit war so schnell entstanden, dass sie in der Nacht ihre Decken aufschlugen. Das Kind in ihrer Mitte schlief ruhig, und sie verfolgten mit ihren Blicken die Sterne, die so zahlreich über ihnen am Himmel funkelten.

Am achten Tag erreichten sie die griechische Hafenstadt Patras und waren froh, wieder festen Boden unter den Füßen zu haben. Die Zeit des Beisammenseins hatte sie einander nahegebracht, sodass sie beschlossen, gemeinsam den Weg nach Westen fortzusetzen. Sie suchten eine Herberge, und schon wenige Tage später fanden sie ein Schiff, das nach Westen auslief. Sie hatten einen akzeptablen Preis vereinbart und dieses Mal sogar einen kleinen Verschlag unter Deck, wo sie vor Wind und Sonne geschützt waren.

Vorsichtig legte Karim seinen Arm um ihre Schultern und sie schmiegte sich fest an ihn und legte ihre Hand auf seine Brust. Nach all der Zeit der Angst und Sorge waren sie in diesem Moment vollkommen glücklich. Zärtlich küsste er sie auf die Stirn. Es war, als habe er schon immer auf diesen Augenblick gewartet.

Das Schiff, eine mächtige römische Galeere, kam schnell vorwärts, und sie erreichten in knapp zehn Tagen die gallische Hafenstadt, die sie anvisiert hatten. Nebel lag über dem Wasser und versperrte ihnen die Sicht auf die mächtigen Befestigungsmauern, die das Hafenbecken umgaben. Kaum an Land, entdeckten sie einen Viehhändler, der ihnen drei Esel verkaufte und ihnen den Weg nach Westen erklärte.

Harah hatte schon im Kerker von einem Ort geträumt, der hier in den Bergen Galliens liegen sollte und der auf sie wartete. Sie hatte immer wieder Bilder gesehen von einem friedlichen Ort zwischen Korkeichen und Felsen, wo sie Menschen treffen würden, die ihnen vertraut waren. Sie wusste nicht, wer diese Menschen sein sollten, aber in ihren Visionen sah sie immer wieder das solide Haus aus grob behauenen Steinen inmitten wilder Blumen und einen mächtigen Feigenbaum. Sofort schlug ihr Herz höher, als sie zum ersten Mal von diesem Ort träumte. Sie fühlte, dass es dieser Ort war, den sie suchen mussten.

Karim hatte sehr bald mit dem kleinen Matthias Freundschaft geschlossen. Er setzte das Kind vorsichtig auf den Esel und so zogen sie los, nachdem sie ihre Wasserschläuche gefüllt und sich mit Brot und Wein eingedeckt hatten. Unterwegs trafen sie Ziegenhirten, die ihnen Käse und Trauben verkauften, sodass sie stets gut versorgt waren. Am dritten Tag erreichten sie die ersten Gebirgsausläufer. Harah hatte den Weg entlang des Flusses in ihrer Vision genau gesehen. Sie nutzte diese Gabe so intensiv, dass sie sogar die Landschaft hinter der Biegung des Flusses beschreiben konnte, lange bevor sie sie mit ihren physischen Augen sahen. Karim war von ihrer Gabe tief beeindruckt. Nachts lagen sie eng umschlungen in ihrem kleinen Zelt und flüsterten einander zärtliche Worte zu. Sie spürten so eine tiefe Liebe und Vertrautheit, dass sie beschlossen, für immer beieinander zu bleiben. Harah war froh, dass sie einander begegnet waren. Beinahe hätte sie ein anderes Schiff genommen, das eher den Hafen verließ. Erst im letzten Moment hatte sie sich anders entscheiden. Es war wie ein starker Impuls, noch zu warten und das kleinere Schiff zu besteigen. Jetzt, im Nachhinein, war Karim den Verfolgern dankbar. Beinahe hätte er die kleine Gruppe nicht verlassen, die Richtung Alexandria zog, und sie hätten einander niemals gefunden. An diesem Abend hockten sie eng umschlungen am Feuer, das sie am Ufer des Flusses gemacht hatten, und beschlossen die Fügung, die sie zueinander geführt hatte, zu feiern.

Es gab frische Fladen, in Olivenöl eingelegtes Gemüse und Wein, der sie fröhlich und ausgelassen machte. Wilde Beeren und süße Trauben rundeten das Festessen ab. Karim hatte von den Hirten eine kleine Flöte erstanden, auf der er nun blies und ihr zarte, harmonische Klänge entlockte. Sie waren so glücklich wie schon lange nicht mehr. In der Nacht liebten sie sich heiß und innig, und so war ihre Gemeinschaft besiegelt. Sie waren nun ein Paar und wollten es für immer bleiben.

Sie zogen entlang des Flusses weiter, bis sie eine Schlucht erreichten, die Harah schon in ihren Visionen gesehen hatte. Schroffe Felsen markierten einen kleinen Pfad, der sich bergeinwärts hinzog und kaum im dichten Buschwerk wahrnehmbar nach oben führte. Schon längere Zeit hatte niemand mehr diesen Weg passiert, aber sie waren sicher, dass sie ihn nehmen mussten. Das Vorankommen wurde durch die Äste und Dornen so sehr erschwert, dass Karim allmählich den Mut verlor. Was war, wenn sie sich in den Bergen verirrten, nichts als wilde Einöde fanden und unverrichteter Dinge wieder umkehren mussten? Wie lange würden ihr Vorräte reichen, und wie konnten sie hier überleben? Seine Unsicherheit wuchs von Stunde zu Stunde. Er mochte nicht an ihrer Gabe zweifeln, doch bange Unsicherheit breitete sich in ihm aus.

Als sie am Ende des Tages unter einem kleinen Felsvorsprung ein Feuer entzündeten, war sein Mut vollkommen geschwunden. Er war sicher, dass sie in einem Niemandsland gelandet waren und bis zur völligen Entkräftung umherirren konnten oder schon morgen den Rückweg antraten. Aber zurück – wohin? In ein gallisches Dorf? In eine römische Festung, wo sie wie Sklaven behandelt wurden? Er war der Verzweiflung nahe, aber er verbarg es, so gut es ging. Harah ahnte seinen Gemütszustand. Liebevoll streichelte sie seinen wilden Haarschopf.

„Mein Liebster, vertrau mir. Ich fühle, dass wir schon bald die Menschen erreichen, die auf uns warten. Sie sind dort oben in den Bergen und warten auf Besucher wie uns. Sei unbesorgt."

Karim blickte traurig in ihre dunklen, leuchtenden Augen. Wenn du doch nur Recht behältst, dachte er.

In der Nacht wälzte er sich unruhig in seinem Lager herum. Er hatte immer wieder den Traum, den er so hasste. Es war eine wiederkehrende Situation. Er wurde verfolgt und konnte nicht entkommen. Schweißgebadet erwachte er und trat vor das Zelt, um Luft zu schnappen. Er griff nach der Wasserflasche, um einen tiefen Zug daraus zu nehmen. Immer wieder waren sie Quellen begegnet und so war die Wasserversorgung gesichert. Das Feuer war erloschen und nur noch etwas Glut funkelte in der Asche. Er setzte sich auf einen Stein und betrachtete die Landschaft, die im fahlen Mondlicht gut auszumachen war. Er sah die Schlucht, aus der sie aufgestiegen waren, und die Berghänge gegenüber, die dicht mit niedrigen Bäumen und Buschwerk bewachsen waren und wie ein grüner Teppich im Mondlicht schimmerten. Er hörte das Zirpen der Grillen und die Rufe der Nachtvögel. Er liebte die Nacht mit ihren geheimnisvollen Geräuschen und dem intensiven Duft der Kräuter, der während der Nachtstunden intensiver zu sein schien. Er streifte ein wenig umher und betrachtete die Bäume, die das Felsplateau, auf dem sie angekommen waren, bedeckten. Eine Weile streifte er so umher, um sich von seinem Traum abzulenken, als er plötzlich eine zarte Stimme vernahm.

Undeutlich zuerst, doch dann hörte er sie wie ein leises Flüstern, wie das Rauschen der Blätter im Wind. Zuerst glaubte er, sich die Stimme einzubilden, doch dann vernahm er sie abermals: „Folgt eurem Weg! Folgt eurem Weg!"

Welchem Weg, so fragte er sich. Es gab keinen erkennbaren Weg. Nur eine unendliche Wildnis, die nur den einen Vorteil bot: Hier waren sie sicher vor Verfolgung. Er begann einen Felsvorsprung hinaufzuklettern. Er liebte die Felsen und das Gefühl der Freiheit, wenn er hoch oben angekommen war und den Wind spürte. Er breitete die Arme aus, wie er es immer tat, um den kühlen Nachtwind zu spüren. Sein Blick streifte umher und blieb an einem Punkt der Bergkette, die vor ihnen lag, hängen. Ein Lichtschein erhellte den Himmel. Wie elektrisiert versuchte er sich auf diesen Punkt zu konzentrieren. War es ein Stern, der gerade hinter den Bergen verschwand? Er beschloss abzuwarten und den Lauf der Sterne zu verfolgen. Er kaute auf einem Grashalm und wartete. Zuerst schien es, als verlösche der Lichtschein und alles tauche wieder in die silbrigen Schatten des Mondlichtes ein. Doch dann, als eine Wolke den Mond für einen Moment verhüllte, sah er es ganz deutlich: Es war der Schein eines Feuers. Zwar nur schwach wahrnehmbar, aber doch so deutlich und unverkennbar, dass er einen Satz nach oben machte. Hastig kletterte er den nächsten Felsen empor, um besser sehen zu können. Ja, es war ein Feuer. Jäh durchzuckten ihn Zweifel. Was wäre, wenn es sich um einen Waldbrand handelte, der auch sie in Gefahr brachte? Die Bäume und Büsche waren extrem trocken und schon ein Funke konnte ein Unheil hervorrufen. Er beschloss, das Licht, das nun stärker leuchtete, zu beobachten. Es war noch weit genug entfernt, um sofort den Weg zurück zum Fluss anzutreten, dachte er. Der Wind wird das Feuer nicht in unsere Richtung treiben. Gleichzeitig hoffte er, dass es sich nicht um einen Waldbrand handelte. Er wünschte sich, dass dies der Ort war, von dem Harah immer wieder gesprochen hatte, die kleine Gemeinschaft in den Bergen, die sie gesehen hatte. In diesem Moment flehte er um Hilfe. Möge dies der Ort sein, von dem sie gesprochen hatte.

Noch lange saß er auf dem Felsen und beobachtete den Licht-schein, bis dieser schließlich erlosch. Zu seiner Erleichterung war es kein Waldbrand, und so kroch er wenig später wieder in sein Lager und schlief sofort ein.

Am nächsten Morgen erwachte er vergnügt und erholt. Harah musterte ihn misstrauisch. Der plötzliche Gemütswandel beunruhig-te sie. Während sie das Frühstück bereitete, nahm Karim das Kind auf die Knie und erzählte ihm die Geschichte seiner nächtlichen Er-fahrung. Beinahe fiel Harah das Brot aus den Händen, das sie gerade auseinanderbrach.

„Du hast einen Feuerschein gesehen? Sag, in welcher Richtung? Sag es!"

Sie folgte ihm den Felsen hinauf, und er wies mit der Hand auf den Punkt am Horizont, wo er das Licht gesehen hatte.

„Aber Karim! Es liegt genau dort, wo ich unser Ziel vermute. Bist du sicher, dass es der Schein eines Feuers war und nicht nur das helle Mondlicht?"

„Meine Liebste, ich bin vollkommen sicher und fest davon über-zeugt, dass wir auf dem richtigen Weg sind." Er umarmte sie herzlich und Tränen strömten über ihr Gesicht.

„Oh mein Liebster, ich war so betrübt, als ich sah, welche Sorgen du dir machst. Vertrau mir. Ich erkenne den Weg, und schon bald wer-den wir dort sein."

An diesem Tag legten sie eine größere Wegstrecke zurück. Sie wanderten den Berghang entlang bis zu einer Stelle, wo ein Was-serfall rauschend zu Tal stürzte. Hier erklommen sie ein Felsplateau, das sie leicht durchstreifen konnten. Die Bäume waren verstreut und niedrig und der Felsen war übersät mit wilden Blumen, die in Weiß, Pink und Gelb blühten.

Laut singend folgten sie den Wegen der Tiere, die hier ihre Spu-ren hinterlassen hatten. Ein Adler zog über ihnen seine Kreise und seine schrillen Schreie hallten durch das Tal.

Der nächste Tag brachte viele Schwierigkeiten. Das Dickicht wurde so dicht, dass nicht einmal die Esel es zu durchdringen vermochten. Zerkratzt von den Dornen, machten sie schließlich an einem Berghang Halt. Karim betrachtete nachdenklich ihr einziges Messer, das bereits stumpf war, und blickte voller Besorgnis auf den vor ihnen liegenden Berg.

„Liebste, wie sollen wir diese Wildnis nur durchdringen? Schon jetzt ist das Fortkommen kaum möglich. Aber das, was uns dort oben erwartet, ist noch viel dichter. Wie sollen wir nur hier unseren Weg finden?"

Liebevoll nahm Harah Karim am Arm. „Sieh doch, Karim, da in der Schlucht ist ein Fluss. Wenn wir den überqueren, werden wir auf der anderen Seite leichter vorwärtskommen. Die Bäume stehen dort nicht so dicht, und sogar von hier aus sieht man, dass das Erdreich durchscheint."

„Aber Liebste, das bedeutet, dass wir zunächst absteigen und dann wieder aufsteigen müssen. Weißt du, wie viel Kraft uns das kosten wird? Die Esel finden fortwährend Futter, aber haben wir noch genügend Mehl, um uns zu versorgen?"

Nachdenklich wanderte ihr Blick zu dem Sack, in dem sie ihre Vorräte aufbewahrten. Ja, Karim hatte Recht. Sie hatten nur noch für etwa sechs Tage Brot und Getreide. Danach würden sie sich mit Früchten begnügen müssen. Auch sie erkannte nun, was es bedeuten würde, die ganze Anstrengung des Aufstiegs noch einmal zu machen. Sie hatten nicht daran gedacht, Äxte oder Macheten mitzunehmen. So ließen sie sich im Schatten einer alten Pinie nieder. Matthias lag friedlich auf seiner Decke und schlief. Harah wendete die Brotfladen, die sie über dem Feuer zubereitete. Sie dufteten köstlich nach Sesam und wurden mit Honig bestrichen. Matthias mochte sie so am liebsten und sie sahen zu, wie er glücklich seinen Fladen in der Hand hielt.

„Wir werden uns trennen, Harah", sagte Karim unvermittelt.

Erschrocken blickte sie auf. „Was meinst du damit, Karim?"

„Ich denke, es ist besser, wenn ich allein den Weg fortsetze. Ich kann mich leichter durchschlagen und komme schneller vorwärts, als wenn wir mit den Eseln weiterziehen. Ich werde am Weg Markierungen hinterlassen, wenn ihr mir nachfolgen wollt, so könnt ihr den gleichen Weg nehmen. Besser aber wäre es, wenn ihr auf mich wartet. Wenn ich Menschen treffe, dann werden sie sicher über das Werkzeug verfügen, den Weg mühelos freizulegen. Wie auch immer. Ich werde zurückkehren und euch holen, wenn ich die Gemeinschaft gefunden habe. Auch wenn ich niemanden antreffe, kehre ich zurück und wir treten den Rückweg an. Wir schonen somit die Tiere, und ihr könnt euch ein wenig ausruhen. Wenn du das Feuer in Gang hältst, werde ich immer sehen, wo ihr seid."

Harahs Augen weiteten sich. „Du willst uns allein hier zurücklassen? Karim, lieber sterbe ich, als in Ungewissheit hier zu warten." Sie schmiegte sich eng an ihn. Ihre Augen füllten sich mit Tränen.

„Es wäre das Letzte, was ich mir wünschte", flüsterte sie. „Kaum dass ich dich gefunden habe, verlässt du uns schon wieder. Karim, lass uns gemeinsam weiterziehen, ganz gleich, wie lange wir noch brauchen werden. Es soll doch möglich sein, gemeinsam unser Ziel zu erreichen."

Karim streichelte sanft über ihr Haar. „Meine Liebste, ich verstehe deine Gefühle. Aber wir trennen uns doch nur für kurze Zeit."

Traurig blickte sie auf. „Wir kommen mit, egal, wohin du gehst." Mit Entschiedenheit begann sie die Esel zu beladen, um zur nächsten Etappe aufzubrechen.

Immer dichter wurde das Dornengestrüpp, sodass sogar die Esel sich weigerten, weiterzugehen. Ihre Lage schien aussichtslos. Entmutigt ließen sie sich ins Gras fallen. Die Bergkuppe war nicht mehr weit. Ihre Kraft ließ nach und die düsteren Wolken spiegelten ihre Verfassung wider. Karim hatte einen kräftigen Ast zum Freilegen des Weges benutzt. Doch schon jetzt bluteten seine Arme aus unzähligen Schrammen, die die Dornen hinterlassen hatten.

„Es ist nicht mehr weit bis zum Gipfel. Ich bin sicher, dass sich dort das Dickicht lichtet", sagte Harah.

Sie nahmen all ihre Kraft zusammen und schlugen sich weiter durch, bis sie tatsächlich die Kuppe des Berges erreichten und an einem von Felsbrocken übersäten Platz ihr Nachtlager aufschlugen. Sie hatte Recht behalten. Hier oben waren die Sträucher und Bäume weniger dicht, und als sie am nächsten Morgen aufbrachen, kamen sie sehr viel schneller vorwärts. Schon gegen Mittag hatten sie eine große Strecke zurückgelegt, und erleichtert folgten sie nun einem Pfad, der nicht lange vor ihnen benutzt worden war. Abgeknickte Äste zeigten ihnen, dass noch vor kurzer Zeit jemand diesen Weg gegangen sein musste. Sie fassten neuen Mut und zogen, so schnell es möglich war, vorwärts. Am Abend desselben Tages erreichten sie einen Steinbruch, wo noch vor kurzem Steine gehauen worden waren. Sie entdeckten frische Spuren und die Schalen von Nüssen, die zwischen den Steinen aufgeschlagen worden waren. Glücklich fielen sie einander in die Arme. Jetzt konnte der Weg nicht mehr weit sein.

Als sie am Nachmittag des folgenden Tages eine Lichtung erreichten, sahen sie in nicht allzu weiter Entfernung Rauch aufsteigen, und schon wenige Stunden später hörten sie von Ferne Stimmen und das Lachen eines Kindes. Voller Herzklopfen stolperten sie die letzten Meter vorwärts, bis sie plötzlich aus Stein gebaute Gebäude vor sich sahen. Was mochte sie nun erwarten? Waren sie willkommen? Würden sie freundlich empfangen?

Bange und ein wenig beklommen betrachteten sie den kleinen Vorplatz, der von den Gebäuden eingerahmt wurde. Unter der großen Feige saß eine Frau mit langen, rötlichen Haaren und zerstieß Körner auf einem Mahlstein. Ein kleiner Junge mit schwarzem Haar stand daneben und schwenkte einen Olivenzweig.

Die kleine Gemeinschaft entwickelte sich prächtig. Kein Tag verging, an dem sie nicht des Abends beim Feuer saßen und den Erzählungen des Meisters lauschten. Es ist beinahe wie früher, dachte

Maria Magdalena, die es genoss, wieder Menschen aus ihrer Heimat bei sich zu haben. Manches Mal war sie einsam gewesen, wenn Josef und Jeheshua den ganzen Tag fortblieben, um Holz zu schlagen. Jetzt hatte sie stets Gesellschaft. Schnell hatte sie eine enge Freundschaft zu Harah und Karim geknüpft, die sie sofort tief in ihr Herz geschlossen hatte.

„Euch hat der Himmel geschickt", sagte sie einmal, als sie die beiden eng umschlungen am Feuer sitzen sah. „Wie gut, dass ihr gekommen seid. Sag, Harah, siehst du weitere Besucher bei uns ankommen?"

Harah senkte den Blick. Sie hatte Besucher gesehen. Und dieses Mal war ihr nicht wohl bei dem Gedanken, was sie sah. Zu sehr sah das, was sie in wenigen Momenten erhaschen konnte, wie ein Soldat zu Pferde aus. Sie sah seine silbern aufblitzende Rüstung und ein mächtiges Streitross. Nun, da sie nach ihren Wahrnehmungen gefragt wurde, rang sie nach Worten, die Maria Magdalena nicht allzu sehr erschrecken sollten.

„Liebste Miriam. Meine Gabe hat mir nur kurze Einblicke gegönnt. Und das, was ich sah, war allzu verwirrend. Vielleicht sah ich ein Geschehen, das sich nicht auf uns bezieht. Ein Geschehen, das sich anderswo zutragen wird."

Miriam blickte hellhörig auf. „Was soll das heißen, liebste Freundin? Du weißt nicht, ob es sich auf uns bezieht? Sprich, was hast du gesehen?" Sie war aufgesprungen und hatte sich direkt vor Harah niedergekniet. Harah blickte sich Hilfe suchend um. Jeheshua und Josef waren noch mit dem Bau des Stalls beschäftigt. Zu gern hätte sie zuerst mit dem Meister über die Bilder gesprochen. Doch nun war es heraus. Sie musste die Wahrheit sagen.

„Nun, ich sah ein mächtiges Streitross. Einen Schimmel. Und auf dem Pferd einen Mann in silberner Rüstung. Er trug ein fremdes Zeichen auf der Brust und ein Schwert an seiner Seite. In seinem Gefolge sah ich einen weiteren Mann, der gleichsam der Begleiter des ersten war und mit schwerem Tuch bekleidet diesem folgte. Beide sah ich hierher reiten. Sie nahmen den Weg, den auch wir genommen haben."

Miriam erschrak. Alles Blut war aus ihrem Gesicht gewichen. „Harah, was sprichst du da? Bist du dir sicher?"

Harah nickte nur still. Karim schloss sie liebevoll in die Arme. Er wusste, dass Harahs Gabe überaus genau und zutreffend war. Miriam hatte den Kopf auf Harahs Knie gelegt. „Oh, Harah, was siehst du noch? Kannst du erkennen, in welcher Absicht die Männer kommen? Müssen wir schon wieder fliehen? Wollen sie unser Kind töten?" Sie schluchzte laut auf. „Liebste Freundin, versuch zu ergründen, was sie zu uns führt. Bitte!" Flehen lag in ihrer Stimme. Liebevoll legte Harah ihre Arme um Miriam, um sie zu trösten.

„Leider konnte ich nicht mehr sehen. Nur diese beiden Männer. Aber ich kann dich beruhigen. Sie wirkten, als kämen sie in freundlicher Gesinnung. Ein wenig wirkten sie wie Pilger, die eine heilige Stätte suchen. Sei unbesorgt, Miriam. Ich glaube nicht, dass uns Gefahr droht."

Miriam klammerte sich an die beiden Freunde. Erst jetzt wurde ihr die ganze Angst, die immer in ihr geschwelt hatte, vollkommen bewusst. Ja, sie war immer in Sorge, dass man sie fand und ihnen nach dem Leben trachtete.

Als Josef und Jeheshua an diesem Abend ihre Arbeit beendeten, sahen sie Miriam mit verweinten Augen und in sich zusammengesunken dasitzen.

„Was ist geschehen?" Josef eilte in schnellen Schritten auf sie zu. Er fühlte ihre Niedergeschlagenheit und war sofort alarmiert. „Was ist geschehen? Sind die Kinder wohlauf?"

Miriam schmiegte sich an Jeheshuas Brust. Er streichelte sanft ihr Haar. „Liebste, was hat dich so erschreckt? Sprich!"

Harah und Karim wechselten schnell einen Blick und erzählten den Inhalt der Vision. Auch Josef schrak zusammen und merklich legte sich ein Schatten auf sein Gesicht, der Sorge und Bestürzung ausdrückte.

Alle blickten zu Jeheshua und Josef fragte ihn: „Meister, stimmt es, was Harah sah? Werden wir von Soldaten heimgesucht?" Noch immer streichelte er sanft ihr Haar.

„Ja, Harah hat richtig wahrgenommen. Aber seid euch gewiss, diese Männer trachten nicht nach Zerstörung. Sie kommen nicht in böser Absicht. Einen von ihnen sah ich vor einigen Tagen hier im Hof. Er beobachtete mich bei der Arbeit. Er stand dort." Er wies mit der Hand zum Platz vor dem Haupthaus. „Er war mit seinem Geistkörper hier. Er hatte eine schwere Verletzung an seiner Schulter. Vielleicht sucht er Heilung bei uns. Er verschwand, als er bemerkte, dass ich ihn wahrnahm. Er kommt nicht in böser Absicht."

Erst jetzt bemerkte Harah, dass auch sie zitterte. Sollte der Friede hier an diesem Ort schon so schnell enden? Und was bedeutete es, wenn diese Männer zu ihnen kamen? Noch lange versuchte sie Miriam davon zu überzeugen, dass keine Gefahr von diesen Besuchern ausging. Doch der Schrecken und die Besorgnis wollten nicht so schnell verfliegen. Erst als sie anfingen zu singen, wie sie es immer taten, wurde ihr wohler. Ja, wenn Jeheshua sagte, dass sie in friedlicher Absicht kamen, sollten sie ihnen willkommen sein.

In dieser Nacht schlief sie sehr unruhig. Immer wieder sah sie zu David herüber, der friedlich in seinem Strohkissen schlief. Noch in der Nacht ging sie ins Freie, um zu beten. Möge der Herr seine schützende Hand über uns halten, betete sie, bis der Morgen allmählich heraufzog. Als die ersten Sonnenstrahlen durch die Bäume fielen, fühlte sie sich beruhigt und beschützt. Ja, es würde ihnen nichts geschehen, dessen war sie nun sicher. Fröhlich wollte sie diesen Morgen begrüßen. Sie rührte den Teig aus Hirse und Honig an diesem Morgen mit besonders viel Hingabe und begann, über dem Feuer die Fladen zu backen. Wir werden sie mit einem Festmahl empfangen, dachte sie bei sich. Nun war sie nur noch neugierig, wer da den Weg zu ihnen finden würde.

Wieder und wieder versuchte Harah auf Miriams Drängen, sich Bilder der Ankömmlinge vor ihr inneres Auge zu rufen. Doch alles Drängen half nichts. Die gewünschten Eindrücke blieben aus. Stattdessen erschaute sie eine ferne Zukunft, wo die Menschen in sonderbare Gewänder gekleidet waren und ihre Haartracht zu seltsamen Gebilden geformt war. Harah verwirrten diese Bilder. Sie konnte keinen Zusammenhang zu ihrer Frage herstellen. Es sei denn, die fremden Besucher hätten einen Bezug dazu. Immer wieder erschaute sie dieselben Inhalte: Fest aus Steinen gefügte Gebäude von gigantischen Ausmaßen und überall Rohre, durch die Rauch und Feuer drang. Es erschreckte sie, denn diese Welt wirkte kalt und gefühllos auf sie.

Behaglich reckte sie sich in der Sonne auf dem großen Stein, nachdem sie aus ihrer Trance zurückgekehrt war. Diese Bilder gaben ihr wahrlich Rätsel auf. Immer wieder sah sie eine bestimmte Szene vor sich, die sie genau wahrgenommen hatte. Kolossale Gebäude mit engen Gassen und Vehikeln, die metallisch glänzten. Was für eine sonderbare Welt! Plötzlich fuhr sie auf, als das Gras hinter ihr raschelte. David und Matthias hatten sich leise angepirscht, um sie mit langen Grashalmen zu necken. Sie stellte sich schlafend, als sie begannen, ihre Nase zu kitzeln, und sie liefen laut grölend davon, als sie die Augen aufschlug und in die Hände klatschte.

Wie sehr sie die Kinder liebte! Was für ein Segen sie waren. Welcher Zukunft mochten sie entgegensehen? Im gleichen Augenblick tauchten schon Bilder vor ihrem inneren Auge auf. Sie brauchte sich nicht einmal in Trance zu begeben. Sie schoben sich einfach vor ihre physischen Eindrücke. Sie sah eine mächtige Burg unter grauem, wolkenverhangenem Himmel. Zwei junge Männer galoppierten eilig über eine Brücke aus Holz. Ihre Pferde wirkten abgekämpft wie nach einem langen Ritt. Sorgsam verschlossen sie die schweren Tore aus Holz mit gewaltigen Eisenbeschlägen und liefen in geduckter Haltung eine Gehstiege hinauf. Der Ort schien menschenleer. Nur ein seltsam geformter runder Tisch thronte in einem Saal, dessen Außenmauer ebenfalls gerundet war. Fackeln hingen an den Wänden und ein eisiger Wind durchfuhr den Raum. Die Männer setzten sich ans Feuer. Nun konnte sie ganz klar die Konturen der Gesichter der beiden wahrnehmen. Es waren eindeutig die Züge Davids und Matthias. Erschreckt fuhr sie auf. Die Bilderflut war zu gewaltig. Sie sah brennende Dörfer und lange Alleen, in denen Menschen aufgeknüpft waren. Tief bestürzt lief sie ins Haus. So bedeutend und segensreich ihre Gabe war, so erschreckend konnte sie sein, wenn Bilder wie diese aufstiegen. Ein Segen und ein Fluch, dachte sie, als sie emsig begann, das Getreide im Mörser zu zerstoßen. Es war heute ihre Aufgabe, das Essen zu bereiten.

Miriam war mit den Männern ins Tal gezogen, um die Wasservorräte aufzufüllen. Es hatte schon lange nicht mehr geregnet, und die kleine Quelle unweit des Hauses war versiegt. Nur noch wenige Tonkrüge mit Wasser standen in der Ecke des Raumes. Harah wollte gerade nach einem von ihnen greifen, als ein gellender Schrei erscholl. Vor Schreck ließ sie den Krug fallen, der zu Boden fiel und in tausend Scherben zersprang.

Sie stürzte zur Tür hinaus, das Allerschlimmste befürchtend. Schon einmal war ihr eine Giftschlange zwischen den trockenen Steinen begegnet. Sie blickte sich nach allen Seiten um und sah David regungslos am Boden liegen. Seine Schläfe blutete und er schien bewusstlos. Vorsichtig nahm sie das Kind auf den Arm und trug es ins Haus. Sie bettete David auf eine Strohmatte und inspizierte die Verletzung am Kopf. Es war nur eine kleine Platzwunde. Matthias klammerte sich weinend und schluchzend an ihre Kleider. Unzusammenhängend berichtete er, dass David vom Baum gefallen sei. Sie holte etwas Wasser in einer kleinen Schüssel und säuberte die Wunde. Der Kleine schlug nun die Augen auf und blinzelte sie fragend an.

„Was ist geschehen? Warum liege ich hier?"

„Du bist vom Baum gefallen, David. Jedenfalls berichtete dies Matthias." David schüttelte ungläubig den Kopf. „Ich bin nicht gefallen. Ich bin gesprungen."

Harah glaubte den Kleinen nicht gut verstanden zu haben, und sagte: „Aber David, du weißt doch, was passiert, wenn man hinfällt. Wie kommst du auf die Idee, einfach zu springen?"

„Aber Harah", stotterte der Kleine, „das mache ich doch immer. Allerdings bin ich noch niemals hingefallen, sondern konnte schweben wie die Schmetterlinge."

„Aber David", sagte sie und schloss ihn dabei liebevoll in die Arme. „Nur Schmetterlinge sind so leicht, dass der leiseste Wind sie trägt. Wir Menschen sind zu schwer, um zu schweben."

„Nein, Harah. Ich tue das schon lange. Kaum, dass ich denke, dass ich durch die Luft laufe, da passiert es auch schon. Ich habe es schon viele Male probiert. Aber noch niemals bin ich hingefallen, so wie heute."

Ungläubig blickte sie zu Matthias. Der nickte nur still. „Ich habe es schon gesehen und habe es auch probiert. Aber es hat nicht funktioniert. Nur David kann das. Er hat schon die reifsten Feigen von hoch oben geholt."

Harah überlegte eine Weile, ob die beiden Schabernack mit ihr trieben. Doch beide blickten so ernst drein, dass sie sich fragen musste, ob es nicht doch der Wahrheit entsprach.

„Was für ein wundersamer Knabe du bist, David. Ich dachte immer, es sei nur den Tieren gegeben, so durch die Luft zu fliegen. Und du willst mir weismachen, dass auch Menschen das können?"

David nickte ernst. „Ja, wir können es auch."

Liebevoll nahm sie beide Knaben in die Arme. „Ich glaube, ich kann noch viel von euch lernen. Wie wäre es, wenn ihr beiden mich darin unterweist?" Mit diesen Worten schob sie sie zur Tür hinaus. David humpelte noch ein wenig und hatte eine dicke Beule am Kopf. Aber ansonsten war er schon wieder wohlauf. Vergnügt stellte er sich mitten auf den Hof, schloss die Augen und breitete die Arme aus, als wollte er fliegen. Nach einer Weile lösten sich seine kleinen Füße vom Boden und er schwebte einige Zentimeter hoch in der Luft.

„Siehst du", triumphierte Matthias, „so macht er es immer. Nur so zum Spaß." Dabei klatschte er vor Begeisterung in seine Hände und hüpfte neben David her, der vor Stolz über das ganze Gesicht strahlte.

Am Abend, als Harah von dem Ereignis berichtete, staunten alle nicht wenig, dass David schon so früh über solche Fähigkeiten verfügte. Nicht nur, dass er früh sprechen und laufen lernte. Er war auch ein überaus aufgeweckter kleiner Kerl, der den ganzen Tag auf seinen kurzen Beinen unterwegs war und mit seinen kleinen Fingern auf Dinge zeigte, die seine Aufmerksamkeit erregten, und wollte alles genauestens erklärt haben. Stolz zeigte er seine kleine Beule, und alle lachten vor Vergnügen, als er ihnen erklärte, dass er vom Baum fliegen wollte.

Jeheshua nahm seinen Sohn liebevoll auf die Knie. Die Wunde am Kopf war schon verheilt, obwohl der Unfall sich doch erst am Morgen desselben Tages ereignet hatte.

Zufrieden und glücklich kroch Harah später zu Karim unter die Decke. Sie war heilfroh, dass nichts Ernstes passiert war. Karim strich sanft über ihre Wange.

„Meine Liebste", flüsterte er, „der Meister hat schon Tote zum Leben erweckt. Glaubst du, er würde auch nur einen Moment zögern, dies auch für seinen Sohn zu tun?"

Lächelnd schloss sie die Augen. Sie wusste, dass er Recht hatte. Aber dass einem der Kinder ein Leid geschah, während sie ihr anvertraut waren, machte ihr Sorgen. Sie hatte zu wenig auf die Kinder geachtet. Von nun an, so schwor sie sich, werde ich sie nicht mehr aus den Augen lassen.

Der Morgen war sonnig und mild. Sie hatten zwar genügend Wasser von einer tiefer gelegenen Quelle heraufgebracht, aber es war notwendig, auch hier an ihrem Wohnort eine Wasserstelle zu erschließen.

Jeheshua hatte schon einige Male in verschiedenen Richtungen geforscht und war mit einem strahlenden Lächeln zurückgekehrt. Dieses Mal hatte er eine tiefer gelegene Quelle aufgespürt.

„Wir werden bald sogar genügend Wasser für die Bewässerung der Gärten haben", strahlte er. Schon am kommenden Morgen begannen sie an der markierten Stelle zu graben. Das Erdreich war steinig und die Arbeit mühsam. Jeheshua hatte sich im Schatten einer Steineiche niedergelassen. Er schloss die Augen und sah bereits eine Quelle an der Stelle sprudeln.

Schon nach kurzer Zeit wurde die Erde feucht und lehmig. Ein sicheres Zeichen, dass sie an der richtigen Stelle gruben. Am nächsten Tag stand eine niedrige Pfütze im Grabloch, und am Abend sickerte das Wasser sehr schnell nach, wenn sie es ausschöpften. Vorsichtig begannen sie die Wände des Schachtes mit Steinen auszukleiden und mit Lehm zu verschmieren. Nun war es nur noch eine Frage der Zeit, wann das Wasser aufsteigen würde. Das Prinzip des geringsten Widerstandes wurde hier genutzt. Miriam betrachtete die erdbraune Brühe mit skeptischem Blick.

„Für den Garten ist es ja schon brauchbar. Aber wie bekommen wir klares Trinkwasser daraus?" Sie zeigte in den Schacht, der sich allmählich mit brauner Brühe füllte.

„Warte es ab", rief Josef ihr zu. „Vielleicht können wir schon bald frisches Wasser bekommen. Eine Weile müssen wir es noch durch ein Tuch filtern. Aber bald wird es klar und kühl zu sprudeln beginnen."

Er war zutiefst zufrieden mit ihrem Werk. Nie hatte er geglaubt, so nah an ihrem Wohnort eine Quelle zu finden, denn die Landschaft sah zu trocken aus und es regnete nur selten. Wie erwartet, wurde das Wasser immer klarer, und nach einigen Tagen kosteten sie von der Quelle, die langsam über den Rand des Brunnens rann.

Alle befanden den Geschmack als ausgezeichnet. Josef jedoch blickte sorgenvoll auf das schmale Rinnsal. „Diese Wassermenge wird schwerlich reichen, wenn erst einmal noch mehr Menschen hier leben. Dann müssen wir versuchen, eine weitere Quelle hier ausfindig zu machen, um ein Wasserbecken anzulegen."

Karim nickte. In seiner Heimat baute man über den Austrittsschacht einer Quelle ein kleines Haus aus Steinen. Damit war die Quelle geschützt und kein Kind oder sonstiges Lebewesen konnte hineinfallen. Meist wurden diese Wasserhäuser mit Verzierungen versehen und mit Blumen geschmückt – aus Dank an Mutter Erde für das segensreiche Wasser. Er beschloss, sich Gedanken über ein solches Brunnenhäuschen zu machen. Er wollte nach dem Vorbild der Brunnen aus seinem Heimatdorf ein ähnliches Haus bauen.

Am nächsten Tag begann er, Steine dafür auszuwählen und zusammenzutragen. Es sollte ein prächtiges kleines Bauwerk werden. Es würde von innen kühl sein, und man konnte dort im Sommer allerlei aufbewahren, das in der Wärme leicht verdarb. Er prüfte die Steine genau, bevor er begann sie aufzuschichten. Zuerst baute er ein kleines Bassin, in das er das austretende Wasser leiten wollte. Die Arbeit bereitete ihm Freude, und voller Begeisterung schleppte er Steine herbei. Josef half ihm beim Zurechtschlagen und Zusammenfügen. Sie kamen gut mit der Arbeit vorwärts.

Miriam war in Gedanken immer wieder bei den Ankömmlingen. Niemand vermochte zu sagen, wann sie eintreffen würden. Ob es noch vor dem Winter geschah, so fragte sie sich. Allmählich nahm die Einrichtung der Häuser gewohnte Formen an. Sie hatten die Mauernischen mit Holztüren versehen und damit richtige Schränke geschaffen. Verschiedene Schlafkammern waren mit einfachen Bettstellen versehen worden. Man brauchte nur noch Heu und Reisig hineinzulegen, um mit einigen Wolldecken oder Fellen auch im Winter ein warmes Lager zu haben.

Seit drei Monden war er nun schon auf der Wanderschaft. Er hatte nur einen Diener und den Zwerg auf seine Reise mitgenommen. Dass der Bucklige nun doch in seiner Gesellschaft war, hatte er einem jungen Tribun zu verdanken. Der Zwerg hatte so lange auf den Soldaten eingeredet, ihm die Überfahrt zu erlauben, bis er zum Spaß der Soldaten mit an Bord genommen wurde.

Schnell erkannte der Zwerg, dass, wenn er komische Grimassen zog und seltsame Verrenkungen machte, die Soldaten Spaß an ihm hatten. Immer, wenn er seine Possen trieb, warfen sie ihm einige Münzen zu. Und so war er als Ablenkung auf den eintönigen Überfahrten geduldet. Dass er es schaffte, zu Pontius Pilatus zu finden, hatte er allerdings einer jungen Römerin zu verdanken, die die Kunde, ein seltsamer Zwerg sei mit den Soldaten im Hafen gelandet, auch ins Haus der Familie Pilatus beförderte. Die Dienerin hatte den Buckligen auf dem Marktplatz am Hafen seine Possen treiben sehen. Auf seinen kurzen Beinen watschelte er im Kreis und gackerte dabei wie ein Huhn, schlug Rad oder verdrehte die Augen. So schlug der Arme sich durch, bis Pontius Pilatus seinen Diener zum Hafen schickte, um den Zwerg zu sich zu holen. Aus Dankbarkeit, dass der Zwerg ihm die Treue gehalten hatte, durfte er ihn nun auf seiner wichtigsten Reise begleiten.

Oft wurde er schief angesehen, wenn man den Zwerg bei ihm bemerkte, doch er gewöhnte sich an argwöhnische Blicke. Der Zwerg seinerseits hatte ihm stets geholfen, seine Tiere zu versorgen und nach geeigneten Herbergen Ausschau zu halten.

Jetzt, wo der Winter mit heftigen Sturmböen und Regenfällen eingesetzt hatte, waren sie Gallien schon sehr nahe gekommen.

Behaglich streckte er sich in dem warmen Wasser des Badehauses aus. Er hatte einen Freund hier in der entlegenen Provinz, wohin sich selten römische Beamte freiwillig verirrten. Man spürte, dass das Leben hier rauer und weniger zivilisiert war als im vornehmen Rom.

Sein Freund Fulvius hatte sich über seinen Besuch so sehr gefreut, dass er sogleich für den heutigen Abend ein Festmahl veranstaltete, zu dem er alle seine Freunde eingeladen hatte.

Auch er hatte einst in Palästina im Dienst von Tiberius gestanden. Nach dessen Tod konnte er ins heimische Rom zurückkehren, doch das Leben in der Hauptstadt behagte ihm nicht mehr. Zu viele Intrigen und Ränkespiele unter den großen Familien waren an der Tagesordnung. Damals zog er mit seiner Familie nach Westen, wo diese Stadt erst im Aufbau begriffen war. Seinem Einfluss war es zu verdanken, dass man die Baumeister Roms hierher verpflichten konnte, um in dieser Enklave ein wenig von Roms architektonischen Vorzügen zu verbreiten.

Der Palast des Präfekten war erst vor einigen Jahren fertiggestellt worden. Die großzügige Anlage des Platzes mit dem Diana-Heiligtum war noch im Bau und sollte bald vollendet werden. Schon jetzt war [.....] zu einem strategisch wichtigen Ort geworden. Es sicherte römisches Territorium und bot auch größeren Truppenverbänden, ja, sogar ganzen Legionen Stationierungsmöglichkeit.

Der Präfekt der Stadt war ein weitläufiger Verwandter von Fulvius und so genoss er auch hier größtes Ansehen.

Pontius Pilatus war froh, nach der anstrengenden Reise durch Kälte und auf aufgeweichten morastigen Wegen, über die sie ziehen mussten, wieder einmal ein warmes und komfortables Heim zu haben. Auf der Reise war kein Tag vergangen, an dem er nicht an Procula denken musste. Es war, als würde sie noch immer jeden seiner Schritte verfolgen und begleiten. Heute war es ihm ein Bedürfnis, einige Öllichter am Altar der Diana zu entzünden, um ihrer zu gedenken und Zwiesprache zu halten.

Bald nun würde er das Gebiet erreichen, das Josef ihm beschrieben hatte. Aber ob es ihm gelingen würde, seine Spur aufzunehmen, war mehr als ungewiss. Er betete nun immer so, wie Prokula es ihn gelehrt hatte, zu dem einen großen Gott und bat ihn um Schutz und Führung. Jetzt, wo er bald das zivilisierte römische Gebiet verließ, war die Reise gefährlicher. Wollte er unbehelligt die jüdische Gemeinde erreichen, so musste er größte Vorsicht walten lassen. Immer hielt er einen Dolch unter seinen einfachen Gewändern verborgen und versteckte einen zweiten im Futter seines Umhangs. Man hörte immer wieder von überfallenen Händlern, die alles verloren und froh waren, wenn sie mit dem Leben davonkamen. Seit er die Reise angetreten hatte, fühlte er sich frei, und seine alte Heiterkeit kehrte trotz der Trauer allmählich zurück. Ja, er freute sich auf den Abend im Haus seines Freundes, auf das gute Essen und den Wein, die Musikanten und all die unzähligen Öllichter, die den Saal in ein Lichtermeer tauchten.

Die Gesellschaft hatte sich schon im Atrium versammelt, wo große Fackeln die Statue der Artemis erleuchteten. Kleine Schalen mit Räucherwerk standen zu Füßen der mächtigen Skulptur. Der Brauch wollte es so, dass ein Teil der Speisen und Getränke den römischen Göttern geweiht wurde, bevor die Gesellschaft selbst zu speisen begann.

So standen einige köstlich duftende Speisen am Fuß des Sockels, wo ein kleiner Altar dafür vorbereitet war. Nach den Gebeten spielten einige Musikanten auf und das Fest begann.

Eine Gruppe älterer Römer gesellte sich zu ihm. Sie kannten Pontius Pilatus noch aus der Zeit, als er in Rom lebte. Sie alle waren bekanntermaßen neugierig, wie die Lage in Palästina war und wie es um Herodes Antipas stand. Man hatte gehört, dass er in arge Bedrängnis mit Rom geraten sei. Wenn er es nicht schaffte, für Ruhe und Ordnung zu sorgen, so würde man ihn einfach seines Amtes entheben und einen anderen römischen Statthalter nach Galiläa schicken. Was das bedeutete, wusste jeder. Es würde Krieg geben, und Herodes würde nur mit Gewalt seinen Platz räumen. In Rom war man in diesen Dingen nicht zögerlich. Schnell ließ man kampfbereite Truppen in die Regionen ziehen, wo die einheimische Bevölkerung gegen die Belagerer aufbegehrte. Palästina gehörte zweifellos zu diesen Provinzen.

Pontius Pilatus hatte schon lange nicht mehr an Judäa gedacht. Was mochten die Anhänger des Meisters tun? Waren sie alle geflohen? Oder waren sie längst der Verfolgung anheimgefallen? Er musste an Johannes denken, der ihn zum Schluss noch aufgesucht hatte, kurz bevor er Palästina für immer verließ. Aber die Kunde von dem ermordeten Messias war auch bis hierher gedrungen.

Neugierig blickten die Männer ihn an, und einer von ihnen ergriff das Wort: „Und, war es der, auf den die Juden gewartet hatten? Und warum wurde er verurteilt? Man hört, er konnte Wunder vollbringen?"

Pontius Pilatus schoss die Röte ins Gesicht. Ja, er selbst war es, der den, den man für den Messias hielt, verurteilt hatte. Aber er tat es nicht freiwillig. Wie sollte er sich jetzt, wo er so direkt gefragt wurde, verhalten?

Pontius Pilatus hatte beschlossen, mit niemandem über die Kreuzigungen zu sprechen. Er hatte seine Pflicht als Prokurator getan. Man musste nicht noch die Neugier der Menschen auf die Ereignisse lenken. Dass die Kunde bis hierher vorgedrungen war, hatte ihn überrascht.

„Wir haben mit Unruhestiftern immer so verfahren, wie es von Rom und den jüdischen Hohepriestern gefordert wurde", hatte er rasch geantwortet, noch bevor jemand ihm einen Vorwurf machen konnte. „Von den Wundern wusste ich nichts", log er. „Das Volk erfindet immer Geschichten von Wundertätern und Heiligen. Es ist nicht anders als in Rom. Immer neue Sensationen machen die Runde. Man kann nichts darauf geben. Ich musste für Ruhe und Ordnung sorgen."

Jetzt, wo er in dem kleinen Gemach für Gäste saß, schämte er sich für seine Feigheit. Ja, er hätte zumindest über den Meister die Wahrheit sagen müssen. Betrübt blickte er auf seine Toga. War er überhaupt noch ein Römer?

Das große Feuer spendete Wärme und Licht. Der Raum aus grob behauenen Steinen strahlte in einem warmen Licht. David kniete vor dem Feuer und schaute in die Flammen. Noch bevor der Schnee einsetzte, hatten sie durch Bruder Adam Vorräte und Öl bekommen. Sie waren gut darauf vorbereitet, den Winter über ganz auf sich gestellt zu sein. Maria Magdalena faltete die Hände über ihrem gewölbten Bauch. Das Kind würde im kommenden Frühling geboren werden, und dieses Mal freute sie sich auf die Niederkunft. Die kleine Gemeinschaft gab ihr so viel Halt und Geborgenheit, dass sie die Bedrohung durch ihre Verfolger allmählich vergaß. Jetzt, wo der Kelch gut verborgen hinter der Mauer aufbewahrt wurde, war ihr die Last der Verantwortung von den Schultern genommen.

Jeheshua brach das Brot, wie er es jeden Abend tat, wenn sie sich zum gemeinsamen Abendessen einfanden. Maria Magdalena lehnte sich behaglich zurück. Mochte diese Zeit der Ruhe und des Friedens ewig währen. Nachdem Jeheshua das Brot und den Wein gesegnet hatte, begann das Mahl aus gerösteten Sesamfladen und Bohnenmus. Jeder hatte bei Tage seine Aufgaben, und erst am Abend fanden sie zusammen. Josef war wie immer der geistige Vater ihres neuesten Vorhabens. Es entstand ein Haus, das dem Gebet und den heiligen Ritualen vorbehalten war. Es sollte groß und geräumig sein und auch künftigen Bewohnern des Ortes genügend Platz bieten, um sich zu versammeln und die nötige Ruhe zum Gebet zu finden. Die Fundamente waren schon aufgerichtet, doch fehlte noch das nötige Material, um die Wände zu ziehen. Sie hatten begonnen, Steine zu brechen, doch ihre Werkzeuge und die Kraft der Esel reichten nicht aus, genügend Steinblöcke zu transportieren. Heute Abend beratschlagten sie, wie der Bau fortzuführen sei. Wenn der Schnee die Wege wieder freigab, wollte Josef aus dem Flussbett Steine beschaffen. Doch auch dies war mühsam und würde viel Zeit in Anspruch nehmen.

Jeheshua tauchte sein Brot in die Schale mit den Bohnen. „So, wie es aussieht, Josef, werden wir bald Unterstützung bekommen und du kannst doppelt so viele Steine befördern wie jetzt." Er lächelte vergnügt in die Runde. Josef war sprachlos. Überrascht blickte er zu Jeheshua hinüber: „Soll das etwa heißen, dass wir Gäste bekommen werden?"

„So ist es, mein Lieber, und sie werden bald hier eintreffen. Sie sind bereits ganz in der Nähe."

Harah nickte. „Auch ich habe Bilder bekommen von Männern, die auf dem Weg zu uns sind. Allerdings sah ich unter ihnen auch einen Mann in römischer Uniform. Ich habe mich so erschrocken, dass ich sie nicht weiter betrachtete." Sie senkte den Blick, denn sie sah Schrecken in Maria Magdalenas Augen.

Jeheshua fasste liebevoll ihre Hand: „Sorge dich nicht, meine Liebste. Es sind Menschen, die in freundlicher Absicht kommen. Ich spüre, dass sie nichts weiter verlangen, als in unserer Gegenwart zu sein. Sie nähern sich voller Hoffnung und Freundschaft."

Harah schaute auf: „Genau das spüre auch ich, trotz der seltsamen Zusammensetzung der Gruppe. Sie sahen sehr unterschiedlich aus und kommen von weit her."

Maria Magdalena schoss die Röte ins Gesicht. „Kommen sie aus unserer Heimat?" Freude schwang in ihrer Stimme mit.

Harah schüttelte den Kopf: „Das kann ich nicht genau sagen. Ich kenne die Männer nicht."

Karim langte nach dem Krug. Er war nicht überrascht über diese Nachricht: „Ich glaube, es ist Zeit, dass die Gemeinschaft wächst. Ich sah im Traum einen deiner Begleiter", und er nickte Josef dabei zu. „Es war der Prokurator. Er stand hier im Hof und umarmte dich."

Josef lachte: „Karim, du bist der kreativste Träumer unter uns. Pontius Pilatus wird in Judäa alle Hände voll zu tun haben, um Römer und Hohepriester bei Laune zu halten. Schon bei unserem Aufbruch drohten Unruhen die ganze Gegend zu erfassen. Die Zeloten[5] drohten offen mit einem Aufstand."

Karim zuckte mit den Schultern. Ja, es war ein kurioser Traum, aber er träumte stets sehr lebendig in seltsamen Bildern und Begebenheiten.

---

5 Paramilitärische Widerstandsbewegung der Juden gegen die römische Besatzung.

An diesem Abend betete Maria Magdalena um Beistand und Hilfe. Möge unser Vater seine schützende Hand über uns halten. Jeheshua war sorglos eingeschlafen. Sie hörte sein gleichmäßiges Atmen. Doch sie selbst war viel zu aufgewühlt, um Ruhe zu finden. Immer wieder malte sie sich aus, was für Menschen es sein würden, die da auf dem Weg zu ihnen waren. Erst tief in der Nacht schlief sie ein.

Noch ehe der Tag zur Neige ging, wollte er wieder zurück sein. Er nahm mit seinem Esel den kürzesten und steilsten Weg. Was mochte Abdul während seiner Abwesenheit erlebt haben? Josef war voller Vorfreude und Neugierde. Maria Magdalena strahlte, als er am Morgen von seiner Begegnung mit Abdul[6] berichtete.

Sie konnte sich noch gut an den stillen, zurückhaltenden, freundlichen Mann erinnern, der wie sie den Meister in ihrer Mitte zuerst wahrgenommen hatte. Es war tröstlich für sie, wieder einem Menschen aus ihrer aller Heimat zu begegnen. Kaum, dass Josef schon in der Dunkelheit aufbrach, begann sie Körner im Mörser zu zerstoßen und Brotteig herzustellen. Harah half ihr dabei, den Teig zu kneten. Jeheshua und Karim waren auf den Berg gezogen, um dort oben ein weithin sichtbares Feuer zu entfachen. Der Schnee war zwar wieder geschmolzen, doch nach den dunklen Wolken zu urteilen, konnte es schon bald wieder schneien. So würde zumindest der aufsteigende Rauch den Ankömmlingen den Weg weisen. Wie immer war Karim voller Übermut und stets zu Scherzen aufgelegt. Er erzählte gerne lustige Geschichten, die er auf seinen Reisen erlebt hatte. Jeheshua hörte ihm gerne zu und lachte herzlich über seine Fülle von komischen Begebenheiten, die er zum Besten gab. Jeheshua bat Karim, kaum, dass sie auf der Bergkuppe angelangt waren, um Ruhe, denn er <u>wollte sich ganz</u> in die Stille zurückziehen.

6 Josef begegnete Abdul im außerkörperlichen Zustand während einer Geistreise.

„Wir wollen ihnen unsere Gedanken senden und ihnen damit den Weg hierher erleichtern."

So saßen sie dick eingehüllt in ihre Umhänge am Feuer, um an die Neuankömmlinge zu denken. Karim mochte Abdul. Es hatte sich als großer Gewinn erwiesen, dass er die Gemeinschaft in ihren schwersten Stunden begleitet hatte. Zuerst war auch er misstrauisch, als Petrus den Fremden zum ersten Mal mitbrachte. Doch schon bald hatte er Abdul in sein Herz geschlossen, besaß er doch soviel Weisheit und Humor. Karim bedauerte damals, ihn nicht näher kennengelernt zu haben. Nun, jetzt würde er es nachholen und Abdul herzlich willkommen heißen. Sie saßen lange so an dem spärlichen Feuer, das der Wind, wenn er in die Glut fuhr, immer wieder auszulöschen drohte. Ständig mussten sie Holz nachlegen, und als es bereits dämmerte, machten sie sich auf den Rückweg.

Der ursprüngliche Umfang des Materials sprengte deutlich den Rahmen der Realisation als gedrucktes Werk. Es wurde notwendig, einige Textpassagen aus dem Gesamtmanuskript zu entfernen. Eine nicht ganz leichte Aufgabe. Die folgende Zusammenfassung, ebenfalls eine Durchgabe, erlaubt einen kurzen Einblick in den Teil der Handlung, der nicht Eingang ins Buch fand.

Der Plan, die Verfolger auf eine falsche Fährte zu locken gelingt, indem Abdul sich nach England absetzt und dort, eher zufällig, an den Hof eines mächtigen Königs gelangt. Er gewinnt dessen Vertrauen, und unter seinem Schutz kommt er in Kontakt mit der Naturreligion dieser Zeit. Seine Lehrzeit verbringt er auf einer magischen Insel, wo er von den Gottheiten der Natur unterwiesen wird.

Aber er erzählt auch von den Lehren des Meisters, an dessen Rettung er mitgewirkt hat. Der König ist fasziniert von der Botschaft

Jeheshuas und beschließt, eine Reise zu der im Geheimen gegründe-
ten Gemeinschaft zu unternehmen, um den jüdischen Meister selbst
kennenzulernen.

Doch die Reise entwickelt sich zu einem Desaster, das sie schließ-
lich an den Rand des völligen Scheiterns bringt. Beinahe landen sie,
als Sklaven an einen reichen Römer verkauft, in der Arena, um gegen
wilde Tiere zu kämpfen.

Die Fügung will es, dass Pontius Pilatus ein Freund dieses Römers
ist und sich zur selben Zeit in dessen Palast in Gallien aufhält. Eher
lustlos wohnt er den Vorbereitungen zur Aufführung des Spektakels
bei, als einer der Sklaven ihn an den Magier in Jerusalem erinnert, der
ihnen damals mit seiner Heilkunst und den geheimen Drogen half, die
Kreuzigung Jeheshuas vorzutäuschen. Es gelingt Pontius Pilatus, den
Kampf in der Arena zu verhindern, indem er sich für Abdul und dessen
Freund verbürgt.

Gemeinsam treten sie eine beschwerliche Reise an, die sie schließ-
lich zu der im geheimen und zurückgezogen lebenden Gemeinschaft
um Josef von Arimathäa bringt.

Pontius Pilatus, dessen Frau lange zuvor verstarb, lässt sich dau-
erhaft in dieser Gemeinschaft nieder und beschließt dort seinen Le-
bensabend.

Abdul begleitet den König zurück nach England. Dort wird er im-
mer wieder zur Zielscheibe mysteriöser Angriffe, die auf ihn und den
vermeintlich kostbaren Kelch abzielen. Er erreicht ein hohes Alter.

In dem Vermächtnis des Königs, der einem Attentat zum Opfer
fällt, bringt er schließlich David, den Sohn Jeheshuas und Maria Mag-
dalenas, an den Hof, wo dieser schon in jungen Jahren den Thron be-
steigt und ein lange währendes Königsgeschlecht begründet.

Seine Schwester Sarah wird zum Zentrum der Gemeinschaft, in der
sie das Wissen und die Lehre ihres Vaters aufzeichnet und an einem ge-
heimen Ort versteckt. Dort ruhen die Pergamente noch heute.

5. Die Reise

Der Sturm tobte nun schon seit zwei Tagen. Dichter Nebel hüllte die Bergkuppen ein, und das ständige Grollen des Gewitters, das zwischen den Bergen festhing, hallte zu ihnen herüber. Immer wieder entluden sich heftige Regenschauer, und die kleine Gemeinschaft saß schweigend am Feuer. Der Schein der Flammen zeichnete eigentümliche Schatten an die Wände. David hatte sich auf dem Schoß seines Vaters ganz in die Falten seines Umhangs gekuschelt. Er war zutiefst erschüttert, seinen geliebten Freund Josef nicht mehr anzutreffen. Jeheshua saß mit unbewegter Miene abseits des Feuers. Manchmal schien es, als ob er schlafe. Er hielt die Augen geschlossen und saß dabei aufrecht an die Mauer gelehnt. Dann streichelte er wieder sanft über den Kopf seines Sohnes, den Blick weit in die Ferne gerichtet.

Der Brauch wollte es, dass ein Trauermahl gerichtet wurde, und Harah stand am Tisch und knetete den sauren Brotteig, der zu diesem Mahl gehörte. Pontius Pilatus war noch nicht zurückgekehrt. Maria Magdalena stand immer wieder im Eingang, um über den Hof zu blicken. Vielleicht war er ja schon zurückgekehrt, auf jeden Fall wollte sie Ausschau nach ihm halten. Sie spürte, es würde ihnen guttun, wenn er zurückkäme. Sie fühlte, dass er die Lücke, die Josef hinterließ, wenigstens ein wenig schließen konnte. Außerdem sorgte sie sich um ihn. Bei dem dichten Nebel konnte man leicht den Weg verfehlen oder auf den schmalen Pfaden in die Tiefe stürzen. Jeheshua beruhigte sie, dass alles mit ihm in Ordnung sei, doch ihre Besorgnis blieb.

Sarah saß am Feuer und flocht lange Zöpfe aus der Wolle ihrer Schafe. Sie wollte daraus einen Hut für den Winter machen. Die Stränge aus gefilzter Wolle waren mit Pflanzenfarben in safrangelb und blassrot gefärbt. Die Trauer lastete schwer auf ihnen. Am liebsten wäre Maria Magdalena aufgesprungen, um wieder aufzubrechen, auf eine lange Reise oder zumindest in die nahe Umgebung, um Holz zu sammeln, Hauptsache, fort von dem Ort, wo ihr sein Fehlen so schmerzhaft bewusst war.

Karim beschäftigte sich still damit, die Gartengeräte zu reparieren. Er schnitzte Zinken aus Holz, um die Rechen auszubessern und den Stiel für eine neue Spitzhacke anzufertigen. Sein Blick blieb gesenkt, ganz auf seine Arbeit konzentriert.

Wenn er doch endlich zurückkehrte, dachte Maria Magdalena. Die Stille war zunehmend unerträglich für sie. Sie begann leise zu singen, während sie im Mörser Sesam und grobes Salz zerstieß. Es ist der Lauf der Dinge. Er ist an den Ort zurückgekehrt, von dem er gekommen war, beruhigte sie sich, während ihr zum unzähligsten Mal die Tränen in die Augen stiegen. Manchmal blicke sie sich aus den Augenwinkeln verstohlen um, ob sie Josef vielleicht in seinem Geistkörper sah. Doch nichts war zu erkennen.

Immer wieder drückte der Sturm die Filzmatten, die die Fensteröffnungen verschlossen, gegen die Mauer und heulte in dem Dachstuhl, dass das Gebälk ächzte. Es war, als trauerten Sonne und Sterne mit ihnen, indem sie sich in graue, tiefhängende Wolken hüllten.

Als das Mahl zubereitet war, eröffnete Jeheshua es nach altem Brauch, indem er Öl und Kräuter mischte und über den Brotfladen verbrannte. Der Geruch des verbrannten Salbeis erfüllte den ganzen Raum. Dann beteten sie miteinander die Trauergebete, die den Verstorbenen auf seiner Reise unterstützen und beschützen sollten. Sie rezitierten die alten Gesänge, bis die Öllichter heruntergebrannt waren und alle schweigend in ihre Schlaflager krochen. Noch die ganze Nacht und am folgenden Morgen fiel heftiger Regen und der Sturm rüttelte in den Bäumen. Alle hatten auf ein Zeichen von Josef gewartet, doch nur Harah hörte leise seine Stimme, die sie für den Bestandteil eines Traumes hielt, bevor sie sanft einschlief.

Das Feuer war schon fast heruntergebrannt, als sie eine leise Stimme vernahm. Wie viele Nächte hatte sie schon hier an der Feuerstelle gesessen und Wolle gesponnen. Immer wenn der Tag zur Neige ging und alle sich zur Ruhe begaben, erfüllte sie diese Unruhe, ein unbeschreibliches Gefühl von Trauer und Aufgewühlt-Sein. So, als ob etwas bevorstünde, das sie alle erschüttern würde. Etwas Schlimmeres als Josephs Tod vermochte sie sich im Augenblick nicht vorzustellen. Wieviel Trauer, Angst und Sorge hatten sie miteinander geteilt und wie glücklich waren die Tage gewesen, als sie alle, wieder vereint, diesen wundervollen Ort erschaffen hatten.

Was war das für einen Säuseln? Fast wie das Rascheln trockener Blätter, die man ins Feuer wirft. Sie legte ihre Arbeit zur Seite, schloss die Augen und lauschte. Nicht ein einziges Mal mehr war er ihr im Traum erschienen. Zu gern hätte sie wieder einmal seine Nähe gespürt, seinen liebevollen Blick, der ihr so viel Kraft gab. Die Wärme seiner Hände, wenn sie sich an den Händen hielten. Was würde sie darum geben, ihm noch ein einziges Mal zu begegnen. Das Rascheln und Säuseln wurde lauter. Ein vertrautes Geräusch kam vom Dach, wo der Wind über den Dachfirst strich. Vergeblich versuchte sie, einige Wortfetzen zu erhaschen, denn es waren Worte, die sie hörte. Dann, mit einem Mal, entlud sich ein lauter Knall. Sie schrak zusammen. Was war geschehen? Sie blickte sich um, doch in dem dunklen Raum war nichts zu erkennen außer dem rot glühenden Leuchten der Holzscheite. Hastig zog sie ihren Umhang um sich und sprang auf. Sie musste herausfinden, was um sie herum vorging.

Noch bevor sie Jeheshua wecken konnte, sah sie ihn. Er stand im Türrahmen und ein schwaches milchig-weißes Licht umgab ihn.

„Maria, meine Liebe, komm zu mir. Reich mir deine Hand", flüsterte er. Ihrem ersten Impuls folgend hätte sie sich ihm in die Arme geworfen, doch der durchscheinende Körper und die verwischte Kontur seiner Gestalt hielt sie zurück.

„Josef, wie sehr habe ich mir gewünscht, noch ein einziges Mal mit dir zu sprechen. Sag, wie geht es dir?"

Josef lächelte, und die helle Aura erstrahlte nun so hell, dass sie den Platz im Türrahmen, wo er noch immer stand, hell erleuchtete.

„Ich bin wohlauf, Maria. Meine Aufgaben führen mich nun an andere Orte, doch immer, wenn du an mich denkst, ist ein Teil von mir bei dir."

Sie trat näher und spürte, wie in ihrem Traum, ein starkes Glücksgefühl, wenn sie ihm so nahe war. Was für ein Wunder, dachte sie. Josef breitete langsam die Arme aus und sprach ein Gebet, das sie seit Kindesbeinen kannte. Es war das Gebet der Kaufleute, die um Schutz und Hilfe baten, bevor sie aufbrachen, um in anderen fernen Ländern Handel zu treiben. Immer drohten Krankheiten, Unfälle oder Wegelagerer ihnen den Garaus zu machen. Nie waren sie sicher, dass sie auch wohlbehalten zurückkehrten.

Irritiert blickte sie auf seine Hände, die nun in blaues Licht getaucht waren. Ging auch er auf eine gefährliche Reise? Eine Reise wohin, so fragte sie sich. Er schien ihre Gedanken zu kennen.

„Das Leben ist immer eine Reise, Maria, diesseits wie jenseits. Sie hört niemals auf, doch führt sie uns immer mehr, immer näher an den Ort unserer Bestimmung. Vielleicht bist auch du eine Wanderin zwischen den Welten. Wünsch dir einen Traum, und du wirst mir begegnen." Dann hielt er segnend eine Hand über ihr Haupt und hüllte sie in tiefblaues Licht. Sofort verschwand alle Trauer aus ihrem Herzen, und ein tiefes Glücksgefühl breitete sich in ihr aus. Sie schloss für einen Augenblick die Augen, und als sie sie wieder öffnete, war er verschwunden. Was blieb, war das tiefe Gefühl des Glücks und der Liebe. Sie bedeckte ihre Augen mit ihren Handflächen und versuchte noch immer das Bild seiner Gestalt zu erinnern. Sie hatte ihn so deutlich vor sich gesehen.

Als sie am folgenden Morgen den anderen von ihrer Erfahrung berichtete, strahlte Jeheshua sie an. „Nun, meine Liebste, hast du erfahren, dass unsere Welt nicht von der seinen getrennt ist und dass es an uns liegt, ob wir die angrenzenden Dimensionen wahrnehmen wollen oder nicht? Wir sind nicht allein an diesem Ort. Wahrere, realistischere Orte sind genau hier, und wir können sie besuchen, so, wie wir in unserer Realität von einem Ort zum anderen ziehen können.

Von nun an wirst du leicht die angrenzenden Bereiche betreten können und mit Josef sprechen, wann immer du es willst." Er zog sie zu sich und küsste sie auf die Stirn. „Du geliebte Grenzgängerin."

Das unbeschreibliche Glücksgefühl war nicht verschwunden, so wie damals, als sie ihm im Traum begegnete. Sie nahmen etwas Brot, das Jeheshua segnete, und einige Früchte und trugen sie zu dem Grabhügel. Schon von ferne konnten sie eine Schar Schmetterlinge sehen, die über dem Grab flatterten. Einige Blüten des Rosenbuschs, den sie dort gepflanzt hatten, hatten sich geöffnet und verströmten einen zarten Duft. Sie kniete nieder, um Josef für die beglückende Erfahrung zu danken. Die Trauer aber war vollkommen verschwunden. Sie wusste, wann immer sie seiner bedurfte, würde er da sein.

Er ließ den Sand durch die Finger rieseln. Fein und glitzernd war er bestens geeignet, als Mörtel für das Mosaik zu dienen. Behutsam kam der Esel auf sein Zeichen die Böschung zum Fluss herab. Jetzt, im Sommer, war der Fluss zu einem dünnen Rinnsal geworden. Er sammelte die größeren Steine in einem separaten Sack und schaufelte mit den Händen den feinen Sand in die Satteltaschen. Der Esel blickte gutmütig zu seinem Herrn, während er einige getrocknete Gräser abzupfte und zu kauen begann. Als die gefüllten Satteltaschen verstaut waren, machten sie sich auf den Rückweg. Den Sack mit den grauen, braunen, schwarzen und weißen Kiesel nahm er selbst über die Schulter. Er hatte sich angewöhnt, dauernd mit Procula zu sprechen, so, als stünde sie neben ihm, um ihm bei der Arbeit zuzuschauen. Manchmal spürte er einen Windhauch, wenn er über die Mosaiksteine gebeugt am Boden arbeitete und sein Blick genau auf die Steine gelenkt wurde, die am besten in sein feines Geflecht aus Bordüren und Mustern passten. Ja, du hast Recht, murmelte er dann.

Dieser passt wirklich am besten. Manchmal nahm er den Geruch von Veilchen und Flieder war, die Düfte, die sie besonders liebte. Dann wusste er, dass sie da war.

Auch mit Josef sprach er oft. Wenn Procula schon dauernd um ihn war, warum dann nicht auch Josef, sein Freund? Auch wenn du mir nicht antwortest, Josef, ich weiß, dass du da bist und mich hörst. Ich bin einsam geworden und ein wenig sonderlich, aber niemand kann mich daran hindern, mit dir zu sprechen.

„Du hast uns ganz schön im Stich gelassen", murmelte er, „jetzt, wo die Gemeinschaft so weit angewachsen ist. Du weißt, er wird nicht immer bleiben und wer soll dann das Zentrum bilden, wenn nicht du?"

Er war ein wenig zornig auf Josef. Und in seinen Gesprächen, die er täglich mit ihm führte, kam dieser Zorn stets zum Ausdruck, jedoch auch die tiefen liebevollen Gefühle, die er für den Freund hegte. „Ein wenig schimpfen wird man ja wohl dürfen", wetterte er, sodass der Esel sich verwundert umblickte. Der Rückweg für ihn, schwer beladen mit Sand und Steinen, war beschwerlich. Aber das Mosaik hielt ihn am Leben. Es war wie ein Lebensmuster, jeder Tag ein kleines Stück einer verschlungenen Linie, die einem festgelegten Muster folgte. Es war die Verbindung zum Leben, sonst wäre er einfach davongesegelt, in eine andere Welt. Sollte er es je vollenden, so wusste er nicht, was dann mit ihm geschehen würde. Vielleicht stieg er dann auf den höchsten Felsen, um dort für immer sitzen zu bleiben, bis man ihm erlaubte, in das jenseitige Reich einzutreten. Er wusste es nicht.

Die Gemeinschaft kümmerte sich rührend um ihn. Immer stand in seiner Behausung ein Strauß frischer Blumen und einige frisch geerntete Früchte. Sein Lager war stets hergerichtet, das Stroh aufgeschüttelt und die Decken sorgfältig darübergelegt. Auch wenn er selten an den gemeinsamen Mahlzeiten teilnahm und völlig unbemerkt kam und ging, so stand doch immer etwas für ihn bereit, und er spürte, dass sie auf ihn warteten und ihn gern öfter in ihrer Mitte gesehen hätten. Noch war es ihm unerträglich, wie früher bei ihnen zu sitzen. Die Lücke raubte ihm den Atem. Er brachte nicht ein Wort hervor, noch konnte er etwas essen. Darum verbrachte er seine Zeit meist vor seiner Hütte, wo er die im letzten Sonnenlicht bereitgestellten Speisen vertilgte oder nur kurz ein Gebet sprach, bevor er sich zur Ruhe begab.

Sein einziger Freund in dieser Zeit war der Esel. Er hatte keinen Namen und doch schien er alles zu verstehen, was er dem treuen Tier sagte. Er brauchte nur etwas zu flüstern, schon drehte er die Ohren und schob seine weiche Nase unter seine Hände. Dann kraulte er ihm den Hals und flüsterte ihm Koseworte zu, während der Esel vor Wonne die Augen geschlossen hielt. Er folgte ihm überall hin. Bei Nacht lag er vor seiner Hütte, und schon im ersten Morgengrauen hörte er das Scharren seiner Hufe. Mein Wächter, dachte er liebevoll.

Zuerst zuckten nur ein paar Blitze hinter tief hängenden grauen Wolken hervor, doch dann kündigten das tiefe Grollen und die heftigen Windstöße ein großes Gewitter an. Sie hatten sich zum Gebet in ihrem Versammlungshaus zusammengefunden. Einmal am Tag, meist nach getaner Arbeit, trafen sie sich dort. Der kleine Raum, von Bäumen beschattet, spendete auch bei Tage und andauernder Hitze und Trockenheit genügend Kühle, um sich zu erholen. Alle hatten sich im Kreis auf ihren Matten niedergelassen. Immer, wenn sie hier beisammen waren, erinnerte jede Holzplanke an Josef, der in mühevoller Arbeit all dies erschaffen hatte.

Maria Magdalena liebte diesen stillen Ort. Seit ihrer Begegnung mit Josef erfüllte sie tiefe Ruhe und Zuversicht. Ihre Trauer kehrte nur wenige Momente am Tag zurück, und jedes Mal rief sie sich die Bilder seiner Gestalt in Erinnerung und sofort wandelten sich ihre Gefühle. Auch jetzt erfüllten sie Ruhe und das Gefühl, an diesem Ort vollkommen geborgen zu sein.

Stephanus hatte sich eingelebt und half beim Ausbau mehrerer Hütten, die als Winterschutz für die Tiere gedacht waren. Sie faltete ihre Hände vor der Brust und begann zu beten. Jeheshua war in stille

Meditation versunken. Sie achtete nur auf ihren gleichmäßigen Atem und das tiefe Gefühl absoluten Friedens in sich.

Der Knall eines einschlagenden Blitzes kam so überraschend, dass alle zusammenzuckten. Der Blitz musste ganz in der Nähe eingeschlagen sein. Gleichzeitig ging prasselnd heftiger Regen nieder. Sie hörten, wie die Wassermassen auf das Dach stürzten und der Sturm an den Matten rüttelte, die die Fensteröffnungen verschlossen. Jeheshua legte jedem segnend die Hand aufs Haupt und trat dann ins Freie. Trotz des heftigen Regens lag Feuergeruch in der Luft. Man sah weder Qualm noch Flammen, doch irgendwo musste ein Feuer ausgebrochen sein. Ängstlich drängten sich Sarah und David an ihre Mutter. Zuerst glaubten sie, das Gewitter sei vorbei, doch dieses Mal schlug der Blitz in eine der großen Steineichen, die unweit der Häuser standen. Flammen züngelten empor, und so schnell, dass sie es kaum fassen konnten, stand der Baum in Flammen. Das trockene Gras entzündete sich sofort, und mit jedem Windstoß schossen die Flammen meterhoch empor. Karim rannte mit Reisigbündeln den Flammen entgegen, und Stephanus füllte in aller Eile die Tongefäße mit Wasser. Doch man sah, dass dies alles wenig nützen würde.

Karim konnte zwar die niedrigen Flammen im Gras löschen, doch ein zu Boden fallender brennender Ast zwang ihn, sein Vorhaben aufzugeben. Alle blickten auf Jeheshua, der reglos dastand. Konnte er das Feuer lenken? Waren ihre Hütten gefährdet? Harah hatte die Hände vor ihr Gesicht geschlagen und betete. Waren sie in Gefahr? Mussten sie fliehen? Wo war Pontius Pilatus? Schlief er in seiner Hütte?

Maria Magdalena rannte, ihre Schleier fest zusammengefasst, über den aufgeweichten Platz zu seiner Hütte hinüber. Als sie die Tür öffnete, sah sie ihn ausgestreckt am Boden liegen.

„Pontius, schläfst du?" Sie berührte leicht seine Schulter. Es traf sie wie ein Keulenhieb, als sie in sein totenstarres Gesicht blickte. Blass, mit eingefallenen Wangen, lag er da wie ein Schlafender. Sie kniete nieder und brach in Tränen aus. Er hatte schon lange nicht mehr an den täglichen Zusammenkünften teilgenommen, aber noch gestern Abend hatte er ihr zugewunken, als sie über die Gemüsebeete gebeugt daran arbeitete, die Erde aufzulockern. Als sie ihn einlud, am Abend herüberzukommen, um mit ihnen zu essen, hatte er nur mit dem Kopf geschüttelt. „Ich bin zu müde", rief er und winkte ihr noch einmal lachend zu.

Ganz leicht strich sie über seine Hand, fühlte seine braungebrannte welke Haut und breitete dann einen ihrer Schleier über ihm aus. Zögernd trat sie aus der Hütte. Wo waren die anderen? Was war mit dem Feuer? Sie sah im Schein der Flammen, die jetzt nur noch an den gewaltigen Ästen der Eiche emporzüngelten, wie sich die anderen an den Händen hielten und miteinander sangen.

Nach einer Weile endete der Gesang. Jeheshua hob den Arm und auch die letzten Flammen erloschen. Beißender Qualm erfüllte die Lichtung. Hier und da glimmte noch etwas, aber der dichte Regen, der nun fiel, löschte auch diese Feuerreste. Alle Kraft war mit einem Mal aus ihnen gewichen. Sie hatten die magischen Formeln benutzt, die er sie gelehrt hatte. Doch ohne seine Unterstützung hätten sie dem Feuer nicht Einhalt gebieten können. Glücklich lagen sie einander in den Armen. Er hatte sie in der Kraft unterwiesen, die Elemente zu bezwingen. Doch ihre Konzentration war noch nicht ausdauernd genug, um in solcher Bedrohung Angst und Schrecken außer Acht zu lassen und sich auf die magische Operation zu konzentrieren. Es würde noch viel Üben nötig sein, um wie er zu heilen und über die Elemente zu gebieten. Jetzt war erst einmal die Gefahr gebannt, und das war das Wichtigste.

Maria Magdalena war in einiger Entfernung stehengeblieben. Sie zitterte in ihren nassen Kleidern, und nur mit Mühe konnte sie ihre Tränen zurückhalten.

Harah eilte auf sie zu. „Wir haben es geschafft, Maria!" Herzlich drückte sie sie an sich. Doch im nächsten Moment wich sie zurück. „Maria, es ist gelöscht. Es besteht keine Gefahr mehr." Lachend stand sie vor ihr und blickte Maria prüfend an. „Was ist geschehen?"

Maria schüttelte den Kopf und brach in Tränen aus. In Harahs Armen schluchzte sie laut und ihre Trauer machte sich Luft. „Er ist tot, Harah, Pontius. Ich habe ihn in seiner Hütte gefunden. Oh, Harah, wir sind nur so wenige und schon schmilzt die Gemeinschaft zusammen." Weinkrämpfe schüttelten sie.

Harah fasste sie unter und zog sie zu den anderen. „Wir müssen es ihnen sagen."

Doch Jeheshua nickte nur. „Er starb im Morgengrauen, als er in die Berge aufbrechen wollte. Ich träumte es. Wo ist er, wir müssen für ihn beten."

Er hatte Maria an sich gedrückt und streichelte ihr sanft über das Haar. „Wir werden ihm helfen müssen, seinen Weg auf der anderen Seite zu finden. Lasst uns zu ihm gehen."

Wenig später standen sie in seiner Hütte. Karim und Stephanus hatten ihn auf sein Lager gebettet und mit seiner Decke zugedeckt. Sein Gesicht war ganz entspannt und friedlich. Der lange Bart reichte ihm bis zur Brust, und um seinen Mund lag ein Lächeln. Harah hatte einige Blüten um das Öllicht verteilt, das zu seinen Füßen stand. An seinem Kopfende hatten sie den Kelch aufgestellt. Er würde ihn mit seiner starken Energie umgeben, die ihn schützte und seinen Weg erhellte. Jeheshua war niedergekniet, hatte die Arme erhoben und betete. Die anderen fielen mit einem Refrain in sein Gebet ein. Es herrschte eine Atmosphäre der Stille und Feierlichkeit.

Seine Hände lagen verschränkt auf seiner Brust, und beinahe hätte man meinen können, dass sie sich doch hob und senkte, so, als würde er noch atmen. Die ganze Nacht wachten sie abwechselnd an seinem Lager, und auch an den folgenden zwei Tagen war der Leichnam nicht allein. Stets betete jemand bei ihm und sorgte dafür, dass das Öllicht nicht verlosch.

Am vierten Tag bestatteten sie ihn gleich neben Josefs Grab unter der Eiche. Seinen Grabhügel zierten unzählige glattgeschliffene Flusssteine, die Pontius für seine Mosaikarbeit verwendet hatte. Sie hatten eine Blüte in einem Kreis geformt, die im Sonnenlicht eigentümlich schimmerte. Seinen geschliffenen Becher, aus dem er immer getrunken hatte, hatten sie ihm mit ins Grab gelegt. Er war Römer, und die Grabbeigaben waren ihm wichtig, auch wenn er längst ihre Lehre übernommen hatte. So standen in seiner Hütte stets kleine Altäre zu Ehren der römischen Hausgötter. Er empfand keinen Widerspruch darin. Es kommt alles aus einer Quelle, pflegte er zu sagen, und die Vielfalt kennt keine Grenzen.

Noch lange saßen sie am wärmenden Feuer beisammen. Die Trauer hatte sich auf die ganze Gemeinschaft gelegt. Niemals hätten sie geglaubt, dass das Schicksal ihnen so schnell zwei ihrer Mitglieder entreißen könnte. Maria Magdalena war besonders betroffen. Erst der Tod Josefs und nun Pontius – sie war tief erschüttert und konnte ihre Tränen nicht verbergen.

Jeheshua hatte liebevoll seinen Arm um sie gelegt. „Liebste, es ist der Lauf der Dinge. Wir alle kommen in diese Welt und verlassen sie wieder. Darum sind wir gar nicht fort, sondern nur in eine andere Dimension gegangen."

Maria Magdalena lag nun weinend in seinen Armen. „Ich trauere darum, ihm nun nicht mehr begegnen zu können. Seine Anwesenheit war so tröstend. Er war eine Verbindung zwischen den Ereignissen und dem Neuanfang. Ich trauere darum, dass seine Energie nun nicht mehr bei uns ist. Es wird eine Weile dauern, bis ich mich daran gewöhnt haben werde."

Die weiche Schnauze des schwarzen Hundes, den Stephanus beim Durchstreifen des Waldes gefunden hatte, schob sich in ihre Hand. Die zahme Hündin musste entlaufen sein und hatte sich Stephanus angeschlossen, als dieser nach weiterem Baumaterial Ausschau hielt. Das war erst vorgestern gewesen, doch irgendwie schien der Tod von Pontius mit ihrem Auftauchen in Verbindung zu stehen.

„Wir sollten ihr einen Namen geben", schlug David vor, der es nicht gut ertragen konnte, wenn seine Mutter so traurig war.

„Das ist eine gute Idee. Was schlägst du vor?", fragte seine Mutter. Der kleine Junge legte den Kopf schief und dachte einen Augenblick nach. Dann überzog ein strahlendes Lächeln sein Gesicht. „Wir sollten sie Ponti nennen, denn vielleicht hat er sie uns geschickt." David hüpfte vor Freude in die Luft und animierte Ponti, es ihm gleich zu tun.

„Fein, dann heißen wir dich bei uns herzlich willkommen, Ponti", antwortete Jeheshua und tätschelte der Hündin liebevoll den Kopf.

Sie veranstalteten an diesem Abend eine Zeremonie für Pontius, und Jeheshua hielt den Kelch hoch erhoben. Seine Weihegaben lagen auf einem Teller bereit. Es waren einige Brotstücke und Früchte, die Maria Magdalena frisch vom Feld geholt hatte. Jeheshua segnete die Gaben und sprach ein Gebet für die Verstorbenen. Er dankte Mutter Erde für die Früchte und beendete die Zeremonie, indem er alle segnete.

Das Gebetshaus, das Josef so liebevoll gebaut hatte, und die unvollendeten Mosaike waren für alle die Verbindung mit den beiden Freunden, die nun nicht mehr unter ihnen weilten. Immer wenn sie einen Kieselstein fanden oder das Gebetshaus betraten, waren die beiden bei ihnen.

Noch in derselben Nacht beschlossen Jeheshua und Maria Magdalena, eine Reise in ihre Heimat zu unternehmen. Zuerst war Maria Magdalena bestürzt über dieses Vorhaben, doch dann erfüllte auch sie große Freude bei dem Gedanken, ihre Heimat wiederzusehen. Schon im nächsten Frühjahr wollten sie aufbrechen. Als Händler getarnt konnten sie vielleicht unbemerkt ihre Familien wiedersehen.

Karim und Harah wollten mit den Kindern die Stellung halten und Haus und Feld versorgen. Stephanus erbot sich, ihnen bei seiner Familie ein angenehmes Quartier zu besorgen. Sie mussten vorsichtig sein. Doch in den Kleidern der Kaufleute konnten sie sich unbemerkt bewegen.

Die Sehnsucht nach der Heimat war größer als die Furcht vor Verfolgern. Jeheshua wollte den Mann, der sich an seiner Statt hatte kreuzigen lassen, aufsuchen, um mit ihm zu sprechen und ihm zu danken. Aber er war sich nicht sicher, ob er ihn finden würde. Viel Zeit war vergangen, und vielleicht war er in fremde Länder weitergezogen. Maria Magdalena wollte ihre Freunde wiedersehen und ihren Bruder, der sie so lange begleitet hatte, als sie noch eine junge Frau gewesen war. Er war es, der stets für sie da gewesen war, nachdem sie ihre Eltern so früh verloren hatten. Er wusste von ihrer Flucht, aber sie hatte aus Vorsicht niemals Kontakt mit ihm aufgenommen. Zu groß war die Gefahr, dass man ihn unter Druck setzte, um eine Information aus ihm herauszupressen. Vielleicht hatte auch er das Galil verlassen. Sie wusste es nicht. Würde sie ihm wieder begegnen, wollte sie ihn überreden, mit in ihre Lebensgemeinschaft zu kommen.

Mit den ersten blühenden Mandelbäumen begann auch Maria Magdalena, an ihre bevorstehende Abreise zu denken. Sie hatte bisher vermieden, daran zu denken, denn der Abschied von den Kindern und ihren Freunden würde schwer für sie werden. Sie hatten mit den ersten warmen Tagen begonnen, die Felder zu bestellen, und tief in ihrem Herzen wollte sie nichts weiter, als bei ihren Pflanzen zu arbeiten. Es bereitete ihr so viel Freude, das Gedeihen ihres Gartens zu beobachten, dass sie immer schon früh am Tage hinaus zu den Feldern ging, um die Pflanzen zu begrüßen. Noch niemals war ihnen eine Ernte verdorben oder hatte eine Krankheit die Pflanzen befallen. Sie war eine ausgezeichnete Gärtnerin.

An diesem Abend saßen sie beieinander, um zu beten und über die Reise zu beraten. Sie wollten nur wenige Gepäckstücke auf ihre Esel laden und so schlicht und unauffällig wie möglich die große Reise antreten. Harah hatte Brot und würzende Kräuter bereitgestellt, um ihnen genug Proviant mitzugeben. Sie bereitete aus getrockneten Früchten eine nahrhafte Paste, die sie auf ihrer ersten Etappe gut versorgen würde. Karim, der sich auf die Herstellung des Käses aus der Milch der Ziegen spezialisiert hatte, brachte einen prächtigen Käse, der lange Zeit den Hunger stillen konnte.

Am Morgen der Abreise war ihnen allen bange ums Herz. Harah konnte nur mit Mühe die Tränen zurückhalten. Es war eine lange und gefährliche Reise, auch wenn Jeheshua sie immer wieder beruhigt hatte. „Wir sind immer und alle Zeit beschützt, Maria. Wir müssen uns nicht fürchten."

Sie wusste, sie würde die Schreckensbilder wieder erinnern, kaum dass sie Palästina erreichten, und alles würde von Neuem beginnen. Darum konzentrierte sie sich ganz und gar auf das Wiedersehen mit geliebten Menschen, die sie hoffte, glücklich und gesund anzutreffen. Als sie endlich auf ihre Esel stiegen, um aufzubrechen, war allen die Sorge und Trauer anzusehen. Sarah weinte herzzerreißend, und David klammerte sich an ihren Umhang. Beinahe hätte sie die Entscheidung getroffen, die Reise nicht anzutreten, wenn Jeheshua sie nicht sanft am Arm genommen und zu sich gezogen hätte. Er küsste David innig und flüsterte ihm einige Worte zu. Sofort strahlte der kleine Junge und nahm Sarah in seine Arme. „Wir sind doch schon groß, Sarah, und werden hier auf alle Tiere gut aufpassen."

Als sie außer Sichtweite waren, musste sie so heftig weinen, dass sie kaum den Weg vor sich sah. Jeheshua tröstete sie liebevoll. „Wir werden bald deinen Bruder wiedersehen und viele Freunde wieder-treffen, meine Liebste."

Als sie einige Tage später den Hafen erreichten, war Maria Mag-dalena ruhig und gefasst. Sie spürte, dass diese Reise eine wichtige Be-deutung hatte, die sie jetzt noch nicht im Einzelnen ermessen konnte, eine Bedeutung, die ihrer aller Leben verändern würde. Kaum hatte das Schiff abgelegt, war ihr, als fiele eine Last von ihr ab. Die Vor-freude, bald in ihre Heimat zurückzukehren, machte sie glücklich. Eng umschlungen standen sie an Deck des Schiffes und beobachteten die Männer, die die Segel nach dem Wind ausrichteten.

„Schon bald, meine Liebe, werden wir den Boden unserer Väter betreten. Du wirst sehen, wie glücklich unsere Reise sein wird."

In Gedanken wanderte sie zurück in den Garten ihrer Heimat, voller blühender Büsche und duftender Blüten. Wie mag er wohl jetzt aussehen?, so fragte sie sich.

Bei Nacht lagen sie unter Deck in ihre Decken gehüllt und lauschten den Wellen und dem Wind. Bei Tage genossen sie die Sonne und beobachteten die Vögel, die sie seit ihrer Abreise begleiteten. Am siebten Tag erreichten sie einen römischen Hafen, wo man neue Gäste und Waren an Bord nahm. Sie machten einen Ausflug an Land, um sich mit Früchten und Wasser zu versorgen. Maria Magdalena war so aufgeregt, dass sie überall staunend stehenblieb und die Menschen, den Marktplatz und die Fülle der Waren beobachtete. Wie lange schon hatte sie nicht mehr so viele Menschen beieinander gesehen? Sie sprachen mit jüdischen Händlern, die von weit her kamen und von ihrer abenteuerlichen Reise berichteten. Und sie erhielten Nachricht darüber, dass Herodes gestorben und einen Nachfolger hinterlassen hatte. Sie hörten von Aufständen und Hungersnot, aber auch von neuen Grenzen und Regionen, die sich von der römischen Besatzung lossagen konnten.

Sie bemerkte, dass Jeheshua nun immer öfter in Gedanken weit fortreiste und sein Gesicht sich zuweilen mit Trauer und Sorge überzog. Da wusste sie, dass sie nicht mehr alle ihre Freunde antreffen würde.

An einem heißen Tag gegen Mittag verließen sie das Schiff, um sich einer Handelskarawane anzuschließen. Viele Händler hatten ihre Waren auf Esel geladen, um weiterzureisen. Sie fanden eine Karawane, die nach Norden, nach Kafernaum[7], zog, und schlossen sich ihr an. Ein Viehhändler hatte Kamele aus dem Süden geholt und sie konnten eines der Tiere erwerben, um ihre Habe darauf zu transportieren. Nach einer Woche erreichten sie [.....], wo sie sich sofort zum Haus von Jacob begaben. Er war ein Onkel von Maria Magdalena und lange Zeit schon Rabbiner in Kafernaum. Er würde

7 Kafernaum = Kafarnaum = Kapernaum – Am nordwestlichen Ufer des See Genezareth, diente als Schauplatz der Erzählungen über Jesus und seine Anhänger.

ihnen Obdach gewähren. Doch als sie vor seinem Haus ankamen, waren alle Läden verschlossen und die Tür mit einem Brett vernagelt. Maria Magdalena beschlich eine tiefe Angst. Was wäre, wenn er von Herodes verschleppt worden war?

Jeheshua blickte sie traurig an. „Er ist fort, und wir werden ihn nicht mehr antreffen."

Sie begann heftig zu schluchzen. „Was ist mit ihm geschehen?"

„Er wurde ermordet wie so viele von uns." Jeheshua zog sie mit sich fort. „Sie haben viele von uns verfolgt oder vertrieben. Lass uns meine Brüder suchen, sie werden wissen, wer von den Unseren noch hier lebt."

Sie zogen den ganzen Tag schon über die staubigen Wege des Galil. Das Kamel hatten sie gegen zwei kräftige Esel eingetauscht. Es wäre zu auffällig gewesen.

Maria Magdalena hatte gehofft, einige Weggefährten von früher wiederzufinden, doch wohin sie auch kamen, nichts war mehr so, wie sie es in Erinnerung hatte. Entweder waren die Freunde fortgezogen oder den Verfolgungen zum Opfer gefallen. Eine alte Frau erzählte ihnen von der Verhaftung eines alten Freundes, der niemals zurückgekehrt war. Sie war tief betrübt und zugleich beunruhigt. Wenn sie zu oft nach Freunden fragten, würden sie das Interesse der Menschen erwecken. Zu leicht konnten auch sie entdeckt werden.

Jeheshua trug stets seinen Umhang geschlossen und sprach wenig mit den Menschen. Die kupfernen Schüsseln, die sie in der römischen Hafenstadt erworben hatten, sollte sie als Händler erscheinen lassen. Doch oft ernteten sie misstrauische Blicke, wenn sie wieder einmal das Haus eines Freundes verschlossen oder von Fremden bewohnt vorfanden. Ihr Herz war ihr schwer geworden. Bange dachte sie daran, was sie vorfinden würde, wenn sie vor ihrem eigenen Haus stand. Würde sie in ihrer Heimat vertraute Gesichter finden? Und würde sie es wagen, sich erkennen zu geben? Sie wusste es nicht. Ach, wäre doch noch alles so wie früher, dachte sie betrübt.

Als sie Betania erreichten, war der Markt im vollen Gange. Das Geschrei der Händler und der Tiere, die zum Verkauf angeboten wurden, erfüllte den Marktplatz. Sie umrundeten ihn weiträumig und betraten eine kleine Gasse, in die kaum Sonnenlicht drang. Hier war die Werkstatt von Lazarus, dem Bruder ihrer Mutter. Er hatte sie damals, nach dem frühen Tod ihrer Eltern, zu sich genommen. Lazarus war Silberschmied und seine kunstvoll verzierten Krüge und Schalen waren weithin bekannt. Als sie vor dem verwitterten Tor seines Hauses ankamen, hörten sie schon das gleichmäßige Geräusch seines Hammers, mit dem er das Metall in die Form trieb. Glücklich, endlich einen Menschen zu treffen, der ihnen nahestand, klopften sie an das Tor. Doch den Mann, der ihnen öffnete, kannten sie nicht. Er erklärte ihnen, dass Lazarus mit seiner gesamten Familie weggezogen sei. Er habe sich einer Gemeinschaft in den Bergen angeschlossen. Die Werkstatt und das Haus habe er übernommen.

Jeheshua dankte dem Mann freundlich und nahm Maria Magdalena in den Arm. „Vieles hat sich verändert, aber ich bin sicher, dass dein Onkel wohlauf ist. Vielleicht ist er zu dem Wüstenorden gegangen. Viele taten das, um den Häschern Herodes' zu entgehen."

Maria Magdalena konnte ihre Enttäuschung kaum verbergen. „Dann lass uns zu den Orten gehen, wo die Wüstenorden ihre Gemeinschaften haben. Dort können wir am ehesten Menschen wiedertreffen, die uns nahegestanden haben. Und die Gefahr, erkannt zu werden, ist sehr viel geringer."

Sie versorgten sich auf dem Markt mit frischem Obst und Brot und machten sich auf den Weg in die Wüste, die hier gleich hinter dem ersten Gebirgszug begann. Ihre Wasservorräte würden eine Woche reichen, und sie waren zuversichtlich, rechtzeitig eine Oase zu finden.

Ihre Reise führte sie durch eine weite, trockene Ebene. Sie würden in dieser Nacht unter freiem Himmel schlafen, und Maria Magdalena war unbehaglich bei diesem Gedanken. Weit und breit nur niedriges Buschwerk und Steine. Eine Hügelkette am Horizont wies ihnen den Weg.

Die Kälte der Nacht hatten sie gut überstanden, doch dauerte es am frühen Morgen eine Weile, ehe die Sonne sie wärmte. Sie erreichten am dritten Tag eine kleine Oase, die ihnen alles bot, was sie für die Weiterreise benötigten. Die Kupfergeschirre, Kessel und Krüge verkauften sie einem Händler, der die Ware erfreut in Empfang nahm. Hier, wo täglich Karawanen eintrafen, Waren umschlugen oder die Lasttiere wechselten, fielen Fremde nicht weiter auf, und sie konnten sich unbemerkt zwischen all den anderen Menschen in den Gassen bewegen.

Sie kauften noch zwei wärmende Schaffelle für die Nacht und einige Schläuche, um ihren Wasservorrat zu vergrößern. Als sie [.....] verließen, war ihnen, als betraten sie neues Land. Maria Magdalena liebte die Wüste, das Licht am Abend, das alles in ein sanftes Gelb tauchte, und die sternenklaren Nächte, in der die Sterne so zahlreich funkelten.

Sie begegneten einer Karawane aus Tuchhändlern, die ihre Ware nach Osten brachten. Die walnussgefärbten Tuche aus Wolle waren fein gewebt und überaus begehrt. Sie erwarb einen Ballen fein gesponnenen Tuchs, um für Sarah und David einen Umhang daraus zu fertigen. Im Schutz der übrigen Händler konnten sie unbehelligt weiterziehen und in der Nacht in einem der zahlreichen Zelte unterkommen. Maria Magdalena bemerkte einen älteren Mann mit dunklem Bart, wie ihn die Männer in ihrer Gegend trugen. Einmal trafen sich ihre Blicke, und er lächelte sie freundlich an. Als sie die Handelsroute der Karawane verließen, um weiter nach Norden zu ziehen, winkte er ihnen freundlich zu. Maria Magdalena vermochte sich nicht daran zu erinnern, woher sie den Mann kannte, aber irgendwie schien es ihr, als sei sie ihm schon einmal begegnet.

Nach drei Tagen erreichten sie eine enge Schlucht, die nur über schmale Passwege zu durchqueren war. Die Hitze war hier bei Tage unerträglich, und sie rasteten öfter als gewohnt, um von ihren Wasservorräten zu zehren. Es war nun nicht mehr weit zu den ersten Höhlendörfern, wo sie vertraute Gesichter wiederzusehen hofften.

Am Abend des vierten Tages sahen sie die ersten flackernden Lichter am Berghang, und wenige Stunden später erreichten sie Sedum, ein kleines Bergmassiv, das von unzähligen Höhlen durchzogen war. Hier würden sie sicher ein Nachtlager finden.

Schon am Eingang zu dem engen Talkessel warteten Gestalten mit ihren Fackeln, um sie zu kontrollieren. Hier erhielt nur Einlass, wer zuvor die Wachen von der friedlichen Absicht seines Besuches überzeugen konnte. Jeheshua sprach kurz mit den Männern und erklärte ihnen das Ziel ihrer Reise. Der Mann winkte dem nächsten Wachtposten zu und ließ sie passieren.

Sie waren überrascht, dass sich im Inneren der Schlucht eine so große Anzahl von Menschen befand. Ein riesiges Wasserloch war von grünem Buschwerk umsäumt und ein kleiner Platz, eingerahmt von Felsblöcken, stellte ihren Versammlungsort dar. Frauen hatten auf den heißen Steinen des Feuers Fladen gebacken, die verführerisch dufteten. Sie wurden herzlich empfangen, und zum ersten Mal begegnete ihnen jemand, der früher einige Male ihren Versammlungen beigewohnt hatte.

Samuel war schon vor vielen Jahren in die Wüste gezogen. Er liebte die Abgeschiedenheit und hatte hier in dieser Gemeinschaft seine Familie gefunden. Er umarmte sie herzlich und lud sie in seine Höhle ein.

Maria Magdalena war überrascht, wie behaglich die Höhlen waren. Die Wände und Öffnungen waren mit bunten Teppichen verhangen und auf dem Boden lagen weiche Felle. Eine kleine Feuerstelle mit einem Rauchabzug erhellte den niedrigen Raum. Sie saßen lange beisammen, und Samuel erzählte ihnen von den Ereignissen, wie er sie von vorbeiziehenden Händlern gehört hatte. Traurig erfuhren sie, wie viele Menschen geflohen waren. Manche verschwanden für immer, andere hatten hier in der Wüste ihr neues Zuhause gefunden.

Zum ersten Mal seit langer Zeit brachen sie das Brot miteinander und beteten. Maria Magdalenas Zuversicht wuchs, doch noch vertraute Weggefährten zu finden, und sie fühlte sich hier, fernab vom Hof Herodes', sicher und geborgen.

Als sie am folgenden Morgen weiterzogen, spürte sie, dass ihr der Abschied schwerfiel.

Als sie nach sechs Tagesreisen den Wüstenorden erreichten, waren ihre Wasservorräte fast aufgebraucht. Sie wurden mit großer Freude erwartet. Maria Magdalena war überrascht, dass ihr Eintreffen bereits bekannt war, doch sie dachte an die enge Verbindung Jeheshuas zu Timotheus, dem Ältesten des Ordens. Lange Zeit hatte er als junger Mann hier gelebt, und Timotheus war sein langjähriger Lehrer gewesen. Vor Freude weinend lagen sie einander in den Armen.

Maria Magdalena war niemals zuvor bei dem Wüstenorden gewesen, doch wurde sie so herzlich begrüßt, als sei sie schon immer ein Mitglied der Gemeinschaft gewesen. Schon seit ihrer Kindheit wollte sie die Gemeinschaft der Essener, wie sie sich nannten, kennenlernen. Es hieß, sie seien Gott näher als jeder andere Mensch auf Erden, und das machte sie so besonders und geheimnisvoll. Man sagte ihnen nach, dass sie Wunder vollbringen und Kranke heilen konnten, und sie spürte, dass Jeheshua vieles von seiner Gabe hier entwickelt haben musste. Er selbst sprach nie darüber. Immer, wenn sie ihn nach den Jahren in der Wüste befragte, erklärt er ihr lächelnd, dass sie dies nur erleben könne. Es sei unmöglich zu beschreiben. Das machte sie umso wissbegieriger, Näheres über den sagenumwobenen Orden zu erfahren. Viele junge Männer suchten damals nach neuen Wegen, aus den herrschenden Zwängen der römischen Besatzung auszubrechen, und sie gingen in die Wüste. So nannte man sie damals einfach die Wüstenorden. In Wahrheit waren die Wüstenorden streng geführte Gemeinschaften, die sich der spirituellen und magischen Entwicklung ihrer Fähigkeiten und Talente widmeten.

Auch ihre Brüder zog es eine Weile in die Wüste, und als sie nach einigen Jahren zu ihren Familien zurückkehrten, schienen sie innerlich gereift und verständiger geworden zu sein.

Maria Magdalena und Jeheshua wurden in eines der großen Zelte geführt, das an einem zentralen Platz inmitten der steil aufragenden Felsen errichtet worden war. Im Inneren war es warm und stickig. Sie sah eine Gruppe junger Männer, die auf Teppichen in einem Kreis saßen und gemeinsam musizierten. Es klang so melodisch und schön, dass sie sprachlos stehen blieben und den Klängen lauschten. Erst nach einer Weile, als die Musizierenden das Zelt verlassen hatten, saßen sie bei einem heißen Minztee beieinander.

Timotheus strahlte Jeheshua glücklich an. „Wie lange schon habe ich auf diesen Moment gewartet! Von deinen Weggefährten sind nur noch wenige hier, und du wirst sie treffen, wenn sie von ihrer Reise zurückkehren. Du weißt, wir haben unsere Außenposten in der normalen Welt, die uns mit allem versorgen, was wir hier in der Wüste brauchen. Jeder, der bei uns ausgebildet wurde und Mitglied unserer Gemeinschaft ist, verpflichtet sich, uns nach seiner Rückkehr ins normale Leben je nach seinen Möglichkeiten zu unterstützen. So haben wir Freunde in allen Teilen des Landes, die wir unsererseits unterstützen. Es ist ein großes Netz aus Freunden und Mitgliedern der Gemeinschaft, und wir pflegen und entwickeln die inneren Fähigkeiten eines jeden Menschen. Aber jetzt wollen wir euch erst einmal die Gemeinschaft vorstellen, wie sie im Augenblick an diesem Ort lebt."

Maria Magdalena staunte über das ausgeklügelte Höhlensystem, wo unzählige Menschen Platz fanden.

Tief in Innern des Berges gab es eine mächtige steinerne Halle, wo besondere Zeremonien abgehalten wurden. Hier war es angenehm kühl, und im Schein der wenigen Öllichter konnte man die enorme Höhe des Gewölbes nur schwer ermessen. Zu ihren Ehren wurde an diesem Abend hier eine Zeremonie durchgeführt, die sie an diesem Ort willkommen heißen sollte. Maria Magdalena war die einzige Frau, und sie spürte die Blicke der Männer, die hier selten weibliche Gäste beherbergten. Das Feuer aus duftenden Kräutern und Hölzern hatte den Dom in einen feinen würzigen Nebel gehüllt. Er machte sie entspannt und ruhig. Sie wusste, an diesem Ort war sie vollkommen geborgen.

Timotheus hatte ein fein gewirktes Gewand angelegt. Eine Art Krone zierte sein Haupt. Er sprach langgedehnte Silben und Laute, die Maria Magdalena nicht verstand. Gebannt lauschte sie diesem Singsang aus Tönen und Formeln. Die Farbe des Feuers änderte sich, und mit einem Mal stoben rote und grüne Funken auf.

Es ging wie ein scharfer Luftzug durch das Gewölbe, dass sie unwillkürlich zusammenfuhr. Jeheshua hielt fest ihre Hand und so erholte sie sich schnell von ihrem Schreck.

Was nun folgte, dürfen wir hier nicht genau beschreiben, aber sie kamen unmittelbar mit Vertretern der göttlichen Sphären in Berührung, sodass Maria Magdalena vor Ergriffenheit laut schluchzte. Noch niemals war die Präsenz Gottes so groß gewesen wie in diesem Augenblick. Sie fühlte, wie ein besonderer Segen und Schutz über sie beide gebreitet wurde, und für einen Moment vergaß sie, dass sie sich tief in der Wüste befand.

Als sie in dieser Nacht in ihrem Zelt einschlief, wusste sie, was auch immer geschah, sie war vollkommen beschützt. Ewige Wesen, von dem All-Einen auserwählt, ihre irdischen Aufgaben zu erfüllen, um dann wieder in die Einheit Gottes zurückzukehren. In dem tiefen Glauben, dass sie dem Weg ihrer Bestimmung folgte und Gottes Liebe sie alle Zeit begleitete, schlief sie in dieser Nacht ein.

Die Gemeinschaft nahm sie so liebevoll in ihre Mitte, dass sie tatsächlich darüber nachdachte, Karim, Harah und die Kinder hierher an diesen besonderen Ort zu holen. Jeheshua hatte ihre Gedanken erraten. Auch für ihn war es, als sei er nach Hause gekommen. Die Zeremonie hatte sie ruhiger werden lassen, und auch wenn nur wenige Weggefährten von früher da waren, so schienen die Menschen hier seltsam vertraut, als würden sie schon seit ewigen Zeiten hier leben.

Sie erlebte, wie der Alltag der Essener aussah, wie sie ihre Gebete und Rituale absolvierten und wie sie die Schriftrollen anfertigten, auf denen sie ihr geheimes Wissen aufzeichneten. Alles war klar gegliedert und die Zeiten, in denen die Gemeinschaft sich beim Feuer niederließ, waren die schönsten des Tages.

Viele musizierten oder sangen und es wurden die Geschichten des Tages erzählt. Jeder der Männer war reihum der Geschichtenerzähler des Abends. Oft rankten sich die Erzählungen um ihre Träume oder die Erfahrungen, die sie in der Zeit machten, wenn sie sich in stille Meditation versenkten. Sobald die würzigen Kräuter ins Feuer geworfen wurden, änderte sich die Stimmung und man rückte näher zusammen, um den Erzählungen zu lauschen.

Auch sie kam an die Reihe und berichtete der Gemeinschaft von ihrer Flucht aus der Heimat und die Zeit an der Seite von Josef, der ihr innigster Freund und Beschützer war. Alle lauschten gebannt und versprachen, ihre Flucht und die Ereignisse danach aufzuschreiben und sie für die Nachwelt aufzuheben.

Maria Magdalena berichtete davon, wie sie in der Einsamkeit der Berge begonnen hatte, die Ereignisse aufzuzeichnen. Und so kam es, dass auch sie bei Tage in der Reihe der Schreiber an langen Tischen saß und Aufzeichnungen machte.

Jeheshua hatte sich Timotheus angeschlossen. Sie unternahmen lange Wanderungen in die Wüste, und am Abend saßen sie still abseits der anderen, oftmals in Gespräche vertieft. Jeheshua wollte Kontakt zu dem Mann aufnehmen, der sich an seiner Statt geopfert hatte, doch ließ sich sein Verbleib nicht ermitteln. Die Kunde von dem Mann, der sich geopfert hatte, war auch nach hier vorgedrungen, und Timotheus war über alles bestens im Bilde. Er hatte auf magischem Weg Einblick genommen in den Verlauf der Ereignisse, noch bevor sie geschahen, und er kannte aus magischen Reisen auch den Ort ihrer kleinen Gemeinschaft, den er mehr als einmal besucht hatte.

Die meisten Gespräche aber beinhalteten die Frage, wie man die wahren Ereignisse aufzeichnen und aufbewahren konnte, ohne die Gemeinschaft zu gefährden, und wie man dafür sorgen konnte, dass diese Schriftstücke nicht in die falschen Hände fielen. Man entschied sich dafür, die Schriftrollen in entsprechend geformten Tongefäßen aufzubewahren, damit ihr Erhalt für lange Zeit gesichert war. Man fertigte auch solche Schriftrollen an, die ihre Erfahrungen festhielten und über ihr Leben berichteten. Noch immer wurde nach ihnen gesucht und noch immer verfolgte man ihre Anhänger.

Auch die Essener waren dem Sanhedrin ein Dorn im Auge, weil sie sich außerhalb der Gemeinschaft bewegten und sich nicht an die Gebote hielten. Immer wieder geschah es, dass Mitglieder verhaftet und unter unhaltbaren Gründen festgehalten wurden. Auch versuchte man, Spitzel einzuschleusen, die jedoch leicht als solche enttarnt wurden.

Maria Magdalena spürte, dass diese Aufzeichnungen von großer Bedeutung waren. Sie vertraute den Schriftrollen alle ihre Erlebnisse an, schilderte die Geburt ihrer Kinder und die Gemeinschaft in den Bergen, ohne jedoch den genauen Ort anzugeben. Noch immer fürchtete sie, dass die kleine Gemeinschaft entdeckt würde.

Bei Tage saß sie über die Pergamente gebeugt, und am Abend wurde gesungen und getanzt. Sie war so glücklich wie schon lange nicht mehr. Nur die Sehnsucht nach ihren Kindern und Freunden wurde von Tag zu Tag stärker. Sie hatte den Plan aufgegeben, ihr früheres Heim aufzusuchen. Sie spürte, dass der Anblick ihres Hauses nur Schmerz hervorrufen würde. Besser, sie behielt alles so in Erinnerung, wie sie es zum letzten Mal gesehen hatte.

Bei Anbruch der Nacht versammelte sich die Gemeinschaft an bestimmten Tagen, die dem Mondstand entsprachen, in dem Felsendom und feierte eine Zeremonie, die sie tief berührte. Die Einheit des Göttlichen mit den Menschen war dann so deutlich zu spüren wie nie. Die Präsenz des Heiligen füllte jeden Winkel aus. Niemand vermochte sich dieser Wirkung zu entziehen. Alle lauschten andächtig auf den Mann, der als Sprachrohr der göttlichen Präsenz diente. Die Botschaften waren sehr wichtig für die Gemeinschaft und wurden unmittelbar aufgezeichnet. Oft enthielten sie Anweisungen, wie bestimmte Rituale durchgeführt werden sollten, oder sprachen über bevorstehende Ereignisse. Manchmal sprach die Stimme in Worten und Silben, die sie nicht verstand.

Bei der letzten Zusammenkunft hatte die Stimme Anweisungen gegeben, wo die Tongefäße mit den Schriftrollen aufbewahrt werden sollten. Besondere Höhlen im weit verzweigten Höhlensystem sollten als Lagerstätte dienen und ihnen für lange Zeit ein sicherer Aufbewahrungsort sein.

Manchmal richtete sich die Stimme auch an einzelne Mitglieder des Ordens, gab Hinweise, wie Meditationen für bestimmte Vorhaben genutzt werden sollten und welche Aufgaben der Betreffende mit auf die Erde gebracht hatte.

Einmal wendete sich die göttliche Stimme auch an sie, und sie schrak zusammen, als sie ihren Namen hörte. Gleichzeitig überflutete sie ein tiefes Glücksgefühl, dass sie fast die Besinnung verlor. Die Stimme forderte sie auf, zurückzukehren und für ihre Kinder zu sorgen. Sie seien zu wichtigen Hoffnungsträgern geworden und würden in der Zukunft ein wichtiges Königsgeschlecht begründen. Sie solle nur ganz unbesorgt sein. Sie stünden wie sie selbst unter einem besonderen Schutz, der niemals endete.

Maria Magdalena spürte eine Woge der Liebe und des Friedens in sich. Nie hatte sie dies so tief empfunden. Erst viel später gewahrte sie, dass die Stimme nur sie allein aufgefordert hatte, zurückzukehren. Als ihr dies bewusst wurde, traf es sie wie ein Fausthieb.

Aufgeregt lief sie zu Jeheshua und Timotheus, die, wie so oft, ins Gespräch vertieft, beieinandersaßen.

Sie blickten auf, als Maria Magdalena tränenüberströmt vor ihnen stand. Jeheshua nahm sie tröstend in die Arme. Sie schluchzte laut an seiner Schulter: „Sag, dass es nicht wahr ist", brachte sie nur mühsam hervor. „Sag, dass es nicht wahr ist", schrie sie nun wütend, denn sie fühlte so großen Schmerz und Verzweiflung, dass sie glaubte, ohnmächtig zu werden.

Jeheshua nickte nur still. Sie sah, dass ihre Vermutung wahr war. Voller Schmerz und Trauer sank sie zusammen. Sie mochte einige Minuten ohnmächtig gewesen sein. Als sie wieder zur Besinnung kam, lag sie auf ihrem Lager und Jeheshua hielt ihre Hand. Sie blickte ihn nur stumm an, während Tränen ihren Blick verschleierten. Dann ist es also wahr, dachte sie verzweifelt.

Die gesamte Gemeinschaft litt mit Maria Magdalena, deren Verzweiflung mit jedem Tag wuchs. Sie verstand nicht die Notwendigkeit, dass ihr geliebter Partner weiter bei dem Wüstenorden lehrte, während sie in weiter Ferne allein bei ihren Kindern leben sollte. Jeheshua versuchte ihr zu vermitteln, worin seine Aufgabe bestand und wie viel es ihm bedeutete, hier im Verborgenen zu lehren. Die wahren Gründe aber offenbarte er nicht. Zu schwer lastete die Bürde bereits auf ihm.

Er nahm sie bei der Hand und führte sie hinaus in die Wüste. Es war noch früh am Morgen und die Sonne schien noch nicht so unbarmherzig, wie es bei Tage der Fall war.

„Meine geliebte treue Gefährtin", begann er zu sprechen, nachdem sie sich auf einem Steinblock niedergelassen hatten.

„Noch niemals fiel es mir so schwer, zu dir zu sprechen, und noch niemals wurde mir das Herz so schwer wie in diesem Moment. Ich werde noch eine kleine Weile hier an diesem Ort leben, aber dann wird das Ende meiner Tage auf Erden kommen und ich werde zurückkehren an den Ort, von dem ich stamme. Niemals ist mir ein Abschied so schwer gefallen, und niemals war meine Bindung an diese Realität so eng wie in diesem Leben. Es wird noch einmal eine schwere Zeit auf dich zukommen, aber das gehört zu deiner Aufgabe, die du schon kanntest, bevor du geboren wurdest. Jetzt, in diesem Moment, ist es die Verzweiflung, die dich schüttelt. Aber einstmals wirst du Einblicke erhalten, und du wirst verstehen, warum alles genau so kommen muss. Ich habe meine Aufgabe auf Erden beendet, und du, meine liebe Gefährtin, wirst noch eine Weile auf der Erde bleiben, um die Mutter unserer Kinder zu sein. Aber einstmals wirst auch du zurückkehren an den Platz, an den du gehörst, und wir werden auf ewig miteinander verbunden sein."

Er hielt ihre Hand und drückte sie nun fest an sich. Ihr Blick war tieftraurig und regungslos. Es war, als sei ihr Lebenslicht bereits erloschen. Er drückte sie noch fester, und seine Tränen vermischten sich mit den ihren. „Schon vor langer Zeit wurde mir offenbart, dass ich zurückkehren werde, denn meine Aufgabe ist nun beendet", flüsterte er tränenerstickt.

Maria Magdalena blieb ganz ruhig und gerade sitzen. Kein Lüftchen regte sich und die frühen Sonnenstrahlen leuchteten auf ihrem Haar. Sie nahm seine Hand, küsste sie und flüsterte so leise, dass er es kaum verstehen konnte: „Auch ich wusste schon lange Zeit, dass du gehen würdest, wenn deine Aufgabe beendet ist."

Sie stockte einen Moment in ihrer Rede. „Doch ich habe nicht geglaubt, dass dies schon so bald sein würde." Sie schloss die Augen, und für einen Moment schwankte sie so heftig, dass er sie sanft in die Arme schloss.

„Maria, meine verständige Gefährtin, ich werde oft bei dir sein, und wir werden jeden Tag miteinander sprechen, denn ich kann zu dir kommen, so oft ich es möchte. Ich werde dich immer beschützen und unsere Kinder ebenso."

Maria Magdalena vermochte keinen klaren Gedanken mehr zu fassen. Sie saß da mit geschlossenen Augen und empfand nichts als grenzenlose Trauer. Alles war in ihr erloschen, jede Zuversicht vollkommener Resignation gewichen. Nicht einmal der Gedanke an ihre Kinder vermochte ihr Kraft zu geben. Es war, als sei sie in diesem Moment bereits gestorben.

Jeheshua führte sie behutsam zurück ins Lager und bettete sie sorgfältig auf ihr Lager. Still und regungslos blieb sie liegen. Kein Wimpernschlag, kein Heben und Senken der Brust verriet, dass noch Leben in ihr steckte. Sie lag da, ausgestreckt und wie tot. Jeheshua kniete vor ihr nieder und flehte um Beistand und Hilfe für sie. Er wusste, würde sie nicht wieder neuen Mut schöpfen, würde sie mit ihm die Erde verlassen. Er betete zu allen geistigen Verbündeten, und nach drei Tagen, die er wachend an ihrem Bett verbrachte, kehrte sie ins Leben zurück.

Sie schlug die Augen auf und schaute ihn ernst und forschend an. So, als sei sie zum ersten Mal an diesem Ort. Dann stand sie auf, stärkte sich und lud ihre wenige Habe auf einen Esel. Schon kurze Zeit später verließ sie in Begleitung eines Mannes aus ihrer Heimat den Wüstenorden und kehrte nach einer langen Reise in ihre Gemeinschaft zurück.

Nie wieder reiste sie in ihre Heimat, noch sprach sie jemals wieder ein Wort.

Nachdem ihre Kinder herangewachsen waren, kehrte sie zurück in die einsame Klause in den Bergen, wo sie schon einmal viele Monate alleine gelebt hatte. Sie beschloss ihre letzten Lebensjahre in völliger Einsamkeit. Ihre Aufzeichnungen, die sie täglich anfertigte, verwahrte nach ihrem Tode die Bruderschaft am Fuß des Berges. Noch heute sind sie dort wohl verborgen, und wenn sie eines Tages gefunden werden, wird die Wahrheit ans Licht kommen.

David zog als junger Mann mit Abdul, der ihn an Sohnes statt angenommen hatte, an den Hof des Königs[8], wo er in allen Künsten eines Herrschers ausgebildet wurde und als junger Mann später den Thron bestieg.

---

8 In dem Teil der Geschichte, die aus den genannten Gründen hier nicht enthalten ist, hält sich Abdul Ben Massa immer wieder am Hof des englischen Königs auf, mit dem ihn eine enge Freundschaft verbindet. In den Durchgaben wird kein Ort genannt, allerdings liegt die Vermutung nahe, dass es sich daher hier um den englischen Hof handeln könnte.

Sarah, seine Schwester, führte die Gemeinschaft als eine jüdische Enklave, die das Werk ihres Vaters weiterführte und lehrte. Sie war die Einzige, die ihre Mutter besuchen konnte und die sie bis zu ihrem Tod versorgte. Sie blieb kinderlos und starb in hohem Alter von 96 Jahren im Kreise der Gemeinschaft, die bis dahin auf über 100 Personen angewachsen war. In Gedenken an ihren Vater verwahrte auch sie viele Schriftzeugnisse in ihrer Behausung, die dort noch immer ruhen.

Dies ist das Ende dieser Aufzeichnungen. Wir danken dir für deine Bereitschaft, dich als Mittlerin zur Verfügung zu stellen. Wir haben mit diesem Manuskript eine wichtige Aufgabe vollbracht und beglückwünschen uns alle dazu.

Nachwort

Es gab eine Zeit, da glaubte ich, dieses Material niemals veröffentlichen zu können. Zu abwegig, zu ketzerisch erschien mir der Inhalt. Nun, da dieses Buch in gedruckter Form vorliegt, erfüllen mich große Freude und Erleichterung, denn es wurde mir diktiert, um es weiterzugeben. Eine der letzten Durchgaben macht es deutlich:

„Das neue Christus-Geschehen kann nicht beginnen,
solange die wahren Umstände des vergangenen
Christus-Geschehens nicht ans Licht gekommen sind."

In diesem Sinne ist das Buch all jenen gewidmet, die daran mitwirken wollen.

Danksagung

Mein innigster Dank gilt meinem besten Freund Jürgen Szkudlapski. Ohne ihn wäre dieses Buch niemals geschrieben worden. Sein Impuls stand am Anfang dieses Schreibprojekts.

Während einer Meditation empfing er den ersten Hinweis:

„...Ich glaube, da will jemand durch dich schreiben ... es werden Durchgaben zum Christusgeschehen."

Er hat mich während der Aufzeichnungen eng begleitet und dafür gesorgt, dass ich mich den Schreibsitzungen widmen konnte. In unzähligen Stunden geduldiger Tipparbeit hat er mein Diktat der handgeschriebenen Texte in den Computer eingegeben. Und er hat immer an die Bedeutung des Materials geglaubt.

Ich danke auch ganz besonders Dr. phil. Christiane Hobrecht, die das gesamte Material lektorierte und mich mit vielen guten Hinweisen versorgte. Ohne ihre Unterstützung wäre das Manuskript vermutlich für immer in meinen Archiven verschwunden.

Christine Kolbe

Über die Autorin

 Christine Kolbe ist Jahrgang 1953, Dipl. Sozialpädagogin, Designerin und seit 1996 freischaffende bildende Künstlerin.
Schon in ihrer Jugend kam sie mit spirituellen und esoterischen Themen in Berührung. Ihre mediale Arbeit begann 1987, und sie verfasste seitdem zahlreiche Durchgaben als automatische Handschriften.
Christine Kolbe lebt und arbeitet in Südfrankreich und Deutschland.

Buchempfehlungen

Sabine Skala
Christusnetz – Das neue Energiesystem in unserem Körper
Ca. 200 Seiten, broschiert
ISBN 978-3-95531-209-1
Erscheint Ende August 2021

Die Schwingung auf der Erde erhöht sich stetig, und die Wandlung der Menschen ist in vollem Gange. Aber wie kann sich unser Körper dieser schnellen Anhebung der Energien anpassen?

Das Christusnetz ist ein neues Energiesystem in unserem Körper, das uns genau dabei hilft. Es unterstützt uns, unseren Körper der neuen Schwingung anzugleichen, und dies in unserem eigenen Rhythmus.

Sabine Skala beschreibt eine ganz neue Behandlungsmethode, die uns bei der Transformation und Heilung unseres Körpers hilft, um bei der stetigen Energieerhöhung in unserer Mitte zu bleiben und von der Schwingung der höheren Dimension zu profitieren.

Sie zeigt uns, wie wir auf einfache Weise das Christusnetz aktivieren und die einzelnen Christuspunkte anwenden können, um unsere Gesundheit und unser seelisches Befinden gerade in dieser schwierigen Zeit zu unterstützen.

Jeder von uns trägt das Christusnetz in sich, und das schon sehr lange.
Es ist jetzt Zeit, es wieder zu aktivieren.

Belgin Groha
Das Engelorakel für die Neue Zeit
160 Seiten, A5, broschiert
ISBN 978-3-95531-204-6

Wir alle sind in der Neuen Zeit angekommen und gehen einer spannenden Zukunft entgegen, wo kein Stein mehr auf dem anderen bleiben wird.

Inmitten von so viel Veränderung tut es gut, die Geistige Welt, und ganz besonders die Engel, an unserer Seite zu wissen und ihnen immer wieder eine Frage stellen zu können.

Dieses Orakel ist wie ein Kartenset zu handhaben, aber - passend zur Zeitqualität - bewusst als Buch gestaltet, damit es überallhin mitgenommen und um Rat gefragt werden kann.

Die Botschaften sind von der Autorin aus der Engelwelt für dich empfangen und aufgeschrieben worden.

Du hast eine Frage?

Nimm das Buch zwischen deine Hände, schließe die Augen, atme einmal kurz ein und aus - und schlage dann eine Seite auf. Hier ist die Antwort deiner Engel.